고전문학의 교육적 발견

고전문학의 교육적 발견

고전문학의 교육적 발견

염 은 열

이 책은 두 번째 책이다. 그간 발표한 글을 수정하고 새 글을 더해 한 권의 책으로 묶었다. 책을 준비하면서, 포화 상태에 이른 책장에 쓸모없는 책을 한 권 더 꽂게 하는 것은 아닌지 걱정했다. 그리고 첫 번째 책을 다시 읽어 봤다. 얼떨결에 냈던 첫 번째 책을 읽어갈수록, 글쓰기에 대한 자신감이 사라져 갔다. 내 글이 얼마나 어렵고 재미없는지 새삼 알게 되었고, 그 딱딱한 글을 읽어준 독자가 얼마나 될까도 상상해 봤다. 부끄러움에 한동안 용기를 낼 수 없었다.

소통을 하고 싶다는 욕구와 소통을 해야 한다는 강박이 부끄러움보다 강해졌을 때 다시 용기를 낼 수 있었다. 이제 말을 하면 뜻이 전달되고 논문을 쓰면 누군가 읽어주는 그런 시대는 아닌 것 같다. 또 학회가 여럿 생겨나고 일이 많아지고 연구 영역이 세분화됨에 따라, 누가 어떤 관심을 가지고 어떤 문제에 대해 얼마나 지속적으로 탐구하고 있는지 알기도 어려워졌다. 나 역시 주문을 받아 발표를 하고 그 결과물을 학술지에 싣다 보니, 연구자로서의 고유하면서도 일관된 색깔을 보여주기 어려웠다. 설혹 나의 고유한 목소리와 빛깔을 드러내는 경우조차도 이전에 냈던 나의 다른 목소리들에 가려져서 제대로 전달되지 않는 경우가 많았다. 사실 어떤 빛깔과 목소리가 나의 고유한 것인지조차 모호해졌다.

이러한 정체성에 대한 고민은 지금까지의 소통 방식에 대한 의문을 불러왔다. 허둥지둥 바쁘게 여러 학회를 오가면서 발표를 했지만 그 발표가 독자들, 즉 다른 연구자들이나 현장의 교사들에게는 언제나 산발적인 시도로 보였을 것임을 짐작하게 되었고, 내가 어떤 분야의 전문가가 아니라 뭔가 열심히 하는 연구자 혹은 언제나 바쁜 연구자로 기억되는 것은 아닌지 의심하게 되었다. 생각이 이쯤에 이르자 마음이 바빠졌다. 더 늦기 전에 나의 지속적인 관심과 연구자로서의 주장, 그리고 그 주장에 녹아들어 있는 연구 및 실천 경험 등을 보다 체계적으로 정리하여, 독자들과의 소통을 다시 시도하고 싶어졌기 때문이다. 이것이 다시 용기를 내게 된 이유이다.

고전문학을 읽고 고전문학의 가치를 인식하고 고전문학을 가르치는 일은 여행과 참 많이 닮았다. 고전문학으로의 여행은, 어떤 사람에게는 자주 갔던 곳이거나 그리던 곳으로 떠나는 여행이겠지만 또 어떤 사람에게는 멀고 낯선 곳으로 마지못해 떠나는 여행일 수도 있다. 학생들 대부분은 마지못해 등 떠밀려서 그 여행을 떠난다. 학생들이 설렘을 가지고 즐겁게 준비하고 떠나는 여행이 될 수 있도록 해야겠지만, 어떻게 떠났든 간에 그 여행 체험이 의미 있는 것이 될 수 있도록 돕는 것도 우리 연구자들과 교사들이 할 일이다. 이 책은 고전문학으로의 여행을 안내하는 교사나 교과교육연구자들을 독자로 삼아 쓴 책이다. 일반 여행자들을 위한 안내서라기보다는 여행 안내자들을 위한 책으로서의 성격이 더 강하다고 하겠다. 모쪼록 독자들이 이 책을 실마리로 삼아 고전문학의 교육적 가치에 대해 인식하고 감상의 방법 내지 생활화의 여러 방법 등에 대해 성찰함으로써, 더 나은 여행 계획을 수립하고 행하고 스스로도 즐길 수 있기를, 그래서 학생들이 고전문학의 세계를 보다 잘 경험할 수 있게 되기를 바란다.

이 책에는 꽤 오래된 글도 실려 있고 따끈따끈한 새 글도 실려 있다. 글이 쓰인 시기보다는 <고전문학의 교육적 발견>이라는 다소 거창한 제목에 부합하는지를 먼저 따져서, 내가 국어교육연구자로서 '발견'을 위해 고전(苦戰)했거나 지금도 탐색하고 있는 문제와 관련된 글을 제1부에 실었고, 독자들의 '발견'을 도와주기 위한 안내의 글을 제2부에 실었으며, 제3부에서는 우리가 더 '발견'하고 공부해야 할 과제들을 제시하여 문제의식을 공유하고자 하였다. 그러나 내 생각을 얼마나 잘 전달했는지는 알 수 없다. 때로 강조하고 싶은 말이 있거나 할 말이 많아서 사설이 길어진 부분도 있을 것이고 주장이나 논의를 압축해 놓아서 다음 단락으로 나아가는 것이 어색한 부분도 있을 줄 안다. 애매하고 복잡한 문장이 독서를 방해할지도 모르겠다. 그 모든 결점은 전적으로 필자인 나의 몫이다.

그러나 한 줄의 문장 혹은 한 편의 조각 글이라도 독자들의 마음에 가닿았으면 더 좋겠다. 이러한 소박한 바람에서, 각 부의 앞에 긴 프롤로그를 붙이고 각각의 논문 앞에 간단한 요약의 글을 더했다. 프롤로그와 요약의 글을 먼저 읽은 후 읽고 싶은 글을 골라 읽되 지루하면 건너뛰면서 읽어도 된다. 그리고 관심 여부에 따라 2부를 먼저 읽고 1부나 3부로 나아가는 것도 가능하다.

　감사할 사람을 떠올려 보니 참 많다. 어쩌면 이 책은 나 혼자 쓴 것이 아니다. 학문 세계의 엄정함을 일깨워주신 김대행 선생님께서는 글을 쓰는 내내 내포독자로서 못난 제자와 함께 하셨다. 전공은 나와 전혀 다르지만, 성찰하는 삶의 아름다움을 몸소 보여줌으로써 연구자로서의 성장을 도와준 이선경 선생님과 이경화 선생님도 이 책을 쓸 때 항상 옆에 있었다. 그리고 여성연구자로서의 장점을 잃지 않으면서 당당하게 세상에 나갈 수 있도록 격려해준 남편과, 친구처럼 제법 의미 있는 질문을 던지기도 한 소중한 우리 하윤이도 이 책의 숨은 저자이다. 그밖에도 많은 사람들이 함께 했다. 모두에게 고마움을 전하며, 앞으로 더 좋은 책을 쓰겠다는 약속과 그때도 건강한 모습으로 함께 해 줬으면 하는 바람을 함께 전한다. 끝으로 예쁜 책으로 만들어주신 역락 출판사의 사장님과 편집부에도 감사의 말을 전한다.

물 맑은 고을에서 저자 올림

차 례

미래의 화두話頭, 경험의 위계화

제3부
기회

제1부

탐색

고전古典인가, 고전苦戰인가

얼마 전 멀쩡한 휴대폰을 배터리가 불안하다는 핑계를 붙여 새것으로 바꿨다. 그런데 그 "새것"이 어느새 "헌것"이 되었고, 지금 난 다시 새로운 핑계거리를 찾고 있다. 어디 휴대폰뿐인가. 인터넷이 상용화되기 이전, 워드 작업이 고작였음에도 불구하고 나는 새 기종이 나올 때마다 매번 "컴퓨터 바꿔야 하는데…"를 노래했다. 그 노래는 내 삶에서 새 컴퓨터의 필요성을 창조해냈으며 얼마 지나지 않아 난 "새것"이 주는 심리적 위안을 즐길 수 있었다. 지금의 컴퓨터도 그런 과정을 여러 번 거쳐 이 자리에 있게 된 것이다.

새것에 대한 집착은 비단 첨단 기계들에만 국한되지 않는다. 체질적으로 '얼리어탑터(early adopter)'일 수는 없지만 아직은 '구닥다리'일 수 없기에, 나는 내 주변의 모든 변화와 그 변화의 산물들—새것—에 대범할 수 없다. 문학과 관련해서는 더더욱 그러하다. 요즘도 유행에 동참하겠다는 일념 하나로 와 닿지 않는 작품을 읽느라 밤을 새우고, 정기적으로 서점에 나가 최근 동향을 점검하는가 하면, 읽지도 않을 책을 한 보따리 사들고 들어와야 안심이 된다. 어디 그뿐인가. 최신 이론이나 유행 개념에도 귀를 쫑긋 세우고 있다가 그 말을 '굳이' 들먹이며 어린 학생들과 교감하려고 애쓰기도 한다.

이러한 나의 강박이 어느 평론가가 지적한 '새것 콤플렉스'일지도 모르겠다. 그러나 새것에 대한 강박 내지 추구가 한때는 이 땅의 문학가 및 연구자들을 추동(推動)했다던 힘이었다고 하지만, 지금은 연구 및 실천의 장에서 '새것'을 내세우는 사람을 찾아보기 어렵다. 새로운 방법론이나 이론이 무조건 득세하는 세상은 아닌 것이다. 어쩌면 비평가가 그렇게 명명하는 순간 우리의 강박이 객관화되고 극복의 길로 접어들었다고도 볼 수 있다.

그런데 이처럼 우리 학문의 풍토가 성숙해졌음에도 불구하고, 여전히 내가 한갓 변화의 산물들인 새것에 초연할 수 없는 것은, 내가 하는 공부와 무관하지 않다. 첨단 시대에 고전문학교육을 논하다 보니 나의 콤플렉스는 훨씬 복잡하고 미묘해졌다. 고전문학작품들이 어떤 사람들에게는 '역사적 소임을 다한 것' 혹은 '구닥다리'로 받아들여지고 있는 까닭에, 더 고전(苦戰)하고 새것에 대한 관심을 과장한 측면이 없지 않았다.

다행인 것은 최근 들어 고전문학을 재인식하려는 움직임이 활발해졌다는 점이다. 책의 시대가 갔다고 말하는 사람도 있지만 여전히 양질의 읽을거리를 찾아나서는 사람들, 교양을 추구하는 사람들이 있고, 또 양질의 읽을거리를 우리 학생들에게 읽혀야 한다는 소명감을 가진 사람들도 늘어나고 있다. 이 사람들이 고전문학의 대중화 작업에 앞장서고 있다. 그런가 하면 '세계화'라는 슬로건 속에서 한국적 정체성을 문제 삼게 되다보니, 자연 우리 문학인 고전문학에 대한 관심이 높아진 면도 있다. 그러나 아직은 고전문학에 대한 이해가 우리 사회의 보편적 교양으로 자리 잡지는 못한 상황이다. 또한 고전문학에 대한 체계적이면서도 다양한 접근은 물론이고 그러한 접근의 필요성마저 사회적으로 합의되지 않은 형편이다.

고전문학에 대한 체계적인 이해나 감수성의 형성은 아무래도 제도교육의 장에서 집중적으로 진행되어야 한다. 그런데 새 교육과정이 공포된 이 시점에 이르기까지 가장 변화가 미흡한 영역이 바로 고전문학 분야라는 점은 의미심장하다. 고전문학과 현대문학을 단일한 문학 개념으로 포괄하고 있는 '진보적인' 문학 교과서조차, 자세히 살펴보면 달라진 것이 거의 없다. 상고 시대로부터 이른바 개화기에 이르기까지의 역사적 장르종들을 단원의 성격에 맞게 골고루 안배하고 있으며, 가르칠 내용 역시 개별 작품의 해독과 문학사적 위상 파악에 집중되어 있다. 물론 고전문학이라는 실체가 변하지 않는 것이기 때문에 교육 내용 또한 변할 수 없다는 논리를 펼 수는 있다. 그러나 이러한 논리는 지금까지의 교육이 실체에 대한 정당한 이해를 가능하게 했는지 묻게 되면 금방 설득력을 잃고 만다. 사실 제도교육으로서의 고전문학교육이 오히려 고전문학에 대한 흥미를 떨어뜨리고 있다는 공공연한 지적에 대해서도 우리는 귀를 기울일 필요가 있다.

그렇다면 이렇듯 고전문학교육이 고전문학에 대한 감수성을 길러주지 못하고 고전(苦戰)하는 까닭은 무엇일까? 이와 관련하여 우리는 지금까지 제도교육을 통해 가르쳐지고 재생산되어 온 문학관, 특히 고전문학을 보는 눈에 대해 성찰할 필요가 있다. 여기서 잠깐, 각자 문학에 대해 정의해 보기 바란다. 'Literature'의 번역어인 '문학'이라는 용어도 그러하지만, 문학을 정의할 때 동원되는 대개의 개념들—예를 들면, 언어 예술, 허구, 작가, 작가의식, 세계 등—이 본시 문자 중심의 언어 행위를 설명하는 말임을, 그리고 우리에게 없던 말임을 어렵지 않게 확인할 수 있을 것이다. 그렇다면 이런 물음이 가능하지 않을까? 관습이 다른 시대의 산물을 우리 시대의 관념으로 재단하는 자기중심주의가 고전문학에 대한 이해를 막고 있었던 것은 아닌가 하는. '작가의 치열한 의식이 창조해낸 자율적인 언어 구조물'이라는 근대 이후 서구의 문학관에 따르면 고전국문문학은 함량이 미달되는 어떤 것으로 비춰질 수밖에 없다. 고전국문문학의 대부분은 전문작가에 의해 창작된 것이 아니며, 대부분이 생활의 산물이자 연희의 상관물로, 그리고 공동의 자산으로 존재하는 것들이기 때문이다.

따라서 고전국문문학에 대한 교육적 접근은 지배적인 문학관에 대한 비판에서 시작되어야 한다. 우리 자신의 고전문학에 대한 접근 방법을 반성적으로 성찰하는 것으로 시작하여 고전문학 고유한 맥락과 문법을 재구하고 이해하는 방향으로 나아가야 한다. 고전문학은 우리에게 타자

(他者), 그것도 문제적 타자임이 분명하다. 그러나 통시적으로 연결되는 있는 타자라는 점에서, 고전문학교육은 오늘과 다른 문학적 관습이나 맥락을 이해하고 상상적으로 경험하게 함으로써 우리의 인식의 지평을 넓혀줄 수 있다. 한국적 특수성과 역사성에 대해 인식하게 할 뿐만 아니라 나아가 나를 포함한 우리 인간 및 인간의 행위에 대한 깊은 성찰을 가능하게 한다. 따라서 고전문학교육은 자기중심주의를 극복하고 역사적 상상력(historical perspective)을 발동하여 타자로서의 존재 방식과 당대적 의미 작용을 복원하고 그렇게 복원한 내용을 가르치고 배우는 일로, 인문교육의 중요한 한 부분이 되어야 한다.

제1부는 고전문학을 공부하고, 가르치고, 가르치는 것을 연구하면서, 고민한 내용들로 구성되었다. 공부를 시작한 초창기부터 지금까지 간간히 생각해 왔거나 꾸준히 답을 찾아온 문제들이 그 안에 담겨 있다. 물론 고민하였거나 고민하고 있는 모든 문제들을 담지 못했을 뿐 아니라, 글이 성글고 거칠어 부끄럽다. 그러나 교육이라는 뚜렷한 '목적'에 비춰 봄으로써 발견한 고전문학의 특수성과, 그 특수성이 지닌 현재적 가치, 그리고 그 가치에 도달하기 위한 나 나름의 노력 등이 독자들에게 전달되었으면 한다. 그리고 내가 '기꺼이', 아니 너무도 즐겁게 고전(苦戰)할 수 있었던 힘(거듭된 앎과 체험의 즐거움)을 조금이나마 전달할 수 있었으면 좋겠다.

'고전문학'의 교육적 발견

－문화론적 관점을 중심으로－

'고전문학의 교육적 발견'이라는 이슈는 국어교육 연구 및 실천의 장에서 본격적으로 제기되었다. 국어를 가르치고 국어교육을 연구하면서 고전문학이 어떤 교육적 가치를 지니는 것인지를 탐색하게 되었고, 그것이 고전문학의 교육적 발견의 역사, 다시 말해 고전문학교육의 역사가 되었다. 그 역사의 중심에 '문화'라는 개념이 있다. 기능 중심의 국어활동 교육 및 연구와 현대문학 중심의 문학교육론, 이 둘의 틈바구니에서 고전문학의 존재론적 특성을 드러내면서 등장한 개념이 바로 '문화'이다. 서구의 전통과는 구별되는, 한국적 특수성이 가미된 '문화' 개념이 출현한 것이다. '문화' 혹은 '문화론'의 등장 배경과 전개, 확장의 역사를 따라가면서 고전문학의 교육적 가치를, 나아가 현대적 의미를 발견할 수 있기를 기대한다.

1. 문제의 출발

고전문학을 가르치고 배우는 현상이 엄연히 실재함에도 불구하고 고전문학교육의 연구방법 혹은 방법론에 대한 논의는 그리 풍성하지 않다. '고전문학'이 아닌 '고전문학교육'을 연구 대상으로 삼아 논의를 시작한 역사가 그리 오래 되지 않은 까닭이다.

짧은 역사와 그로 인한 연구 전통의 빈곤은 현실적으로 볼 때 연구자들에게 엄청난 글쓰기의 고통을 안겨주는 것이 사실이다. 연구 대상이 달라지고 연구 방법이 달라지면 그에 따라 글쓰기 방식 역시 새롭게 구성되어야 하기 때문이다. 따라서 글쓰기의 어려움은 신생 학문의 방법론을 마련하기 위한 시행착오 및 모색의 고통에 다름 아니라고 할 수 있으며, 어느 한 연구자가 속 시원하게 완벽한 연구 방법을 제시할 수도 없기 때문에 모색 결과라 할 수 있는 논문 역시 언제나 부족한 면을 지니기 마련이다.

필자 역시 그런 어려움을 겪고 있는 연구자라 할 수 있다. 고전문학작품의 교육적 혹은 인문적 가치는 무엇인가. 고전문학작품을 '가르치는 것'과 '연구하는 것', '가르치는 것을 연구하는 것'은 어떻게 같고 다른가. 고전문학작품의 교육적 가치 혹은 인문적 가치를 실현하기 위하여 교육연구자들이 할 일은 무엇이고 교사가 할 일은 무엇인가. 고전문학연구자들은 고전문학의 무엇을 문제 삼아야 하며 그 문제를 풀기 위해 어떻게 해야 하는가. 그 방식은 고전문학교육연구자들이 고전문학작품을 다루는 방식과 얼마나 같고 어떻게 다른가. 고전문학을 자료로 삼아 논문을 쓰고자 할 때 나는 어떤 문제를 설정하고 어떤 논리적 절차에 따라야 하는가.

이에 대한 대답을 찾는 방법은 물론 여러 가지일 수 있다. 여기서는 지금까지 국어교육전공자들이 고전문학을 다뤄온 방식 혹은 논문을 쓴 방식을 살핌으로써, 고전문학교육의 연구 방법을 재구해 보려 한다. 그러나 연구 방법을 재구한다고 하여 연구사를 다시 정리하고 메타적으로 조망하는 식의 논의를 펼 생각은 없다. 이미 연구사 정리가 시도된 적이 있거니와,[1] 개별 논문에 대한 요약이나 내용 소개로 흘러 연구 방법의

---

1 주로 국어교육연구사라는 큰 틀 안에서 함께 논의되었으며, 고전문학교육연구사로는 다음을 참조할 수 있다. 고전문학교육연구실, '古典文學敎育의 硏究成果', 『古典文學 어떻게 가르칠 것인가』(이상익 외), 집문당, 1994, 75~90면 ; 박경주, '고전문학교육의 연구 현황과 전망', 「고전문학과 교육」 창간호, 청관문학회, 태학사, 1999 ; 한창훈, 『시가교육의 가치론』, 월인, 2001, 19~26면.

추출이라는 원래의 목적을 일관되게 이끌어가기 어렵다고 판단했기 때문이다. 이런 이유로 고전문학을 자료로 삼아 국어교육을 논하는 연구자들에 의해 지속적으로 제기되고 이제는 국어교육의 핵심 개념으로 자리잡은, '문화'라는 개념을 중심으로 논의를 시작할까 한다. '문화'라는 개념의 등장과 구체화의 과정이, 고전문학교육의 연구 방법을 마련하는 과정이자 나아가 국어교육 연구 방법의 모색 및 구체화 과정과 별반 다르지 않다고 생각하는 까닭이다.[2]

2. 두 개의 부정 : 문화론적 관점의 발생 맥락

우리가 어떤 개념이나 이론을 제대로 이해하기 위해서는 그 개념이나 이론이 태동한 역사적 맥락에 대해 살피지 않을 수 없다. 역사적 맥락을 고려할 때 그 개념이나 이론을 보다 잘 이해할 수 있고 오해나 맹목적 신봉의 위험 또한 줄일 수 있기 때문이다.

'문화'라는 개념을 이해하기 위해서도 역사적 맥락에 대한 이해가 선행되어야 한다. 이와 관련하여 '문화'라는 개념이 80년대 후반에서 90년대 초 당시 국어교육현상에 대한 비판 내지 부정의 용어로 등장하였음에 주목할 필요가 있다. 물론 그 이전에도 교육과정에서는 국어교육의 중요한 목표 중의 하나가 한국문화 혹은 전통문화에 대한 이해에 있음

2 문화라는 개념이 국어교육 전반에 일으킨 파장을 생각해 볼 때, 그리고 고전문학과 현대문학이 단일 개념으로 통합되어 있는 국어교육의 현실을 고려해 볼 때 문화 개념을 중심으로 고전문학교육의 연구사를 정리하는 것은 어렵고도 힘든 일이다. 그러나 분명한 것은 고전문학을 자료로 삼아 그와 같은 논의가 더욱 적극 주장되었다는 사실이다. 따라서 논의의 과정에서 국어교육 연구의 전반적인 흐름에 대해 언급하기는 하겠지만, 논의의 핵심은 시종 고전문학교육에 대한 논의에 집중될 것이다. 각주 역시 고전문학교육과 관련된 것을 중심으로 다루고자 한다.

을 표방했고 교육과정의 초창기부터 문화와 국어교과와의 친연성이 암묵적으로 가정되었지만, '문화'라는 개념을 들어 국어교육의 대상을 새롭게 규정하고 새로운 방법론을 모색하기 시작한 것은 그리 오래된 일이 아니다. 여타 개념이나 이론의 발생 과정과 마찬가지로 문화라는 개념 역시 발생 당시에는 기존의 것에 대한 부정과 비판에서 다소 공격적으로 제기되었다는 점에서, 무엇을 왜 비판하였는지 살펴봄으로써 문화라는 개념 나아가 문화론적 관점에 대한 이해를 시작할 수 있다.

1) 기능주의에 대한 비판

논의의 첫 주자이자 진행자인 김대행[3]은 '도구성' 내지 '사용 (원리)'에 대한 상대 개념으로 '문화성' 혹은 '문화 원리'라는 개념을 제안하였다. 김대행[4]은 언어의 양면성에 주목하여 언어의 사용원리는 실용적 목적에 기여하려는 것이므로 그러한 목적을 위하여 규칙성, 정확성, 표준성, 공공성 등의 측면이 중시되는 반면에, 언어는 필연적으로 삶의 역사성, 지역성, 양식성, 창의성, 심미성 등과 관련된 문화 원리를 드러내기 마련이라고 하여, 우리가 사용하는 말이 도구성과 문화성을 동시에 지니며 그 장력(張力)에 따라 여러 가지 양상을 보인다고 하였다. 나아가 자국어교육으로서의 국어교육은 후자의 측면을 더욱 강조할 필요가 있다고 주장하였다.

---

3 개념의 발생 맥락을 고려하면서 우리는 한 연구자와 만나게 되는데, 그가 바로 김대행이다. 김대행의 학문적 궤적을 따라가는 것만으로도 어느 정도 국어교육의 역사, 혹은 국어교육 연구 방법의 변화를 따라갈 수 있다. 김대행은 80년대 말부터 90년대 초반 국어교육논쟁의 중심에 있던 논문들을, 『국어교과학의 지평』(서울대출판부, 1995)이라는 책으로 묶은 바 있다.

4 '제1부 國語敎育의 觀點'(3~110면)에 기능주의에 대한 비판이 잘 정리되어 있다. 김대행, 위의 책(1995) 참고.

이러한 주장은 당시 이른바 '국어 사용 기능 영역', 즉 말하기, 듣기, 읽기, 쓰기 영역을 강조하는 편향에 대한 비판의 성격을 띤다. 잘 알려지다시피 5차 교육과정을 전후한 이 시기는 "국어교육이란 국문학사적 지식이나 문법지식을 가르치는 것이 아니라 국어사용기능을 신장하는 것이어야 한다."는 슬로건 아래, 국어 사용 기능 영역을 중심으로 국어교육의 정체성 및 이론화를 추구하던 시기이다. 4차의 학문중심 패러다임에 대한 비판은 생활에서의 즉각적 필요를 강조하는 주장들로 이어졌고 성급한 실용의 추구는 기능주의의 도입이라는 일대 사건을 불러오게 된다. 여기에 해외유학파를 중심으로 한 서구이론, 정확히 말하면 인지주의[5]가 한몫했음은 다시 지적할 필요가 없을 것이다. 각종 서식, 보고서 등 실용문 쓰기와 소개하기, 인사하기 등 실용적인 말하기가 강조되는 한편, 문학교육은 크게 위축되어 결과적으로 모국어 사용의 사회적 측면이 소홀히 다뤄지게 되었다. 그리고 교육과정이 사고과정을 분절적으로 제시하고 일정한 형식에 맞춰 반복적으로 활동을 수행하도록 구조화되었다.

앞서 말했듯이 국어의 사용은 여타 도구의 사용과 달리 하나의 표상을 창조한다는 점에서 그 자체로 하나의 대상이 되고 언어 공동체의 문화와 밀접하게 연관된다. 따라서 자국어화자에게 국어의 사용은 소통 자체가 목적이 되는 것이라기보다 얼마나 재미있고 효과적이며 창의적이고 감동적이냐와 관련된 행위라고 할 수 있다. 그런데 재미나 창의성, 표현 효과 등은 담화공동체의 취향과 언어 관습 및 사회 역사적 맥락과 결부된 지극히 문화적인 문제라 할 수 있다.

---

5 5차 교육과정의 토대가 된 이론은, 정확히 말하자면 한 개인의 심리 과정을 중시하는 '개인적 인지적 구성주의'라 할 수 있다. 이는 특정 담화공동체의 일원인, 사회적 주체로서의 개인에 주목하는 '사회적 구성주의'와는 구별된다.

국어사용의 문화적 국면이 중요한 것이라면 국어 사용의 문화적 국면을 밝혀내고 국어사용의 문화 원리를 추출해 내야 하는 숙제가 남게 된다. 이 과제를 풀기 위해 김대행이 주목한 텍스트가 바로 문학텍스트이다. 문학작품은 일상 언어의 관습성이나 역사성을 밀도 있게 구현하고 있는 텍스트로, 말하기나 쓰기 등 국어활동의 (문화) 원리를 이끌어내기에 충분한 자질을 갖추고 있는 텍스트라 할 수 있다. '죽은 말'의 문화성을 이해함으로써 '대상 자체의 분석→ 관계의 검토→ 의미의 발견'이라는 전통적인 내용 생성의 방법을 제안한 연구[6]나, 우리에게 설득이란 논리의 문제가 아니라 감정적 가치를 조작하는 일과 더욱 관련된다는 사실을 지적하고 우리의 감정을 움직이는 고유한 전략들을 추출하고자 한 논의들[7]이 모두 여기에 해당한다. 이들 논문들을 통해, 국어교육에 전제되어 있는 기능주의에 대한 자각과 비판이 본격화되었고 자국어교육으로서의 정체성을 추구하는 논의가 시작되었으며,[8] 고전문학작품을 대상으로 국어교육의 내용과 방법을 추출하는 연구 방법이 구체화되었다고 할 수 있다.

이와 같은 대상화 방식에 대해 고전문학 혹은 문학이 형해화되고 하

---

6 김대행은 차마설을 분석함으로써 그와 같은 원리를 도출해 낸 바 있다. 김대행, 앞의 책(1995), 262~287면. 같은 책에 실려 있는 '古典表現論을 위하여'나 '「龜旨歌」를 위한 利用厚生的 질문'이라는 글 역시 같은 문제의식에 입각해 있다.

7 졸고, '상소문의 글쓰기 전략 연구', 「국어교육연구」 3집, 서울대 국어교육연구소, 1996 ; 최미숙, '경험의 재구성으로서의 글쓰기에 관한 연구', 「국어교육연구」 3집, 서울대 국어교육연구소, 1996 ; 최인자, '조선 시대 상소문에 나타난 설득 방식과 표현에 관한 연구', 「先淸語文 24」, 서울대학교 국어교육과, 1996. 이밖에도 1990년대 이후 서울대 국어교육과에서 나왔던 일련의 논문들—고전문학작품을 자료로 삼아 논의한—의 문제의식과 연구 방법이 이와 관련된다.

8 90년대 초 서울대 대학원 입시에는 국어교육이 외국어교육과 어떻게 같고 다른지를 묻는 문제가 출제된 적이 있다. 또 대학원 내에서는 기초 기능을 이미 습득한 모국어 화자를 대상으로 하는 국어교육은 의사소통 '기능'의 습득을 우선적인 목표로 삼는 제2언어교육과 구별되어야 한다는 목소리가 제기되었다.

나의 수단으로 전락되는 것은 아닌지 우려하는 목소리도 있었다. 그러나 문학이 줄 수 있는 다양한 혜택을 간과한 채 이러한 접근만을 고집하는 것이 아니라는 점에서, 또한 이러한 접근이 문학(혹은 고전문학)의 가치를 제한하는 것이 아니라 오히려 확장하려는 시도라는 점에서, 그리고 더욱 중요한 것은 이러한 시도를 통해 결국에는 문학에 대한 접근이 수월해지고 문학에 대한 이해 역시 심화된다는 점에서 문학이 하나의 수단으로 전락했다는 비판은 설득력을 얻기 어렵다. 교육적으로 볼 때 고전문학이 설혹 국어능력을 신장하는 데 수단이 된다 해도 그것 역시 필요하고도 의미 있는 일이라 할 수 있다. 따지고 보면 말하기, 듣기, 읽기, 쓰기 능력을 무엇으로 보느냐에 따라 수단과 목적의 구분이 그리 중요하지 않을 수도 있다. 고전문학에 대한 감수성이나 풍부한 지식을 한껏 발휘하여 말하고 듣고, 쓰고, 읽는 것을 국어능력으로 본다면, 언어기능영역을 강조하면 할수록 고전문학에 대한 학습이 중요한 내용이 될 것이기 때문이다. 말하기, 듣기, 쓰기, 읽기 영역으로 구분되어 있는 외국의 국어교육이 그 나라의 문화와 전통을 담고 있는 문학작품을 주된 내용으로 삼는 것도 이런 맥락에서 이해할 수 있다.

 달리 생각하면 교육적 처방은 의도하지 않은 효과까지 수반하는 경우가 많은데, 고전문학은 그러한 잠재적 교육의 가능성 때문에 표현과 이해의 자료로서 더욱 큰 가치를 지닌다고 볼 수 있다. 은유적 표현을 학습하면서 역사적 지식을 얻거나 도덕적 품성까지 함양할 수 있다면 이는 환영하고 장려할만한 일이다. 고전문학은 그 자체로 감상될 수도 있으며 표현 및 이해의 자료로 다뤄질 수도 있는 바, 그 결정은 교육 목표의 체계성과 학습 내용의 위계성, 학습자의 발달단계 등을 고려해서 내려져야 한다. 분과의 순수성을 내세워 걱정할 일이 아닌 것이다. 현 시점에서 우리가 해야 할 일은 고전문학의 교육적 가능성을 한껏 열어두고 고전문학작품이 우리에게 줄 수 있는 다양한 가치 내지 효과들을 추출하여 목록화하는 한편, 발달단계와 교과의 특성을 고려하여 각 항목들 간의 우선순위를 분명히 하고 위계화를 정하는 일이다.

　그러나 연구 방법상의 문제에 대한 비판에 대해서는 경청할 필요가 있다. 가령, 허구성이 강한 문학텍스트를 분석한 결과로 얻은 지식을 현실의 말하기나 글쓰기의 원리로 일반화하는 것이 가능한가 하는 문제제기가 바로 그것이다. 이는 고전문학 혹은 고전문학비평의 맥락과 오늘날 표현·이해 활동의 맥락이 다름으로써 야기된 '일반화'의 문제라 할 수 있다. 이 문제 역시 대상화의 방식 자체에 대한 근원적인 회의나 부정이라고 보기는 어렵다. 왜냐하면 일반화의 문제는 실제 대화 상황을 분석하여 대화의 원리를 추출하는 경우조차도 제기될 수 있는, 귀납 연구의 불가피한 문제이기 때문이다. 또한 허구라는 말이 매우 다양한 스펙트럼을 지니고 있는 개념이며 따라서 사실과 허구의 구분 또한 명확하지 않기 때문이다.

　따라서 고전문학을 귀납의 자료로 삼는 연구 방법 자체에 대한 비판의 목소리처럼 들리지만 정작 비판의 핵심은, 자료에 대한 이해 부족과 논리적 사고의 미숙함을 해결하지 않은 상태에서 무리한 일반화를 시도했다는 점에 놓여 있는 것으로 보아야 한다. 이런 점에서 고전문학교육 연구자들은 굳이 여러 어려움을 무릅쓰고 고전문학을 자료로 삼아야 하는 까닭을 이론적으로 설명해야 하고, 필요하다면 미학이나 소통이론, 반응이론, 발달 이론 등 인접학문의 도움을 받아 보다 치밀하게 논리를 전개해야 할 책임이 있다.

2) 문학주의에 대한 비판

‘문화’의 등장은 자국어교육의 기능주의적 편향과도 관련되지만 다른 한편으론 문학 영역의 고답화 내지 신비화와도 관련된다. 이러한 문학의 신비화와 고답화는 교육을 통해 재생산된 문학관과 밀접하게 관련되어 있다. 우리 (고전)문학교육의 역사가 서구의 안목으로 작품을 보고자 한 역사임은 다시 지적할 필요가 없을 터인데, 지배적인 서구적 안목은 다름 아닌 ‘예술로서의 문학관’이라 부를 수 있다. 예술로서의 문학관은 근대 이후 직업인으로서의 전문작가가 출현하고 그들에 의해 문필 행위로서의 글쓰기가 일반화된 시기에 확립된 문학관이다. 문학작품이란 창작의 고통을 감내하면서 쓰고 다시쓰기를 여러 번 하여 완성한 하나의 예술품인 바, 이러한 관점에 따르면 진지한 예술 혹은 고급 예술에 무게 중심이 놓이고 진지하지 못한 예술이나 소박한 문학적 시도 및 대중문화 등은 폄하될 수밖에 없다. 그 결과 후자의 적극적인 향유자인 대다수 일상인은 문학으로부터 소외되고 문학은 문학을 업으로 삼는 작가와 연구자들의 것이 되어 버린다.

이러한 상황은 직업인으로서의 전문작가가 출현하기 이전 시기의 문학, 즉 일상인의 문학을 다루는 연구자들―고전문학연구자들―에게 당혹감을 줄 수밖에 없다. 이러한 관점이 이른바 개화기 이전 시기의 문학, 특히 국문문학에 대한 정당한 이해를 방해한다는 점에서 그러하다. 오늘날 제도를 통해 암암리에 재생산되고 있는 문학관에 따르면 고전문학, 특히 교과서에 다량으로 실려 있는 국문문학은 함량 미달의 어떤 것으로 보이고 때로 그러한 문학작품을 유산으로 물려받은 우리에게 열패감마저 안겨준다. 슈타이거가 말한 ‘회감(回感)’ 혹은 ‘서정적 서정’의 세계를 보여주는 서정시다운 시가작품을 찾기란 거의 불가능하며 삶에 대

한 치열한 고민이나 인간성의 집요한 탐색을 보여주는 소설 또한 찾아
보기 어렵다는 점에서 우리의 문학은 뭔가 좀 부족한 것으로 보일 수밖
에 없다.

이런 저간의 사정을 살펴볼 때 문학을 문화로 보자고 제안하고 문학
의 일상화 및 삶과의 관련성을 주장하는 논자들의 대부분이 고전문학을
자료로 삼는 연구자라는 점은 어쩌면 당연한 일일 수 있다. 이른바 문필
행위가 사대부 교양의 하나로 자연스럽게 녹아 있던 시대의 산물, 특별
한 수련을 받지 않은 갑남을녀가 '문학한다'는 자의식 없이 일상에서 향
유했던 작품을 다루는 연구자들에게, 문학의 신비화는 매우 부자연스럽
고 문제적인 것으로 비춰질 수밖에 없기 때문이다. '문화'라는 개념을
들어 일상의 문학적 표현, 문학의 일상적 속성을 강조하며 문학의 신비
화 및 문학교육론의 고답화를 비판하게 된 이유가 여기에 있다. 또한 예
술문화와 상대되는 개념으로 생활문화를 내세우게 된 까닭이 여기에 있
다.9

생활문화라는 개념은 '생활'이라는 말을 통해 문학 행위의 일상성 내
지 삶과의 관련성을 강조하는 한편 '문화'라는 다소 큰 말을 사용함으로
써 대상을 작품이 아닌 인간 활동으로 보고자 하는 의도가 전제된 말이
라 할 수 있다. 이러한 관점은 문학작품 역시 일상적 표현의 연속선상에
서 이해될 수 있다고 보는 관점으로, 문학과 비문학, 문학적인 표현과
실용적인 표현의 구분을 넘어서고자 한다는 점에서 국어교육의 영역 구
분에 대한 문제 제기로 확장되기도 한다.

결론적으로 말해 문학주의에 대한 비판과 고전문학의 생활문화적 속
성에 대한 강조는, 한편으로는 문학적 표현을 일상 표현의 전범으로 간

---

9 생활문화라는 개념을 내세운 연구자 역시 김대행이다. 김대행, 앞의 책(1995) 참고. 특히
　제3부에서 집중적으로 논의하고 있다.

주함으로써 표현과 이해의 원리를 추출하려는-앞서 살폈던 기능주의에 대한 비판에서 나온-연구 관점 및 방법과 맥이 닿아 있다. 나아가 장르에 대한 이해를 확장, 심화하여 본격문학-예술로서의 문학-의 일상성을 논의하는 한편, 본격문학에서 소외된 장르의 문학성을 발견하고 구체화하려는 움직임으로 전개되었다. ‘창작’을 ‘글쓰기’로 규정하고 논의를 시작한 연구가 전자에 해당한다면,[10] 문학적 발상의 측면에서 유머 등 일상 장르에 주목한 연구가 후자[11]에 해당한다.

3. 문화론적 관점의 전개 및 확장

요약하면 기능주의와 문학주의에 대한 우려와 그에 대한 대안의 마련 과정에서 고전문학이 중요한 자료로 부각되었고, 문학을 어떻게 다룰 것인가와 관련된 대상화의 시각 역시 제안되었다고 할 수 있다. 물론 앞서 살핀 국어교육의 두 얼굴, 즉 기능주의적 편향과 문학주의에의 경사는 동전의 양면처럼 맞물려 있는 국면이다. 기능주의에의 경사는 문학주의 내지 문학의 고답화를 부추기고 문학의 고답화는 기능주의적 접근의 필요성을 더욱 정당화해주는 일면이 있다. 하나의 연속되는 선을 상정해볼 때 신비함 내지 비실용성(심미성)의 극단에 문학영역이, 실용성 내지 ‘당장 쓸 수 있음’의 극단에는 국어 사용 기능 영역이 자리한 채, 한편에서는 뜬 구름 잡는 허황함을 비난하고 다른 한편에서는 천박한

---

10 시나 소설의 ‘창작’을 ‘문학적 글쓰기’라는 개념으로 대체하고 있는 논문들이, 바로 이러한 문제의식에 입각해 있다고 볼 수 있다. 예를 들면 최미숙, ‘한국 모더니즘시의 글쓰기 방식에 관한 연구’, 서울대 박사논문, 1997. 이러한 논의에 힘입어 7차 교육과정에 이르러서는 적극적인 문학 감상 및 향유의 방법으로 ‘창작’ 개념이 제안되었다.

11 김대행, ‘類似性 創造의 文化的 意味’, 앞의 책(1995), 288~302면.

실용주의에 혐오감을 표하는 대립 상황이 연출되고 있었는 바, 이 둘에 대한 우려와 비판에서 출발한 것이 '문화'라는 개념이라 하겠다. 이런 점에서 볼 때 문화라는 개념의 등장은 양극에 자리한 문학 영역과 언어 기능 영역의 접점을 마련함으로써 일상적 표현을 문학적으로 고양하는 한편 문학을 일상인의 것으로 돌리고자 한 움직임이라고 할 수 있다.

이러한 문화 개념 혹은 문화론적 접근은 한국고전문학회가 2년에 걸쳐 기획발표를 진행하면서[12] 국어교육의 울타리를 넘어 보다 많은 연구자들에게 의해 논의되기 시작한다. 고전문학교육에 대한 관심이 비단 국어교육이라는 학문분과에만 국한된 것은 아니라는 점과 국문학자들의 대부분이 가르치는 일을 병행하고 있다는 점, 인문학 연구의 성과들이 결국에는 교육의 장으로 집결된다는 점에서 볼 때 이러한 확장은 매우 자연스러운 것이다. 고전문학이 날로 낯선 것이 되어 가는 현 시점에서는 더욱 그러하다. 어찌보면 오늘날 고전문학이 처한 위기 상황이 오히려 고전문학의 가치에 대한 논의 및 교육에 대한 논의를 촉발하고 새로운 시각과 방법론의 모색으로 이어졌다고도 볼 수 있다.

이와 관련하여 볼 때 그간 고전문학연구자들은 연구 방법의 과학화와 연구의 분업화라는 미명하에 작품 자체의 분석에 치중한 일면이 없지 않았으며 여러 방법론들을 실험하거나 지나치게 지엽적인 것에 매달리는 측면 또한 없지 않았음을 직시해야 한다. 그 결과 연구 내적 질서에 함몰되어 연구의 궁극적인 목표가—인문학 연구의 출발점이자 도착점이라 할 수 있는—인간 및 인간의 삶에 대한 이해로 수렴되지 못함으로써 무엇을 위한 연구인가, 고전문학을 연구하는 이유는 무엇인가 하는 본질적인 물음에 직면하게 되었고 변화의 시기에 고전문학의 소외를 자초

---

12 한국고전문학회에서 발간한 『국문학과 문학』(월인, 2001)이라는 책에 기획 의도와 논의 내용 등이 정리·수록되어 있다.

한 면이 없지 않았음도 아울러 성찰할 필요가 있다. 이런 상황에서 "문학의 본질을 입체적으로 조명함으로써 보다 본질에 가까워질 수 있다는 점, 그리고 인간과 인생, 공동체, 사회, 존재 등 미래 사회를 위해 필요하고 절실한 문제에 빛을 던지는 실용적 지식의 개발로 나아갈 수 있다는 점—이 두 가지 강점"[13]을 들어 문학을 문화로 보는 문화론적 시각이 제안되었다.

그러나 문화라는 개념이 사용되는 층위가 매우 추상화되고 또다시 신비화되었다[14]는 점을 지적하지 않을 수 없다. 동일한 슬로건 아래 구체적인 논의를 편 논자들마다 사용하는 개념과 연구방법이 다르다는 사실만으로도 그러한 지적을 받기에 충분할 것이다. '한국문화'나 '민족문화', '21세기 문화' 등 추상화의 수준이 아주 높은 이름으로 사용되는가 하면, 특정 현상과 결부된 인식 내용을 지칭하는 개념으로 사용되기도 하고, 특정 작품 내지 행위의 의미작용을 분석하는 시각 내지 관점으로 정의되기도 하였다. '문화'라는 개념이 영미 문화 연구(cultural studies)의 전통과는 일정한 거리를 두고, 지극히 한국적 맥락에서 재정의되고 있음을 알 수 있다. 사실 '권력'이라는 개념으로 대표되는 영미의 문화 연구는 상징적 조작을 통해 지배와 종속을 강화하는 사회적 기제에 대해 폭로한다는 점에서 그 자체로 정치적 실천의 의미를 지닌다. 그에 반해 문화론적 시각(—as culture)은 작품의 기호로서의 측면에 주목하여 그 의미작용을 논의한다는 점에서 보면 문화 연구의 방법론과 일부 겹치기는 하지만,[15] 때로 타자에 대한 이해를 통해 인간 혹은 인간 행위의 보편

---

13 김대행, '國文學의 文化論的 視覺을 위하여', 한국고전문학회 편, 앞의 책(2001), 15면.
14 "문화론을 통해 새로운 한국 문화를 창조한다."는 기획 자체에서 그 혼란이 예고된다.
15 구체적인 작품 분석의 방법 내지 연구 방법이 상당 부분 Paul du Guy식 문화 개념에 맞닿아 있다. 가이는 문화를 '의미의 생산 및 유통'으로 정의하고, 생산(production) 소비(consumption), 규제(regulation), 표상(representation), 정체성(identify) 등의 요소를 분

성에 대한 이해를 도모하는 인류학적 이상을 표방하는 등 여러 가지 면모를 지니는 것이 사실이다.

그런데 이러한 겹침과 그래서 생겨난 모호함은 문화론 혹은 문화론적 관점의 원대한 야망에서 비롯된 것일 수 있다. 이는 학문적 엄밀성의 관점에서 볼 때 문제로 지적될 수 있겠지만, 전체적인 구도를 그려나가는 시점에서는 나름의 의미를 지닐 수 있다. 문화론적 관점이 제안된 이면에는 인문학 혹은 인간학 본연의 목적으로 돌아갔을 때 인문학의 위기를 극복하고 새로운 문화를 창조할 수 있다는 생각이 깔려 있는 바, '인문학' 혹은 '인간학'이라는 것이 특정 이론이나 연구 방법을 뛰어넘는 차원에 있는 것이기 때문이다. 말을 바꾸면 고전문학을 분과적 관심이 아닌 인간활동의 이해라는 측면에서 파악할 것을 제안한 것으로, 그렇게 파악한 인간활동에 대한 이해가 곧 우리가 고전문학을 통해 얻을 수 있는 지식이자 교육의 내용이 된다고 보는 관점이기 때문이다. 관점이 이러하므로 고정된 실체로 보아 정태적으로 분석하는 데 그치지 않고 고전문학작품을 인간 활동 혹은 의사소통이라는 관점에서 파악하고자 하며, 우선 당대의 의미 작용을 분명히 밝혀내고, 그 결과를 오늘날 우리가 계승할 가치 혹은 교육할 내용으로 구조화하고자 한다.

정리해서 말하면 문화론이라는 말이 아직은 논의를 촉발하고 선동하는 개념이라는 점에서 우리에게 많은 숙제를 남겨 주는 것이 사실이지만, 고전문학교육 및 그 연구와 관련해 볼 때 분명한 것은 천박한 실용의 시대에 인문학의 본질적 가치에 주목하여 실사구시를 시도하고 있다는 점에서 그 의의가 충분히 인정된다는 점이다. 필자 역시 문화론적 관

석 기준으로 제시한 바 있다. 김대행, '歌辭 樣式의 文化的 意味', 「韓國詩歌硏究 제3집」, 한국시가학회, 1998 ; 김대행, '賞春曲 : 抽象의 意味', 『國語國文學硏究』, 南畊朴焌圭博士 停年退任紀念論文간행위원회, 1998.

점으로 19세기 무명씨 금강산가사에 대해 살펴본 바[16] 있다. 문화론적 접근의 실체를 보다 분명히 하기 위하여 필자가 이해한 연구의 시각과 방법을 약술해 보고자 한다.

기행가사에 대한 연구는 아직까지 작품을 발굴하고 실증하는 차원에 머물러 있다고 볼 수 있다. 다행히 최근 몇 년 사이 작가론이나 작품론이 활발하게 전개되고 있는데, 작가론이나 작품론의 상당수가 상호텍스트성을 따지고 통시적 변모를 철저히 밝힘으로써 가사의 역사를 복원하려는 의도를 숨기고 있다. 이는 실체 자체를 드러내는 일이라는 점에서 매우 중요한 연구 경향으로, 국문학 연구의 익숙한 방법이기도 하다.

그런데 문화론적 접근은 연구의 지향점을 시가사의 복원에 두지 않는다. 무명씨 금강산가사에 대한 연구 역시 인간 활동 혹은 인간 자체에 초점을 두기 때문에, 관념을 도식적으로 오려붙이는 수준에 머물고 있는 작품이 그처럼 널리 유행한 이유는 무엇인가, 왜 사람들은 그와 같은 작품을 즐기는가에 대한 의문에서 시작한다. 그 결과 '도식성 내지 익숙한 관용 표현의 배열'이 특별한 훈련을 받지 않은 일반인들이 자신들이 동경하는 문화를 생산하고 향유하기 위해 전략적으로 선택한 텍스트 문법임을 알게 되었다. 이러한 연구 결과는 '사실성' 혹은 '핍진한 삶의 묘사' 등 리얼리즘의 개념에 가려졌던 무명씨 금강산가사에 대한 이해[17]를 높여 주었다는 점에서 – 의도하지는 않았음에도 불구하고 – 우선시가 연구사적 의미를 지닌다. 나아가 대중문화에서 광범위하게 확인되

---

16 졸고, '19세기 무명씨 금강산가사의 생활문화적 의의', 한국고전문학회, 앞의 책(2001).
17 대개 작가가 알려져 있고 삶의 핍진한 묘사가 드러나는 19세기의 다른 금강산가사와 달리, 익숙한 표현들을 도식적으로 오려붙여 만들어진 무명씨 금강산가사에 대한 연구는 매우 미흡한 상황이다. 작품 전반을 대상으로 삼아 본격적으로 논의된 바가 거의 없으며, 문학사에서도 '당시 일반 서민들 사이에서 금강산가사가 대거 향유되었다'는 사실을 소개하는 정도에 그치고 있다.

는 도식성 내지 익숙함의 전략을, 유행하는 문화에 동참하기 위한 방법이자 문법으로 가르칠 수 있는 근거를 마련했다는 점에서 국어교육적 의의도 아울러 지닌다. 문화론적 시각이 교육적 기획이기도 한 까닭이 여기에 있다.

문학작품 혹은 문학적 실천을 문화 내지 인간활동—인간의 의사소통 행위로 보는 것과도 흡사하다—으로 보고 그 의미작용을 밝혀 인간 보편에 대한 이해를 심화시켜 줄 수 있는 실용적 지식을 개발하려는 것이 문화론적 관점이라 요약할 수 있다. 또한 앞서 살핀 국어교육의 문제, 즉 기능주의와 문학주의에의 편향을 비판하는 논리가 보다 확장되고 체계화된 관점이 바로 문화론적 관점이라고 할 수 있겠다.

4. 구어문화와 대중문화의 기원으로서의 국문문학의 의미 발견

이제 문화론적 관점을 보다 확장하여, 고전국문문학이 우리의 구어문화와 대중문화를 이해하는 데 매우 중요한 자료이고 그 역으로 오늘날 구어문화와 대중문화를 이해함으로써 고전국문문학에 대한 이해를 심화할 수 있다고 주장하고자 한다. 고전문학을 문화현상으로 바라보게 됨에 따라, 고전문학이 대중문화이자 구술문화의 자장 안에서 어떤 의미작용을 했는지에 대해 더욱 주목하게 되었고 그 결과 구어문화와 대중문화의 기원으로서의 고전국문문학의 의미를 재발견하고 연구 방법에 대해 시사를 받을 수 있었다.

범박하게 말하면 현대문학은 문자문화의 산물인 반면 고전국문문학은 구어문화의 산물이다. 문자 텍스트로서의 현대문학이 고쳐쓰기를 반복하여 만들어진 정련된 텍스트라면, 고전문학은 연행의 장 등에서 즉석으로 불려지거나 암송되거나 이야기되는 그런 것이었다. 현대문학이 개성이 강한 엘리트문학의 속성을 지닌다면 고전국문문학은 보편적인 관심거리를 전형적인 방식으로 다루는 대중문학의 속성을 강하게 띤다.[18] 발생 맥락이 이렇듯 상이하다보니 현대문학의 기원 내지 뿌리를 고전문학에서 찾으려는 것이나 고전문학과 현대문학의 공통점을 찾으려는 노력은 생산적인 결과로 이어지기 어렵다. 오히려 고전국문문학은 엘리트문학으로서의 현대문학을 형성한 저변으로서의, 우리의 구어문화 및 대중문화의 기원으로 다뤄져야 한다.

그렇다면 기원으로 다뤄진다는 것은 무엇을 의미하는가. 오늘날의 구어문화와 대중문화에 대한 이해의 실마리를 고전국문문학을 통해 찾을 수 있다는 의미일텐데, 여기에는 오늘날의 구어문화 및 대중문화와 고전국문문학과의 친연성 내지 상황적·구조적 유사성이 가정되어 있다. 고전국문문학이 구어시대의 산물이고 대부분 대중문화의 형태로 존재했다는 사실 때문에 이러한 가정은 일견 새삼 주장할 필요조차 없는 것처럼 보인다. 그러나 아직까지도 문어 시대의 관념으로 고전문학작품을 보는 것이 일반적이고 현재의 대중문화나 구어문화의 기원이나 전통 등에 대한 논의가 부족한 까닭에 구어문화와 대중문화의 기원으로 보자는 제안은 여전히 유효하다. 이른바 문학성을 저해하는 것으로 받아들여졌던 상투적 표현[19]이나 고전문학소설의 예상 가능한 천편일률적 구조 등

---

18 조선시대 엘리트라 할 수 있는 사대부들의 국문문학 향유 역시 이런 관점에서 파악해야 한다. 가령, 이황과 이이 시조가 보여주는 높은 인식과 형상화의 세계—수준 높은 경지—는 그들이 도달한 관물(觀物)의 도(道) 내지 경지를 보여주는 것이며 동시에 시조 형식에 대한 완전한 체화를 입증하는 것이라 할 수 있다.

19 이지호, ‘常套的 表現考’, 「국어교육연구」 제2집, 서울대 국어교육연구소, 1995.

이 매우 효과적인 장치일 수 있음을 주장하는 논의들이 제기된 것[20]도 사실 불과 몇 년 전의 일이다.

다시 본론으로 돌아와 구어문화 및 대중문화의 기원이라는 것이 지니는 의미에 대해 살펴보기로 한다. 인간의 성장 내지 발달을 설명하는 이론과 주장은 실로 다양하다. 그 중 하나가 '개체 발생은 계통 발생을 반복한다'는 명제이다. 생물학 내에서는 아직 공증되지 않은 명제임에도 불구하고, 한 인간의 발생이 인류의 진화과정을 되풀이하는 측면이 있다는 생물학적 인식은, 발달심리학에서 인간의 발달을 설명하는 '하나의' 관점으로 자리하고 있다. 물론 이러한 관점은 인간 발달의 '한' 측면만을 제한적으로 설명해주는 이론이다.

그러나 다양한 이론과 방법을 검토하여 학습자들의 긍정적 변화를 유도해야 하는 우리들에게 인간 발달을 설명하는 관점들은 모두 중요한 참조점이 될 수 있다. 제한적이기는 하지만, 인류 역사의 발전이 인간의 발달과 유사한 구조로 진행된다는 인식 역시 우리에게 시사하는 바 크다. 과학사나 수학사의 중요성을 주장하는 발달심리학자들―피아제도 여기에 속한다[21]―의 논리 역시 이러한 관점을 일부 수용한 것으로 볼

---

20 김흥규, '고전문학교육과 역사적 원근법', 「현대비평과 문학이론」 봄호, 한신문화사, 1992년.

21 여기서 발달심리학과 피아제 이론에 대한 필자의 이해 정도가 깊지 않음을 고백하지 않을 수 없다. 잘 알려진 원서 몇 권과 몇 편의 개론서를 읽고, 그와 관련하여 해당 영역 전문가와 몇 차례 논의한 결과를 바탕으로 하여, 계통 발생설과 피아제 이론에 대해 언급하고 있는 상황이다. 그러나 조절이니 동화니 도식이니 하는 개념들이 생물학적 관찰의 결과 얻어진 것이라는 점에서 생물학은 피아제의 이론과 밀접한 관련이 있음은 널리 알려진 사실이다. 그리고 계통 발생설을 표나게 주장하지는 않았지만, 피아제가 과학사를 논의하고 수학적 인식을 논의하는 이면에는 그러한 전제가 숨어있는 바, 그의 철학을 발생적 인식론이라 부르는 이유도 그와 무관하지 않다. *The Child's Conception of Number* (with Alina Szeminska), translated by C. Gattegno and F. M. Hodgson, London : Routledge & Kegan Paul Ltd., 1952 ; *The Construction of Reality in the Child*, translated by M. Cook, New York : Basic Books, Inc., Publishers, 1954 ; *The Growth of Logical Thinking from Childhood to Adolescence*, translated by A. Parsons and S. Seagrin, New

수 있다. 이들은 한 아이의 과학적 인식의 변화 내지 발달 과정이 과학
적 인식의 변화사, 즉 과학사의 전개와 매우 흡사하다는 사실에 주목하
여, 과학교육의 내용과 방법에 대한 시사를 도출해내고 있다. 단순화의
위험을 우선적으로 경계해야겠지만, 문학사에 대한 이해를 바탕으로 문
학적 인식 혹은 문학 능력의 발달 과정에 대한 이해를 깊게 할 수 있다
는 추론이 가능해진다.

여기에 인류의 매체 발달사와 개체의 언어 습득사 역시 일정 정도 유
사한 패턴을 지닌다는 점도 아울러 고려해 보자. 음성 언어에서 문자 언
어로, 문자 언어에서 인쇄 매체로, 인쇄 매체에서 대중 매체로 나아가는
변화의 과정이 동일하게 반복되는 것은 아니지만,[22] 우리가 구어 문화
의 지배적인 영향에서 점차 문자 문화의 세계로 들어간다는 점은 분명
하다. 제도교육에 편입되는 것은 문자 문화에 본격적으로 입문하는 것
이며 제도교육에 입문한 아이들은 점차 구어의 세계에서 문어의 세계로
나아가게 된다.

이런 점에서 발달단계가 낮을수록 고전문학과의 친연성이 높다는 결
론이 가능해진다. 초등교과서에 민요나 설화 및 고대소설이 다수 실려
있는 것이 우연은 아닌 것이다. 그러나 친연성에 대한 주장이 고전문학
을 초등학교 학생들에게 가르쳐야 한다고 주장하기 위한 것은 아니다.

York : Basic Book, Inc., Publishers, 1985 ; *The Language and Thought of the Child*,
translated by M. Gabain, London : Routledge & Kegan Paul Ltd., 1926 ; *The Origins of
Intelligence in Children*, translated by M. Cook, New York : International University
Press, 1952 ; *Play, Dreams, and Imitation in Childhood*, translated by C. Gattegno and
F. M. Hodgson, New York : Norton & Company, Inc., 1951, 1962 ; *The Psychology of
Intelligence*, translated by M. Percy and D. E. Berlyne, London : Routledge & Kegan
Paul Ltd., 1950.

22 물론 새로운 매체의 출현이 이전의 매체를 완전히 대체하는 것은 아니며, 인간이 여러
매체를 이용하게 되었다는 것은 그만큼 복잡한 사고 양상과 삶의 양식을 소유했다는
것을 의미한다.

고전문학은 발달단계가 낮은 학생들에게 그 자체로 가르쳐질 수도 있지만, 더욱 중요한 것은 우리에게 발달단계가 낮은 학생들의 국어활동을 인식하게 해 주는 자료일 수도 있다는 점[23]이다. 가령 <구지가>를 예로 설명해 보자. <구지가>라는 실체 자체에 대해 가르칠 수도 있지만, 발달단계가 낮은 학생들의 국어 생활을 이해하는 자료로 <구지가>를 활용할 수도 있는 것이다. <구지가>는 위협의 기제를 이용한 설득의 원시적 방식이 잘 드러나는 흥미로운 작품으로 이러한 '구지가'식 설득 방식은 아동들의 구어 생활에서 흔히 확인되는 설득적 발화의 하나이기도 하다. 발달단계가 낮은 학생들은 대개 '논거나 이유를 들어 설득'하지 않고 '밥 안 먹겠다'고 위협하거나 '~하면 ~할 게'라는 식의 달램을 통해 상대방을 설득하려 한다. 여기에는 말의 힘에 대한 주술적 믿음 ―고대적 믿음― 이 전제되어 있다. 우리는 <구지가>의 표현에 주목함으로써 아동들의 표현 실태를 수집하고 조사하지 않고서도 그들이 사용하는 설득 표현의 한 방식에 대해 이해하거나 교육적 가설을 세울 수 있게 된다.[24] 이런 점에서 볼 때 <구지가>를 구어문화의 기원으로 봄으로써 우리는 구어문화에 속해 있는 사람들의 국어 생활을 인식하고 교육 내용을 추출할 수 있게 된다.

물론 이러한 생각이 고전문학의 가치가 발달단계가 비교적 낮은 시기의 어린이들에게만 발휘된다는 주장으로 받아들여진다면 그것은 오해다. 그렇게 오해했다면 발달이라는 말의 함정에 빠져 매우 위험한 가설을 가지고 있는 것이 아닌지 반성해야 한다. 발달이라는 말에는 진보의 이데올로기가 숨어 있는 바, 가장 높은 발달단계의 특성을 보여주는 사

---

23 이 문제에 대해서는 앞서 생각해 본 바 있다. 졸고, '고전문학교육과 '전통'―초등학교에서 '과거의 문학'이 지니는 의미―', 「初等教育研究」 11집, 청주교대, 2001.
24 물론 이 가설은 경험 연구를 통해 검증되는 절차를 거쳐야 한다.

람이 가장 성숙한 사람이라는 생각이 바로 그것인데, 그러한 관점에 따르면 성인은 어린이로서의 특성을 완전히 극복한 인물로 가정된다. 그러나 성인이란 어린이로서의 특성을 완전히 버린 인간이 아니라 대사회적 가면을 여러 개 갖고 있는 보다 복잡한 인간일 뿐이며, 어린이다움의 상당 부분은 성인의 무의식에 넓게 퍼져 있으면서 여전히 성인의 일상사를 움직이는 중요한 추동력이 된다고 보아야 한다. ‘유치함’은 성인의 일상에서도 여전히 지배적인 행동적 특성이라는 점을 인정할 필요가 있다.

발달단계가 낮다고 표현할 수밖에 없지만, 낮은 단계에서 나타나는 특징들을 피라미드의 가장 넓은 밑 부분에 해당한다고 보는 것이 좋다. 이때 우리는 피라미드의 윗부분이 밑둥에 의해 지지되고 있다는 점을 기억해야 한다. 사실 이런 논리를 받아들이게 되면 발달단계가 낮다는 것은 더 일상적이고 근원적이라는 말이 되는 셈이다. 즉, 성인인 우리도 여전히 의식하지 못하는 상황에서 자주 위협의 기제를 활용하여 상대방을 설득하고자 하며 치밀한 논리로 설득하고자 하는 경우조차 때로 그러한 위협의 기제를 교묘히 숨기고 있는 경우가 많다. 이런 점에서 볼 때 고전문학은 성인에게도 재미있는 텍스트일 수 있으며 우리의 일상을 돌아보게 하는 유용한 자료로 기능할 수 있다.[25]

결론적으로 말하면 고전문학은 우리의 구어활동 및 대중문화를 이론적으로 설명해줄 수 있는 자료일 수 있으며, 교육내용을 추출할 수 있는 매우 중요한 귀납의 자료일 수 있다. 물론 오늘날의 구어문화를 설명하는 ‘2차적 구술성’이라는 말에는 문어 시대 이전의 구어성과 대중매체 시대의 구어성이 다르다는 의미까지 포함되어 있다. 그러나 분명한 것은 대상화가 어려운 동시대 여러 현상을 이해하기 위하여 지나간 시기

---

[25] 아동들이 보는 만화 영화나 드라마의 세계는 고전문학서사와 매우 유사한 발상에 근거해 있으며 동시에 성인들이 즐겨보는 대중문화의 세계도 그 맥을 같이 한다.

의 문학을 이용하는 것이 매우 효과적이라는 점이다. 물론 그 반대 방향의 접근 역시 전략적으로 매우 유용하다. 오늘날 구어문화 및 대중문화 일반에 널리 퍼져있는 한국적 특수성에 대한 이해를 발판으로 삼아 고전문학에 대한 이해를 도모할 수도 있는 것이다. 학생들에게 친숙한 문화를 끌어들여 고전문학에 대한 이해를 시도하는 것은 전략적으로 유용한 방법이 될 수 있다는 말이다. 가령, 학생들 사이에서 끊임없이 만들어지고 향유되는 이야기를 끌어와 구비문학에 대한 접근을 시도한다면 구비문학의 존재 방식과 의미 작용이 보다 쉽게 이해될 수 있다.

이런 점에서 고전문학의 대중화나 대중문화를 통한 고전문학에의 접근은 단순히 세상의 변화에 임기응변적으로 대응하는 차원을 넘어서는 중요성을 지니며, 매우 생산적인 성과를 낼 가능성이 높다고 할 수 있다. 이에 대한 진지한 천착이 뒤따라야 할 것이다.

보편성의 발견인가, 특수성의 체험인가

―고전문학교육 목표 하나에 대한 성찰―

신화비평가인 프라이는 상상력이 고양된 세상을 꿈꿨다. 신화적 상상력을 훈련함으로써 인간이 다시 대자연의 품으로 돌아가 행복할 수 있다고 믿었다. 낭만적인 꿈이 아닐 수 없다. 그런데 과거의 문학인, '신화'를 출발점으로 삼아 그러한 꿈을 꿨다는 점에서 살펴볼 필요가 있다는 생각이 들었다. 교육이란 태생적으로 과거에 뿌리를 두고 미래를 모색하는, 낭만적 기획의 속성을 지니는 것이기에, 용감하게 프라이를 따라나설 수 있었다.

우리가 과거의 문학을 향유하고 배우는 이유는 다양할 것이다. 다양한 이유의 스펙트럼 양 끝에 '보편성의 확인'과 '특수성의 체험'이 자리하고 있다. 프라이의 논의를 따라가면서, 그중 '보편성의 확인'이 지닌 의미와 한계에 대해 생각해 보길 바란다. 그 생각을 실마리로 고전문학을 배우는 다양한, 다른 이유와 목적에 대한 탐색도 시작하기를 바란다.

1. 상상력의 세련이다?

상상력의 세련은 문학교육의 주요한 목표 중의 하나이다. 그런데 정작 상상력이란 무엇이며 상상력의 세련이란 학습자의 어떤 변화를 의미하는 것인지 또 상상력의 세련을 위해 어떤 교육적 처치가 내려져야 하는지에 대해 심도 있게 논의한 글을 찾아보기 어렵다. 문학교육과 관련하여 상상력에 대해 언급하지 않은 것이 없음에도 불구하고 정작 상상력을 본격적으로 정면에서 다룬 논의는 쉽게 발견되지 않는다. 그 원인은 무엇보다도 상상력이라는 개념 자체에서 비롯된다. '상상력'이 어떤 결과를 있게 한 것으로 가정되는 작용력이기에 비롯된 어려움이라 하겠다.

그런 어려움을 생각해 볼 때 상상력의 개념을 분명히 하고 그 범주를 구체화한 우한용[1]의 성과는 문학교육적 의미를 지니기에 충분하다. 우한용의 논의는 구인환 외[2]로 이어졌는 바, 우한용은 프라이가 나눈 언어의 세 가지 용법을 원용하여, 이로부터 상상력을 세 가지로 범주화하였다. 상상력을 구성적 능력(constructive power)으로 포괄적으로 규정한 후, 구성적 능력을 다시, 개념화 작용에 관여하는 인식적 상상력(imagination of awareness)과 현실에 대한 비판 기능과 관련된 조응적 상상력(imagination of world ordering) 및 세계를 재구성하는 능력과 관련된 초월적 상상력(imagination of world making)으로 구분하였다. 이러한 구도는 박인기[3]로 이어졌으며, 박인기는 한걸음 나아가 읽기 능력의 발달단계와 관련하여 인식적 상상력을 정보적 능력으로, 조응적 상상력을 해석적 능력으로, 초월적 상상력을 비평적 능력으로 관련짓기에 이른다. 이처럼 상상력의 범주가 구체화되고 범주간에 어느 정도의 위계화가 가능해짐에 따라 상상력의 세련이란 어떤 능력의 정련 내지 구체화인지 분명해졌으며 구체적인 교육 방법을 마련하는 것 역시 가능하게 되었다. 그러나 프라이가 구분한 언어 용법이 곧바로 '인식 → 비판 → 초월'이라는 정신 작용(상상력의 세 범주)과 일대일 대응되는 것은 아니며,[4] 일대일 대응된다 하더라

---

1 우한용, '文學敎育論 序說', 『蘭臺李應百博士 回甲紀念論叢』, 보진제, 1983, 620~627면.
2 구인환·박대호·박인기·우한용·최병우 공저, 『文學敎育論』, 삼지원, 1994 제2판, 65~76면. 우한용(1997)에서도 이러한 구분은 여전히 확인된다. 우한용, 『문학교육과 문화론』, 서울대출판부, 1997, 8~46면.
3 박인기, 『문학교육과정의 구조와 이론』, 서울대출판부, 1996, 129~132면.
4 문학교육의 목표인 '상상력의 세련'은 추상화되고 일반적인 수준의 목표 진술이다. 구체적인 학습 내용과 방법을 마련하기 위해서는 상상력의 개념을 사고력 전반으로 확장하여 일반화하는 것보다는 특정 이론 혹은 작품의 검토를 통해 보다 구체적인 상상력의 개념이나 실체를 밝혀내는 일이 시급하다고 판단된다. 후자로 접근해야만 원론적이고 이념적

도 상상력의 개념을 지나치게 확장하고 있다는 비판을 피하기는 어려울 것으로 보인다. 상상력을 '구성 능력 전반'으로 규정한 것에서부터 예고되었듯이, 상상력을 의미 구성 능력 혹은 사고력과 거의 동일시함으로써[5] 실제적으로는 상상력의 개념을 또다시 신비화한 면이 없지 않기 때문이다.

여기서는 신화적 상상력이라는 개념을 중심으로 논의를 시작하려고 한다. 신화적 상상력이라는 개념에 대한 검토가 개념에 대한 소개나 상상력 자체의 특질을 규명하는 것을 목적으로 하지는 않는다. 이 개념이 문학교육에 대한 특정한 관점을 전제하고 있다는 점에서 보면, 논의의 출발은 개념 내지 이론에 대한 탐색의 양상을 띠지만 고전문학교육 혹은 문학교육의 목표에 대한 논의로 나아갈 수 있으리라 예상된다. 이는 신화비평가들―그 중에서도 특히 프라이[6]―에 의해 구체화된 신화적 상상력이라는 개념이 단순히 상상력의 한 범주를 특성화한 것에 그치는 것이 아니라 문학교육의 지향점과 구체적인 방법을 제안하고 있기 때문에 가능하다.

논의에 앞서 밝혀둘 것은 신화적 상상력의 개념을 검토하는 것이 고전문학교육의 유일한 목표가 신화적 상상력의 세련 내지 회복에 있음을 주장하려는 것은 아니라는 점이다. 문학교육은 물론이고 고전문학교육

인 차원에서 논의되는 문학교육에 대한 논의가 구체화될 수 있으며 교육 실천과 연계될 가능성 또한 높아지기 때문이다. 이 글에서는 프라이가 말한 상상력을 신화비평이라는 독특한 이론 체계 안에서 상상력의 한 범주를 구체화해보고자 한다.

5 두 번째 상상력의 범주와 관련하여 상징주의의 핵심 개념에 해당하는 '조응'으로 번역한 것은 검토의 여지가 있는 것으로 보인다.

6 프라이의 상상력에 대한 생각과 교육에 대한 생각이 드러난 책은, 그가 캐나다 방송에서 강연한 내용을 묶은, The Educated Imagination(Harvard Uni. Press, 1964)라는 책이다. 이 책은 이상일(『신화교육론』, 을유문화사, 1981)이 번역한 바 있고, 이상우 역시 두 차례(『문학의 구조와 상상력』, 집문당, 1987, 『문학의 원형』, 명지대 출판부, 1998)에 걸쳐 번역한 바 있다. 여기서는 번역본을 참고로 하였다.

의 목표 역시 어느 하나로 단일하게 규정될 수 없으며 추상적이고 선언적인 차원에서 규정될 수도 없다. 교육의 실제에서 유용한 지침이 되기 위해서 또한 풍부한 교육적 효과를 거두기 위해서는 구체화되고 다양화될 필요가 있다.[7] 이 글에서는 문학교육의 뚜렷한 목표와 방법을 제시했던 신화비평의 핵심 개념을 비판적으로 검토함으로써 문학교육을 통해 세련시켜야 하는 상상력의 '한' 범주를 보다 구체화해보고 고전문학교육에서 설정 가능한 하나의 목표와 그 목표를 달성하기 위한 방법을 구체적으로 논의해보려 한다. 이론적 토양과 기후가 다르기 때문에 특정 이론을 검토하는 일은 언제나 어렵고 소득조차 빈약하기 일쑤다. 이런 한계를 예상하면서도 목표에 대한 논의가 아직 풍부하게 전개되지 않았다는 핑계를 앞세워, 이미 제출되어 있는 이론－신화비평－을 발판으로 하여 고전문학교육의 목표에 대해 생각해 보려는 것이다.[8] 이러한

---

7 그와는 방향을 달리하여 필자는 문화적 상상력(imagination in culture)이라는 개념을 제안한 바 있다. 상상력이라는 것 역시도 당대 역사적 상황의 특수성에 의해 어느 정도 색깔지워진다는 점에 착안하여 문화적으로 구속받는 상상력을 문화적 상상력이라 정의하였다. 문화적 상상력의 구체적인 특질과 작용 양상을 작품 혹은 작품군을 통해 복원하는 것이 고전문학교육 연구의 한 방향이 될 수 있음을 제안하고 작품 분석을 통해 그러한 문화적 상상력의 실체를 찾아본 바 있다. 그 결과 단단한 무기물인 아스팔트를 부드럽게 출렁이는 바닷길로 유추할 수 있는 능력이 바로 정철의 상상력이며 <관동별곡>의 세계임을 보였다. 개별 작품 혹은 장르의 역사성 내지 특수성을 이해하고 감상하기 위해서 동시에 우리들의 상상력의 한계를 객관화하고 인식의 경계를 확장하기 위해서는 개별 작품 혹은 장르에 두드러지게 나타나는 상상력의 실체를 추출하여 구조화하는 일이 시급하다고 할 수 있다. 이는 역사적이고 특수한 상상력의 실체를 파악하려는 시도인데, 신화적 상상력의 고양이라는 목표와 함께 신화적 상상력의 몰역사성을 보완해줄 목표로 설정될 수 있을 듯하다. 다만, 문화적 상상력이라는 개념도 어느 정도는 추상화된 향유 집단의 상상력이라는 점에서 어느 정도의 몰개성적인 면을 지니는 것은 사실이다. 졸고, '대상 인식과 내용 생성의 관계에 대한 표현교육론적 연구', 서울대 박사논문, 1999 ; 졸고, '표현자료로서의 <관동별곡> 연구', 『고전문학과 표현교육론』, 도서출판 역락, 2000.

8 물론 기존의 문학교육론자들에 의해 신화비평이 소개된 적은 있다. 문학교육이 문화교육이자 비평교육이어야 함을 주장한 우한용은 앞서 제시한 것처럼 프라이의 이론에 힘입어 상상력의 개념을 범주화했으며, 김재수는 프라이의 이론을 자세히 소개하면서 우리나라 신화교육의 문제점을 지적하고 <유리태자>, <바리공주> 이야기 등이 가르쳐질 필요성이 있다는 주장한 바 있다. 그런데 신화비평에서 생각했던 문학교육에 대한 전체적인 상

논의들이 양적, 질적으로 축적되어 고전문학교육의 목표에 대한 다양하고 깊이 있는 논의로 이어지기를 희망한다.

2. 어느 신화비평가의 꿈, 신화적 상상력의 복원

1) 신화와 신화적 상상력

잘 알려진 것처럼 프라이는 언어의 용법을 세 가지로 나눴다. 첫째가 의식 또는 자각의 언어(the language of consciousness or awareness)인데, 나와 사물간의 차이를 자각하고 인식하는 일상 회화의 언어가 여기에 해당하며 이를 자기 표현의 언어라고도 부를 수 있다고 하였다. 둘째로, 실용적 의미의 언어가 있는 바, 실용적 의미의 언어는 교사, 설교자, 정치가, 광고인, 변호사, 신문기자, 과학자 등이 사용하는 전문적인 언어로 사물을 인식하기 위해서가 아니라 어떤 일을 수행하기 위해 표현하는 수준의 언어이다. 세 번째는 문학의 언어가 있는데, 문학의 언어는 원하는 것, 전망(vision) 혹은 본보기(model)를 구축하는 언어라고 하였다. 있는 것을 그대로 표현하거나 어떤 일을 직접적으로 수행하기 위해서가 아니라 자신이 원하는 것 혹은 없는 것을 구성하는 것이 문학이며 그러한 구성력이 바로 상상력이라는 것이다. 이렇게 볼 때 상상력이란 문학적 언어 사용을 가능하게 하는 힘으로, 원하는 것 혹은 전망 혹은 본보기를 구성할 수 있는 정신의 힘, 내지 구성 능력이라고 말할 수 있다.[9]

이나 방법론에 대한 검토는 아직까지 발견되지 않는다. 우한용(1983), 구인환 외(1994, 2판), 우한용(1997) 참고. 金梓洙, '신화교육의 중요성－N. 프라이의 문학교육론을 중심으로－', 전국교육대학 국어과교수연구협의회, 「국어과교육연구」 제6집, 1988, 101~128면.

　　그런데 우리는 여기서 문학을 가능하게 하는 상상력의 효용이 문학적 언어 사용 자체에만 국한되는 않는다는 사실에도 주목할 필요가 있다. 신화비평에서 상상력을 강조하는 이유도 여기에 있다. 프라이는 이러한 상상력을 모든 차원의 언어 활동에 전이시키고자 하였는데, 이는 상상력이 발동되어야만 자각 혹은 인식이 보다 명확해지고 실용적 의미의 의사소통에서 수용 주체가 보다 능동적으로 현실을 파악할 수 있다고 믿었기 때문이다. 사실 사물을 인식하더라도 사물을 있는 그대로 인식하지 않고 자신이 설정한 전망에 비춰 인식할 수 있어야 하며, 정치가를 뽑기 위해서는 그가 제시하는 공약을 자신이 지니고 있는 정치적 전망에 비춰 판단할 수 있어야 한다. 이처럼 상상력 혹은 문학의 언어가 우리 생활에서 차지하는 비중이 막중하다고 보았기에, 프라이는 인문교육은 문학교육이자 상상력교육이 되어야 한다고 주장하기에 이른다.

　　또 하나 우리가 주목할 것은 신화비평가들에게 있어서 비전 혹은 본보기의 구성이 단순히 문학의 허구성 내지 현실 모방적 성격을 의미하는 것은 아니라는 점이다. 전망 혹은 본보기의 의미가 밝혀져야만, 상상력 교육이 곧 신화교육이고 문학교육이라는 논리를 비롯하여 신화비평에서 신화를 중시하는 이유 및 문학을 신화로서 접근하는 까닭이 분명해진다. 전망 혹은 본보기의 구성은 전혀 관련이 없어 보이는 사물들 사이의 유사성 내지 동질성을 파악하거나 일상생활의 온갖 경험을 토대로 하여 새롭고 의미 있는 형상을 창조할 때[10] 비로소 가능해진다. 그런데

9　우한용은 언어의 세 가지 용법으로부터 상상력의 범주를 세 가지로 개념화했지만, 정작 프라이가 상상력을 세 가지 범주로 나눈 것은 아니다. 프라이는 상상력이 문학의 언어에 나타난다고 보았으며 문학의 언어에 나타나는 상상력이 언어의 다른 두 가지 용법에서도 긴요하게 작용할 필요성이 있음을 주장하였다. 상상력은 인식과 현실 비판까지를 포함하는 의미 구성 능력 일반을 지칭하는 개념이 아니라, 비전 혹은 모델을 구성할 수 있는 구성력일 뿐이다. 그렇기는 하지만 비전 혹은 모델을 구성할 수 있어야만 인식과 의사소통도 더욱 효과적이라는 점에서 매우 중요한 능력으로 간주된다.

본질적으로 보아서 문학은 일상과 은유적 관계를 맺고 있으며, 소설가나 시인은 인간 세계와 자연 세계를 동일화하거나 그 둘 사이의 유사성을 찾아내는 것을 그 소임으로 삼는다. 이러한 본질적인 관련에 주목하여 신화비평에서는 문학을 인간 세계와 자연 세계에 동일하거나 유사하게 적용되는 전망 내지 본보기를 구성한 것으로 정의한다. 이때 신화는 인간과 비인간─즉, 자연─으로 단절되기 이전, 인간 세계와 자연 세계가 유사성과 동일성을 지닌 채 공존하던 시기의 산물이라는 점에서 상상력의 보고이자 문학의 원형적 특질을 간직한 것으로 간주된다. 인간 세계와 자연 세계가 구별되지 않고 공존하던 시대에 제의와 관련하여 발생한 것이 신화이기 때문이다.

우리가 제의라고 부르는 것은 인간의 에너지와 자연의 에너지를 일치시키려는 의지의 고의적 표현[11]이다. 신에 대한 이야기는 물론이고 오늘날의 문학도─문학을 신화의 원형적 특질이 발현된 것으로 규정하는 한에 있어서는─인간의 에너지와 자연의 에너지를 일치시키려는 의지의 표현으로 볼 수 있다. 하루의 태양 주기, 일 년의 계절 주기, 그리고 인생의 유기적 주기에는 일정한 의미의 패턴이 있는 바[12] 모든 문학작품의 구조를 추상화해 보면 그러한 패턴을 구현한 것에 지나지 않는다. 즉 모든 문학은 신화의 연장선상에 있으며 신화의 세계를 재현하고 있는 것이다. 이렇게 보면 신화는 신에 대한 이야기라는 소박한 의미만 지니는 것 아니라 모든 이야기의 구조적 원리라는 의미까지 획득하게 된다. 신화에서 두드러지게 나타나는 패턴 내지 원형적 자질들─인간을 포함

---

10 이상섭, 『문학의 이해』, 을유문화사, 1972, 39면.

11 Northrop Frye, *Anatomy of Criticism*, Princeton Univ. Press, 1957, 154면.

12 신화비평가들의 이러한 입장은 프라이의 장르 구분에서 분명하게 드러난다. 프라이는 봄을 희극에, 여름을 로망스에, 가을을 비극에, 겨울을 풍자에 대응시키고 있다. N. Frye, 앞의 책(1957) 참고.

한 자연의 리듬과 일치하는—이 바로 수다한 문학작품 혹은 장르의 구조적 원리에 다름 아니기 때문이다.

이런 이유로 신화비평가들은 문학작품이, 문학적 장르 이전에 존재하는, 다시 말해 제의의 구두 상관물로써 신화가 지어지던 시대에 존재했던, 적은 수의 영속적인 문학적 보편항들에 의해 통제되고 있다는 초석 같은 믿음을 전제하게 된다.[13] 물론 적은 수의 영속적인 문학적 보편항으로 상정되는 것은 비평가마다 조금씩 다르게 나타난다. 프레이져는 영속적인 문학적 보편성을 몇 개의 모티프로 보고 있는데 가혹한 시련과 소생의 모티프, 속죄양 모티프 등이 바로 그것이며,[14] 인류학자인 반 게넵은 인생의 고비(life crises)에 수반되는 의식들을 분석함으로써 '통과제의(rites of passage)'[15]라는 것으로 추상해냈고, 심리학자인 융은 '집단무의식'이라는 것을 상정하고 '그림자', '가면', '영혼의 이미지' 등의 개념[16]을 찾아냈다. 휠라이트는 몇 개의 은유와 상징을 상정하고 있으며,[17] 프라이는 원형으로 묵시적 이미지, 악마적 이미지, 유추적 이미지를 추출해 내고, 계절의 주기적 리듬에 따라 장르 구분을 시도하기까지 하였다.[18]

---

13 프랭크 렌트리키아(이태동, 신경원 옮김), 『신비평 이후의 비평 이론』, 문예출판사, 1994, 25면.

14 J. Frazer, *The Golden Bough*, Macmillan, 1925.

15 반 게넵은 중요한 인간 행위나 행위의 의식적인 표현으로서의 모든 활동이 '분리—투사—통합'으로 유형화할 수 있는 통과의례로 추상화될 수 있음을 밝히고 있다. 게넵이 추상화한 통과의례는 죽음과 재생이라는 커다란 자연의 흐름을 양식화한 것이다. A. 반게넵(전경수 역), 『通過儀禮』, 을유문화사, 1987 참고.

16 융은 사람이 타고난 정신의 구성 요소를 세 가지로 보았다. '그림자 shadow'는 우리들의 무의식적 자아의 어두운 측면이며 억제하고자 하는 개성의 열등하고 즐겁지 않은 국면을 지칭하며 '가면 persona'은 우리가 의식적인 행위를 수행할 때 뒤집어쓰는 사회적 자아를 칭하며, '영혼의 이미지 annima'는 열정의 근원이거나 생의 힘, 활력으로 보통 여성에게 투사되며 남성의 마음속에 존재하기도 한다. 신동욱 외, 『신화와 원형』, 고려원, 1991, 187~189면 참고.

17 휠라이트, 『은유와 실재』, 문학과 지성사, 1985 참고.

신화비평에서 추구하는 영속적인 보편항들은 그것이 어떤 이름으로 제시되었던 간에, 그러한 개념들이 인간의 삶과 자연의 삶 중심에 척추처럼 뻗어있는 자연의 주기와 연관되어 있고 신화에서 나타나는 원형적인 인간의 심성(가령, 선, 악 등의)에 연관된다. 이것이야말로 신화비평을 그 방법적 다양함에도 불구하고 하나로 묶어주는 끈이라 하겠다. 가령, 신화 시대 이래로 영웅이야기가 계속되어 왔는데, 영웅 이야기에 등장하는 시련을 통과제의라는 인간의 삶의 주기와 밀접하게 연관된 것으로 해석하는 식이다.

요약하자면, 신화비평가들이 말하는 상상력은 의미 구성 능력 전반을 지칭하거나 사고 작용 전반을 포괄하는 개념이 아니라 전망 혹은 본보기를 구성하는 능력인 바, 자세히 설명하면 문학작품 혹은 신화를 자연 및 인생의 주기에서 유추한 몇 개의 보편적 원형으로 구성하는 능력이라고 할 수 있다. 프라이 스스로 신화적 상상력이라는 개념을 사용하지는 않았지만 연구자들이 신화비평에서 말하는 상상력을 신화적 상상력이라고 부르는 이유가 여기에 있다. 신화 혹은 개별 작품들을 통해 보편적 원형―신화의 세계―을 발견하고, 궁극적으로는 스스로 자연의 주기와 일치되는 즐거움을 느끼며 뿌리를 가진 보편자로서의 안도감을 체험하는 것이 문학 감상이 되어야 하며 이를 위해 필요한 구성 능력이 바로 신화적 상상력인 것이다. 문학의 기능 혹은 효용이라는 것도 이러한 신화적 상상력이 발동되었을 때, 즉 개별 문학작품을 신화로서 해석해 낼 수 있을 때 획득되는 것이다. 이러한 생각은 고대의 것, 과거의 것에 인류 문화의 원형이 있다는 생각과 맞닿아 있으며 이런 점에서 신화비평은 모태 혹은 원형으로 회귀하려는 낭만적 꿈을 지닌 비평이라고도 볼 수 있다.[19]

---

18 N. Frye, 위의 책(1957) 참고.

2) 문학교육과 상상력의 전이

　문학교육의 목표 중의 하나는 학생들로 하여금 비평가적 안목을 갖게 하려는 것이다. 학생들은 졸업 전이나 후에, 바라든 바라지 않든 간에 문학작품을 여기저기서 만날 것이므로 제도 안과 밖에서 어떤 형태로든 비평활동을 수행하며 살아가야 하기 때문이다. 프라이는 비평가적 안목의 획득이 곧 신화적 상상력의 회복이라고 보았다.

　비평 기술은 그 어느 것이나 작품을 표현된 그대로 보지 않고 일단 그것을 해체시키고 만다. 즉 작품을 있는 그대로 믿지 않는다는 것이다. 작품을 있는 그대로 보지 않고 해석해 낸다는 점에서 비평은 일종의 창조적 작업이라고 할 수 있다. 이러한 창조성은 은유와 상징, 이미지의 분석을 통해 신화의 세계를 재발견하려는 신화비평의 성격과 일맥상통하는 점이다.[20] 신화비평가들은 창조적 작업 자체의 즐거움과 성과를 다른 사람들과 공유하고자 하였으며 자연스럽게 문학교육에 대해 관심을 기울이게 되었다. 그들은 독자들 역시 문학이 주는 커다란 즐거움과 위안을 누릴 수 있다고 말한다.[21] 즐거움과 위안을 누리기 위해서는 햄릿을 덴마크 왕자의 고뇌로 읽는다거나 <광야>를 단순한 문명사의 과정과 전망으로 읽어내지 않고 나아가 인간사나 자연사의 보편적 원형으로 읽어내는 것이 필수적이며, 따라서 특별한 전망(perspective)을 가지고 해석하는 과정이 필요하다고 본다. 짐작하다시피 신화비평가들은 그 특

<hr>

19　이것이 바로 신화비평과 원형비평이 자주 동의어처럼 쓰이는 이유이기도 하다.

20　Wilfred L. Guer, *(A) Hand book of critical approaches to literature*, 정재완 역,『문학의 이해와 비평』, 청록, 1993, 91면.

21　프라이는 "과거의 문화란 인류의 기억만이 아니라 우리들의 파묻힌 생활이므로, 이를 연구하노라며 인식의 장(場), 즉 우리의 과거가 아닌 현재 생활의 문화적 형태를 전부 알게 되는 발견의 장에 도달한다. 온갖 사물을 일신시킨다고 하는 책임을 지는 것은 시인만이 아니라 독자도 져야 한다."라고 말한 바 있다. N. Frye, 위의 책(1957), 34면.

별한 전망으로 신화적 상상력을 주장하였다. 이렇게 볼 때 신화비평가들이 말하는 문학교육은 비평교육이고, 비평교육은 피교육자들(독자)[22]이 상상력에 의해 신화의 세계를 구성하고 체험하도록 가르치는 것이라는 점에서 신화적 상상력을 고양시키는 교육이라고 할 수 있다.

또 하나 흥미로운 것은 신화적 상상력이 교육을 통해 길러질 수 있는 능력으로 간주된다는 점이다. 프라이가 '상상력의 전이' 및 '훈련된 상상력 (the) educated imagination'[23]이라는 개념을 앞세운 이유도 여기에 있다. 상상력을 신비하고 낭만적인 어떤 것으로 규정하거나 사고 능력 전반으로 확장한다면 상상력을 교육한다는 것은 실로 난감한 일이 된다. 상상력을 신화의 세계를 복원하는 것, 다시 말해 원형의 의미를 발견하고 체험하는 것으로 규정했기 때문에 원형의 의미를 발견하는 방법을 가르칠 수 있고 따라서 상상력 역시 교육을 통해 길러질 수 있는 능력으로 가정된다. 또한 어느 정도는 교육 방법에 대한 암시가 담겨 있다고도 할 수 있다.

신화비평가들은 문학작품에 구현되어 있는 상상력이 학생들에게 전이되어야 하며, 일단 전이된 상상력은 훈련을 통해 더욱 강화될 수 있고 어느 정도 길러졌을 때 학습자가 생활 속에서도 그러한 상상력을 활용할 수 있게 된다고 보았다. 학습자가 신화의 세계에 구현되어 있는 보편적 원형들을 개별 작품 안에서 발견하고 나아가 일상 경험에서 재발견함으로써 원형의 의미를 가장 생생하게 경험할 수 있을 때[24] 문학교육의 목표가 달성된다. 나아가 '훈련된 상상력'이 인식 수준의 언어 생활

---

22 신화비평가들, 그 중에서도 특히 프라이는 문학교육이 비평활동임을 주장하고 있으며, 학생들의 독서 과정도 비평활동의 하나로 볼 수 있다고 말한다. 또 비평가의 임무가 문학교육자의 임무이며, 그 임무는 학생들로 하여금 그러한 비평활동을 수행할 수 있도록 문학 속에 존재하는 상상력을 전이시켜주는 것이라고 본다. 이상우, 앞의 책(1987) 참고.
23 이상우, 위의 책(1987) 참고.
24 신동욱 외, 앞의 책(1991) 참고.

이나 실용적 수준의 언어 생활에서도 그 가치를 발휘할 수 있어야 하는 바, '훈련된 상상력'이야말로 인식을 보다 명확하게 하고 현재의 수사적 상황을 비판적으로 인식할 수 있게 해준다.

3. '신화적 상상력 고양'이 지닌 목표론적 의미

신화비평가들은, 비평적 반응[25]이 가장 정교하고 풍부해지는 순간이란 인간이 상상력에 의해 신화의 세계를 구축할 수 있을 때라고 말한다. 이 말은 신화비평가들이 문학교육의 목표를 신화적 상상력의 고양에 두고 있다는 것으로 달리 말할 수 있다. 이제 고전문학교육의 목표로서 신화적 상상력의 고양이란 무엇을 의미하는지 살펴볼 차례다. 신화적 상상력의 고양을 통해 우리가 얻을 수 있는 것이 무엇인지 살핌으로써 '신화적 상상력의 고양'이 지니는 고전문학교육의 목표로서의 의의와 한계를 명확히 해보자.

1) 보편적 자아로서의 정체성 확립

우선적으로 원형을 탐색함으로써, 다시 말해 신화적 상상력을 발휘함

---

25 우리의 문학적 체험은 두 가지의 반응으로 요약될 수 있다. 우선 우리가 맨 처음 책을 읽는 동안에 갖게 되는 작품 자체에 관한 "직접적인 반응"이 있을 수 있다. 또 책을 읽는 동안이나 책을 다 읽은 후에 갖게 되는 "의식적−비평적 반응"이라는 것도 있는데, 이 경우 우리는 경험한 것을 같은 종류의 다른 것과 비교하며, 그 바탕 위에서 가치와 조화에 대한 판단을 내린다. 이러한 비평적 반응은 훈련을 통해, 서서히 비평 이전의 반응보다 더 민감하고 정확해 질 수 있는데, 이러한 변화는 감식력의 증진 내지 비평적 안목의 육성이라 할 수 있는 것으로, 문학교육의 목표 중의 하나이다. Wilfred L. Guer, 앞의 책(정재완 역), 81면.

으로써 우리는 신화 시대, 즉 문학이 제의와의 상관물로 존재하던 시기의 문학작품-고전문학-을 보다 잘 이해할 수 있다. 사실 신화비평이 빛을 발하고 있는 영역도 일차적으로 제의와 더불어 존재하던 문학에 대한 비평에서이다. 신화비평은 그리스 신화에 대한 해명이나, 고대의 제의에 사용되었던 극의 구조 및 성경의 구조를 밝혀내는 데 탁견을 보여주었다.[26] 우리나라의 경우 신화비평이 일차적으로 제의와 연관된 민속문학의 분석에 도입되었던 사실도 같은 맥락에서 설명할 수 있다. 김열규[27]의 연구는 이러한 의미에서 신화비평을 도입한 의미 있는 업적으로 기록될 만하다. 제의에서의 구두상관물의 구조를 '통과의례'로 추상화하거나 자연의 주기-크게 죽음과 재생의 순환-로 설명함으로써, 구두상관물들의 의미를 보다 명확히 할 수 있었다. 이러한 신화비평의 접근은 주술적인·원시적인 세계관 아래 쓰여진 현대의 작품을 이해하는 데도 많은 도움을 주었다. 가령 김동리의 <달>은 자연과 인간의 합일이라는 신화적인 조망 아래 더욱 그 가치를 드러낼 수 있었다.[28] 이렇게 볼 때 신화적 상상력의 고양은 고대문학 특히 고대설화문학을 이해하는 방법이자 설화교육의 한 목표가 될 수 있다. 물론 목표가 지니는 의미와 그 목표에 도달하기 위한 구체적인 방법에 대한 논의들이 뒤따라야 할 것이다.

둘째로 신화적 상상력의 고양은 초역사적으로 계승되는 문화유산들-특히 구전에 의존하는-의 전승 근거를 분명하게 해주며, 과거로부터 오늘에 이르는 보편적인 원리를 파악할 수 있게 해준다. 가령, 신화적 상상력으로 보자면 <심청가>나 <춘향가> 등은 지나간 시대에 국한된

---

26 프라이는 성경과 그리스 신화를 통해 이야기의 구조를 배울 수 있다고 주장한다.
27 김열규, 『한국의 신화』, 일조각, 1980.
28 이상우, '동리문학의 신화적 상상력', 이상우(1987) 참고.

문학이 아니라 입사식담(initiation story)이라는 추상적인 형식을 지닌 작품으로 파악될 수 있다. 이는 개별 작품을 통해 과거에서 오늘에 이르는 보편적 문학 형식이나 구조를 간파한 것으로, 이러한 보편적 형식의 확인 자체가 고전문학교육 나아가 국어교육의 한 내용이자 방법일 수 있다. 보편성의 확인을 통해 학습자는 민족 문학의 보편성을 체험하게 되고 나아가 민족적 동질감 내지 인간으로서의 정체감까지 형성하게 된다. 민족적 동질감 내지 정체성이란 단지 동일한 시간적·공간적 위치를 점함으로써 저절로 생겨나게 되는 것이 아니라 고유의 관심거리와 지식 및 정서를 공유할 때 자연스럽게 형성되는 것이기 때문이다. 가령, '아리랑'과 같은 노래는 우리 민족으로서의 정체감을 느끼게 해주는 대표적인 노래라 할 수 있다. 한국인이라면 누구나 알고 있고 누구나 한 소절 부를 수 있으며 그 노래에 배어 있는 독특한 정서에 공감할 수 있기 때문이다. '아리랑'을 통해 민족적 동질감 내지 정체성을 확인하는 것은 한국인에게 한국문화의 정체성 확인이라는 의미뿐만 아니라 사회적 결속성을 부여하고 궁극에는 새로운 우리 문화 창조의 원천이 된다는 점에서 중요하다.

서구의 경우 성경과 그리스 신화는 모든 서구문학의 원형이자 원천으로 간주되며 서구인들의 문화적 정체감을 구성하는 중요한 자산으로 존재한다. 성경과 그리스 신화에 필적할 만한 신화를 재구성하는 것이 우리의 과제인 바, 우리에게 남겨진 풍부한 설화의 전통을 재해석하는 과정에서 한국적 상황에 맞는 신화 체계를 찾아내고 원형을 추출하는 작업을 선행한다면,[29] 우리 역시 우리 문학의 원형이자 원천으로 간주되

---

[29] 오세영은 "신화비평이 서구적 발상법, 그리고 특히 성서나 그리스 신화에 근거를 두고 있다는 점에서, 또 그 무엇보다도 우리에겐 신화 유산이 빈곤하다는 점에 있어서 결정적인 핸디캡을 갖는다. 한국인에게는 단일 신화 mono myth는 존재해도 신화체계 mythology는 존재하지 않는다."(오세영, '한국 현대시의 두 세계', 신동욱 외(1991), 185~186면)고 지

는 '그 무엇'을 상정할 수 있게 될 것이다. '그 무엇'이 아리랑처럼 폭넓은 공감대를 형성할 때 우리는 개별적인 여러 작품들과 장르종의 뿌리가 되는 추상화된 원리를 이해할 수 있을 뿐 아니라, 보편성을 확인함으로써 민족적 정체감을 느낄 수도 있을 것이다. 이렇게 볼 때 한국인으로서의 정체감을 구성해줄 수 있는 어떤 원형을 찾아내는 일은 고전문학교육 연구자들의 중요한 임무 중의 하나이며, 문화적 정체감의 형성은 고전문학교육 나아가 문학교육의 중요한 목표 중의 하나임에 틀림없다.

신화적 상상력의 회복은 보편적 원형을 확인하는 것에 그치는 것이 아니라, 보편적 원형이 자연의 주기 및 삶의 주기와 유추적 관계에 놓여 있기 때문에 궁극에는 문학을 통해 자연 내지 삶의 주기를 확인하는 데까지 나아가는 것을 뜻한다. 신화비평에서는 궁극적으로는 문학 자체에 대한 이해를 뛰어넘어 학습자가 자신의 문학 체험을 자연 혹은 삶의 원리로 일반화하는 데까지 나아가는 것을 목적으로 삼기 때문이다. <춘향전>과 <심청전>의 입사식담을 이해하는 데 그치는 것이 아니라 우리 삶의 주기와 관련하여 입사식담의 의미를 깨닫는 단계에 도달하려 하는 것이다. 좀더 구체적인 예를 들어 보자. 학습자는 <춘향전>을 배울 때 <춘향전>에 나타나는 입사식담의 의미를 이해해야 함과 동시에 <춘향전>의 시련이 자신의 수험생으로서의 시련과 다르지 않음을 발견하고 자신이 처한 고난이 대학생이 되기 위한 입사의식임을 깨달아야 한다. 나아가 자연의 일부인 인간이 이와 같은 통과의례를 무수히 거치면서 성장하고 발전한다는 사실을 깨닫는 단계에까지 나아가야 한다.[30] 이러

적한 바 있다. 이러한 한계에 대한 지적은 한국적 상황에 맞는 '신화체계'를 찾아내고 '원형'을 추출해내는 작업이 선행되었을 때 그것의 문학교육적 적용을 논의하는 것도 좀더 수월해지리라는 것을 암시한다. 황패강은 한국적 신화 체계를 추출하려고 애쓴 적이 있으며 이러한 연구가 보다 양적 질적으로 축적되기를 기대한다. 황패강, '한국 고대 서사문학의 원형', 신동욱 외(1991), 61~165면 참고.

한 일반화는 추상화의 레벨을 어느 정도까지 높이느냐에 따라 달라지기는 하겠지만,[31] 문학을 통해 우리 삶의 보편적인 주기나 패턴에 대한 이해를 높일 수 있다는 점에서 교육적 의의를 지닌다.

요약하자면 신화적 상상력의 고양이란 문학작품을 보편적 원형의 세계, 즉 신화의 세계로 구성해낼 수 있는 능력인 바, 신화적 상상력을 고양함으로써 고전문학을 보다 잘 이해할 수 있게 되고 보편자—특정 집단, 민족, 인류—로서의 정체감을 형성할 수 있으며, 자연사와 인간사의 질서까지도 파악할 수 있게 된다고 할 수 있다.

그러나 문학을 초역사적인 원형으로만 환원하려는 것은 고전문학의 풍부한 질을 단순화시킬 수도 있다는 점에서 보완적인 시각을 필요로 한다. 문학작품이란 초역사적 보편성과 함께 역사적 면모 또한 지니는 실체임을 염두에 둘 때 신화비평이 빠지기 쉬운 위험 내지 한계로부터 자유로울 수 있다. 이제 신화비평이 갖는 한계에 대해 좀더 생각해 보기로 한다.

2) 몰역사성 · 몰주체성[32]의 한계

신화비평에서 말하는 상상력은 지극히 제한된 의미에서 작용한다. 보

---

30 프라이는 장르의 성격을 계절의 주기와 관련하여 일반화했으며 인간의 보편적인 심성과 관련짓기도 하였다

31 지나치게 레벨이 높아지는 경우는 우리 삶을 지나치게 단순화함으로써 오히려 현실 인식을 방해할 수 있으며 낭만적 유희에 그치고 말 수 있다.

32 신화비평 혹은 원형비평에 대한 테리 이글턴의 비평은 잘 알려져 있다. 이글턴은 현실의 세계에 대한 깊은 두려움과 역사 자체에 대한 혐오 때문에 유토피아적 근원을 강조한 것이며, 집합적 문학체계만을 강조하는 '반휴머니즘적' 이론이고, 프라이가 신봉하는 이론은 하느님의 나라에서나 충족될 수 있는 이론이라고 맹렬히 비난하였다. 테리 이글턴(김명환 외 역), 『문학이론 입문』, 창작사, 1986 참고. 크리우즈의 비판도 다음 글에서 참고할 수 있다. J. M. 엘리스(이승훈 역), 『문학의 이론』, 대방출판사, 1982, 215면.

편적 상징으로의 원형을 전제하고 그것으로부터 연역적으로 작품의 의미를 구성해낸다는 점에서 신화적 상상력은 제한적이다. 물론 "복잡한 구조로 얽힌 작품 가운데서 작자 자신이 착상한 假構的인 부분이나 부속적인 부분, 또는 偶有的인 부분을 제쳐놓고, 예부터 연속되어 오고 있는 원형적 부분을 연역해 낸다는 것은 유쾌한 작업일 수 있다."[33] 또 신화적 상상력을 연역의 틀로 상정한다는 것은 '문학에는 문학을 체계적인 것이 될 수 있도록 해 주는 그 무엇이 있다'는 생각으로 문학교육을 설계함에 있어서 용이함을 주는 것도 사실이다.

그러나 그와 함께 생각해봐야 할 것은 그러한 상상력을 발휘함으로써 우리가 문학작품의 풍부한 질을 전부 읽어낼 수 있는가 하는 것이다. 신화비평가들에게 신화는, 그것이 자라난 문화적 환경이 다름에도 불구하고 일반적이고 보편적인 것으로 상정된다. 원형이란 '보편적 상징(universal symbols)'[34]을 일컬을 뿐이며 이러한 원형의 탐색은 앞서 살폈듯이 대모신에의 복귀라는 낭만적 꿈을 실현시켜 주고 인간의 보편성에 대한 이해를 도와주지만, 그러나 그 이상은 아니다. 오히려 역사적 맥락 속에서 형성된 개별적인 차이들을 무화시키는 문제를 낳을 수도 있다.[35] <제망매가>에서 <임의 침묵>에 이르는 맥줄을 잡는다거나,[36] <님>과 버림받은 나와의 관계를 <공무도하가>, <원가>, <사미인곡>, <속미인곡> 등으로 이어지는 흐름 속에서 살펴보는 식,[37] <진달래꽃>과 <가

---

33 Wilfred L. Guer, 앞의 책(정재완 역), 90면.
34 Wilfred L. Guer, 위의 책, 163면.
35 프라이의 그의 전작을 통해 신화의 역사적 전개 양상에 주목해야 한다고 주장하고 있다. 즉 신화가 시대마다 어떻게 달라지며 또 어떤 의미를 지니는지에 대해서도 염두에 두어야 한다고 주장하였다. 그러나 구체적인 방법상의 고려가 없다는 점에서는 여전히 이와 같은 비판을 면할 수 없을 것이다.
36 김열규, '<광야>의 씨앗—신화와 육사 陸史', 신동욱 외(1991), 174면.
37 신동욱 편, 위의 책(1984), 95~96면.

시리>를 연결지으려는 노력[38] 등은 문학사 속에서 보편적인 흐름을 확인하려는 작업 이상의 의미를 가질 수 없다. 또 <춘향전>과 <심청전>을 '통과제의' 혹은 '입사식담'이라는 단일한 틀로 바라볼 때, <춘향전>과 <심청전>의 차이를 어떻게 처리할 것인가. 단군신화의 신단수, <해님과 달님이 된 오누이> 얘기 속의 나무, 이외수의 <장수하늘소>의 산봉우리를 동일한 에휘포의 서로 다른 표현으로 봤을 때,[39] 우리는 그들 작품들의 구체적이고 특수한 국면들을 간과하는 우를 범할 수도 있다.

원형을 이끌어내는 추상의 과정은 자칫 문학을 단순한─물론 단순하다는 말로 그것의 중요성을 부정하는 것은 아니다─몇 개의 원리 속에 자리 매김 하기에 이른다. 나아가 그 몇 개의 원리마저도 추상화하여 메타 원형으로 이끌어내려 하는데, 이러한 추상화의 레벨이 높아져 원형으로서의 특성이 부각되면 될수록, 문학작품 하나 하나의 구체적이고 개별적인 양상이 사라져 가는, 그로 인해 문학이 메말라 가는 딜레마에 빠지게 된다.

이러한 한계를 분명히 인식할 때 고전문학교육의 목표가 다양화·구체화될 것이며 연구 방법 역시 다양화될 수 있다. '원형 탐색을 통한 보편적 자아로서의 정체감 확립'이 고전문학교육의 한 가지 목표임에는 분명하지만, 특수하고 개별적인 특질들을 감상하는 것 역시 중요한 목표일 수 있으며[40] 그밖에도 다른 목표들이 설정될 수 있다는 점을 기억

---

38 전규태, 『고려속요의 연구』, 정음사, 1960.

39 물론, 이때 한국인의 의식 속에 존재하는 나무에 대한 원형적 심상을 깨닫는 즐거움을 얻을 수 있다.

40 고전문학의 특수성과 보편성을 어떻게 바라볼 것인지에 대해서는 이미 살펴본 바 있다. '역사적 원근법'(김흥규, '고전문학교육과 역사적 원근법', 「현대비평과 문학이론」 봄호, 한신문화사, 1992, 43면)이니, '고전문학의 현대에의 재현(황패강, '古典文學 美意識의 原理', 『古典文學을 찾아서』(김열규 외 편), 문학과 지성사, 1976, 36~42면)'이니,

할 필요가 있다.

4. 맺음말

프라이는 문학교육이 문학 비평의 교육이 될 수밖에 없다고 하였으며, 문학교육의 구체적인 목표와 방법을 자신의 이론인 신화비평을 통해 구체화한 인물이다. 인문학으로서의 신화비평은 인간과 자연이 융합된 신화세계를 복원하여 상상적으로 체험하고 나아가 그와 같은 상상력을 세련시키고자 한다.

프라이가 문학교육이 인문교육의 핵심으로 상상력의 교육이 되어야 한다고 볼 것이나 신화비평을 그 구체적인 방법으로 제안한 점은 문제의식의 면에서 상당히 시사적이다. 문학작품의 역사적이고 구체적인 면면들을 간과한다는 점에서 보면 다른 관점에 의해 보완될 필요가 있음에도 불구하고, 한국문학의 보편성을 확인하여 한국인으로서의 정체감을 형성할 수 있다는 점과 문학에 대한 이해를 인간사나 자연사에 대한 이해로 확장할 수 있다고 본 점은 우리에게 여전히 중요한 시사를 던져준다. 또한 보편적 원형의 탐색을 통해 민족 정체감 내지 인간으로서의 정체감 형성에 도달하려 한다는 점에서 교육 방법과 교육 목표에 대해 시사하는 바 있다.

고전문학의 '고전문학성' 등등의 개념이 바로 이러한 보완적 시각을 염두에 둔 것이다. 졸고, '고전문학에 대한 전통교육론적 접근', 『고전문학과 표현교육론』, 역락, 2000, 279~292면.

고전문학의 '무엇'을 경험하게 할 것인가

-기행가사의 '공간' 체험이 지닌 교육적 의미-

작품을 읽으면서 우리는 많은 것을 보고, 듣고, 느끼고, 생각한다. 배경이 되는 장소나 특정 물건을 보고, 작품에 등장하는 말과 소리를 들으며, 주인공에게 동일시되어 사랑의 설렘을 느끼기도 하고, 두 주인공의 비극적인 운명에 대해 깊이 생각하기도 한다. 이러한 경험은 다음 작품을 읽을 때나 유사한 경험을 하게 될 때, 지식이 되고, 안목이 되고 감수성이 되어 작동한다.

기행문학을 읽으면서 우리는 특히 '공간' 경험을 하게 된다. 그 공간 안에 있는 경물이나 사람을 보고, 그 공간을 여행하는 사람에게 동일시되어 여행의 설렘을 느끼기도 하며, 여행 체험의 의미에 대해서도 생각하게 된다. 이러한 경험은 다른 문학작품을 읽을 때는 물론이고, 실제 그 공간에 갔을 때 그 공간을 더 많이 보고 느낄 수 있는 힘이 되고 나아가 사람살이를 이해하는 바탕이 되기도 한다. 물론 문학작품에 형상화된 '공간'을 경험하는 것은, 우리가 문학작품을 읽으면서 경험할 수 있는 여러 경험 양상 중 하나에 불과할 것이다. 문학작품을 통해 무엇을 경험할 수 있을지 또 그 경험의 의미는 무엇일지 생각하며 읽어보길 바란다.

1. 서론

우리가 문학작품을 감상하는 동기나 이유는 참으로 다양하다. 작가에 대한 개인적인 관심이나 문학작품에 대한 흥미는 물론이고 현학 취미나 발달적 필요, 사회적인 요구 등 수많은 동기나 이유가 있을 수 있다.

제도교육의 장에서 기행가사를 가르치고 배우는 이유나 근거 또한 다양할 것이다. 그러나 그 모든 접근에 전제되어야 할 기본 관점은 기행가사를 가르치고 배워야 할 이유나 근거가 기행가사가 지닌 고유한 '질(質)'로부터 나와야 한다는 점이다. 기행가사라는 텍스트가 지닌 특수성과 역사성으로부터 비롯된 것이라야 한다는 사실이다. 즉, 기행가사 교육의 목표와 내용, 방법 및 평가와 관련된 연구와 실천이 기행가사의 고유한 특성에 대한 성찰로부터 비롯되어야 하고, 그 결과 학습독자들이 기행가사가 지닌 지배적이고 고유한 특성을 '경험'할 수 있어야 함을 의미한다.

그렇다면 기행가사의 고유한 질을 무엇으로 볼 것인가, 다시 말해 기행가사의 고유하면서도 지배적인 특성을 무엇으로 볼 것인가에 관심의 초점이 놓이게 된다. 이에 대한 대답은 당연히 '기행'이라는 단어와 관련될 수밖에 없다. '기행가사'라는 이름 안에 이미 함축되어 있는 것이기도 한다. 기행가사에 대한 지금까지의 논의 역시 이 점을 잊지 않았다. 기행가사 작품을 대상으로 하여 누가, 언제, 어디를, 누구와 함께, 어떤 목적으로 여행했는지, 여행지에서는 무엇을 보고 듣고 느꼈는지, 그 경험을 어떻게 언어화하여 표현하고 있는지 연구한 역사가 짧지 않고 그 결과로 축적된 지식 또한 적지 않다. 그러나 이러한 지식들은 기행가사가 지닌 지배적이고 고유한 특성을 학습독자들에게 경험하게 하려고 할 때 우리가 활용할 수 있는 일차적인 질료로서의 중요성만을 지닌다.

여기서 일차적인 질료라 함은, 기행가사에 대한 기존의 연구가 학습독자들에게 무엇을 가르칠 것인지에 대한 관심에서 출발한 것이 아니기 때문에 그 결과로 도출한 지식을 활용하기 위해서는 교육적 맥락과 필요의 관점에서 그 지식을 재가공해야 함을 뜻한다. 사실 연구의 목적과 교육의 목적은 구분되어야 하며, 연구의 장에서 얻는 지식 체계를 교육의 장으로 들여오기 위해서는 불가피하게 교수학적 변환의 과정을 거쳐야 한다. 교수학적 변환이란, 교육이라는 목적이나 발달적 필요의 관점에서 기존의 지식을 재가공하되 그 과정에서 필요하다면 새로운 지식을 개발함으로써, 새로운 지식의 구조 내지 체계를 창출하는 일이라고 할 수 있다.

교수학적 변환을 위하여 우리는 학습자들이 문학작품을 통해 경험할 수 있고 경험해야 하는 것이 무엇인지, 그 경험과 기행가사가 어떻게 관련될 수 있는지 고민해야 한다.[1] 이와 관련하여 필자는 문학작품이 공간을 구성 내지 창조하는 힘을 가지고 있으며, 작가가 구성한 공간을 체험하는 것이 문학 감상의 한 양상이 되어야 하며, 나아가 학습자들이 문학작품의 이러한 기능을 간파하고 이해 및 표현의 상황에서 필요할 때 이를 활용할 수 있어야 한다는 점에 주목하고자 한다. 이는 문학 감상의 본질이 결국에는 문학작품 속에 형상화된 공간의 아우라를 체험하는 일이 되어야 한다는 말에 다름 아니며, 문학교육에서 강조하는 타자에 대한 이해가 결국에는 타자가 놓여 있는 역사적이고 특수한 공간에 대한 체험의 양상이 되어야 한다는 말이기도 한다.

이런 점에서 볼 때 기행가사는 매우 흥미로운 텍스트이다. 장르의 특성상 기행가사에는 공간이나 장소 등에 대한 작가의 경험이 주로 기술될 수밖에 없는데, 장소나 공간의 지리적 특성만이 기술되는 것이 아니라 그 장소나 공간에 대한 당대의 해석 및 이미지가 새롭게 창조되어 있다. 공간에 의미를 부여해야만 그 공간이 지각될 수 있기 때문이다.

따라서 기행가사를 통해 우리는 역사적 특수성을 지니는 공간을 체험할 수 있을 뿐 아니라 그 공간에 대한 작가의 인식이나 공간에 투영된 당대 사람들의 삶을 엿볼 수도 있고, 특정 장소나 공간에 대한 의미 부

---

[1] 국어교육의 내용으로 '경험'의 중요성을 부각시키고 나아가 내용 영역의 구조화를 꾀한 연구는 다음을 참고할 수 있다. 김대행, '내용론을 위하여', 「국어교육연구」 제10집, 서울대 국어교육연구소, 2002, 7~38면 ; 김대행, '수행적 이론의 연구를 위하여', 「국어교육연구」 제12집, 서울대 국어교육연구소, 2005, 157~180면.

여의 역사를 알게 됨으로써 우리 주변의 장소나 공간에 대한 인문적 이해를 넓힐 수 있다. 또 우리가 일상적으로 수행하는 공간 인식이나 공간 체험의 본질에 대해서도 성찰할 수 있다.

이런 관점에서 우리는 물리적 공간이 작품 안에서 어떻게 변형되고 가공되는지, 즉 어떤 새로운 공간으로 구성되는지 살펴보고, 이렇게 구성된 공간을 체험하는 것이 어떤 교육적 의미가 있는 일인지 살피고자 한다. 이를 통해 기행가사의 교육 내용과 방법이 도출되어 결국에는 학습독자들이 기행가사에 형상화된 여러 공간을 체험할 수 있기를, 그리고 그 체험을 바탕으로 물리적 공간을 인간화하는 언어의 본질에 대해 배울 수 있기를 바란다. 또한 지금도 계속되고 있는 문학의 이미지 창출과 관련된 여러 현상들을 깊이 있게 이해할 수 있는 실마리를 마련했으면 한다.

2. 기행가사 교육의 핵심 개념, '공간'

1) 기행가사에 형상화된 공간의 전형성

작가가 자신의 감각 기관에 감지된 공간의 물리적 특성과 정서적인 느낌을 언어로 기술하기란 애초에 불가능하다. 언어 자체가 지닌 분절성과 선조성으로 인해 직관적으로 감지되는 입체적이고 총체적인 상을 그려내는 것이 불가능하기 때문이다. 일시적으로 현존하는 공간 체험을 언어로 기술하는 것은 사실상 불가능하다.

가능한 것은 공간을 전형화하는 방법이다. 즉, 특징적인 구조물이나 경관만을 선택하여 공간의 구조를 그려내되 어떤 부분은 세밀하게 묘사하고 어떤 부분은 아예 삭제함으로써 공간을 입체화해야 하는 것이다. 이는 우리가 이미 가지고 있는 공간에 대한 지식이나 경험을 동원하여 하나의 전형을 창조하는 일이라고도 할 수 있으며, 소설의 인물[character] 창조와도 비슷한 면이 있다. 소설의 작가가 인물의 특징적인 면모를 강조하여 기술함으로써 그 인물에게 성격을 불어넣는 것처럼 기행문학의 작가 역시 공간의 특징적인 면모를 선택적으로 부각함으로써 공간에 생명을 불어넣는 일을 하게 된다. 그 결과 소설의 인물이 전형성을 띰으로써 우리에게 친숙한 존재로 인식되는 것처럼, 기행문학의 공간 역시 전형성을 띰으로써 사실적인 공간보다도 더 친숙하고 구체적인 공간으로 인식되거나 상상될 수 있게 된다.

그 과정에서 일어나는 공간의 왜곡이나 변형은 특징의 과장이자 초점화라고도 볼 수 있으며 독자들로 하여금 그 공간의 이미지를 떠올릴 수 있게 한다. 물론 작가가 구상화한 공간을 떠올리려면 독자 역시 공간화의 능력을 가지고 있어야 한다. 언어로 표현된 세부 사항들을 조형하여 전체상으로 다시 구성할 수 있어야 하기 때문이다. 이처럼 기행가사의 창작 및 향유의 전 과정에는 언어를 통한 공간화의 능력이 중요하게 작용한다.

여기서 좀 더 생각해 봐야 할 문제는 공간의 세부 사항들을 배제하거나 선택함으로써 공간에 대한 묘사가 가능해지기는 하지만, 동시에 불가피하게 실제 공간을 변형하거나 왜곡할 수밖에 없다는 점이다. 문학 작품 속에 형상화되는 공간은, 당대의 사회 문화적 맥락은 물론이고 그 맥락 안에서 살아가고 있는 작가의 관점과 공간 경험에 의해, 변형되고 왜곡된다. 그로 인해 특정 장소의 공간적 의미나 이미지는 그 의미나 이미지가 창조된 시대적 맥락과 작가 개인의 개성을 동시에 반영하게 된다.

기행가사의 교육적 가치는 이렇게 형상화된 공간의 전형성 때문에 더욱 증대된다. 소설의 관건이 인물의 형상화에 있다면 기행가사의 관건은 여정에 따라 경험 공간을 형상화하는 데 있으며, 소설의 이해를 위해서는 인물의 성격을 파악하는 것이 중요한 것처럼 기행가사를 이해하기 위해서는 공간의 성격을 파악하는 것이 관건이 될 수 있다. 인물의 성격을 파악하면 플롯, 구체적으로 갈등의 양상과 해결의 방향에 대해 짐작할 수 있듯이 기행가사의 공간화 방식을 이해하면 그 공간에 투영되어 있는 지배적인 문화, 대중문화, 그리고 그 중심에 있는 사람들을 만날 수 있게 된다. 기행가사의 '공간'은 공간의 중심에 있는 사람과 그 사람들의 삶, 그리고 공간을 형성한 당대 문화에 대한 이해의 실마리를 제공해줄 수 있는 것이다.

그렇다면 공간에 대한 탐색을 어떻게 할 것인가가 우리에게 주어진 숙제가 된다.

2) 기행가사의 장소 정의적 특성

중세는 물론 20세기 초까지도, 사행이나 유배, 표류 등의 특별한 상황을 제외하고 개인이 여행을 한다는 것은 매우 이례적이고 특별한 행위였다. 그런 이유로 기행가사에는 특정한 공간으로의 여행이 평생의 원(願)이었다는 언급이나 일가친척들이 모두 동구 밖까지 따라 나와 여행 떠나는 사람을 부러움 반 걱정 반으로 배웅하는 장면 등이 자주 등장한다. 기행문학이나 기록문학 등에서는 여행 체험을 자랑하는 내용의 결구도 흔히 볼 수 있다. 상황이 이렇다 보니 여행을 다녀온 자 주변에는 언제나 여러 사람들이 모여들게 되고 승경을 그린 그림이나 기행문 등이 인기리에 유통될 수밖에 없었다. 직접 가서 보고 경험하기가 어렵고 지금처럼 동영상을 통해 간접적으로 체험할 수도 없는 상황이다 보니, 나고 자란 곳이나 생활하는 곳이 아닌 공간은 현실 밖의 공간이요, 풍문의 공간이며 무한한 동경의 공간일 수밖에 없었던 것이다.

　기행가사의 작가들은 대개 낯설고 이름조차 알 수 없는 공간이나 풍문으로만 존재하던 공간을 여행하게 된다. 이름 없는 공간은 방향감각조차 작동시킬 수가 없어서 혼란스럽고 두렵기까지 하다. 어떻게든 방향을 정하고 이름을 붙이는 일을 하지 않을 수 없다. 이 점은 지리학자들의 말을 인용하지 않더라도 경험적으로 알 수 있는 사실이다. 사실 탐험되지 않았거나 사람들이 살지 않는 지역에 처음으로 들어간 사람이 제일 먼저 하는 일 가운데 하나가 바로 가장 눈에 띄는 특생(特牲)이나 대상에 이름을 붙이는 일이라고 한다. 이러한 명명을 통해 '황무지'가 '인간화'된다.[2] 명명에 의해 황무지가 인간화되기도 하지만, 특정 공간이 유표화(有標化)되기도 한다.

　기행가사의 작가들 역시 끊임없이 장소에 이름을 붙이는 행위를 반복함으로써 낯선 공간을 자기화하기 위하여 애쓴다. 기행가사에 지명 등 고유명사들이 자주 등장하고 이름의 의미를 묻는 수사의문문이 등장하는 것도 모두 이러한 실존적 상황에서 비롯된 것으로 이해할 수 있다.[3] 이러한 이름 붙이기는 단순한 명명 이상의 의미를 지닌다. 이름 붙이기는 대개 자신의 지식 체계나 관념 체계에 비추어 공간의 이미지를 창조하는 행위로 때로 공간이나 장소의 기능이나 의미까지 부여하는 일이 되기 때문이다.

　이름을 붙일 때는 이미 알고 있는 이름을 적용하여 공간의 의미나 이미지를 확정하는 방법과 새로운 명명으로 새로운 이미지를 더하는 방법

2　이푸 투안(구동회 외 옮김), 『공간과 장소』, 대윤, 1995, 277면 참고.
3　지명이 자주 등장하는 것은 현대의 독자들에게 반가운 일이 아니다. 특히 교실에서 경유지나 감상지의 이름을 일일이 확인하는 식의 수업을 경험한 학생들은 지명이 나열되어 있는 것만 봐도 질린다고 말한다. 사실 교실에서는 지명을 일일이 확인할 것이 아니라 왜 그렇게 많은 지명들이 등장하는지가 더 중요하게 다뤄질 필요가 있다.

이 있다. 그런데 그 어떤 경우에도 작가는 자신이 알고 있는 지식 체계를 동원하여 명명을 하게 된다는 점이 중요하다. 이름을 붙일 때 작가의 머릿속에 있는 관념이 투영되는 것이다.[4] 따라서 역으로 작가들의 '이름' 붙이기 양상에 주목하면 기행가사의 작가가 처한 상황, 여행의 성격, 당시의 지배적인 관념이나 대중문화의 양상 등을 체계적으로, 연관된 지식으로 이해할 수 있게 된다.

이처럼 기행가사가 장소 정의적 특성을 지니기 때문에, 기행가사 감상의 첫 번째는 바로 누가 어떤 장소를 어떻게 정의하고 있는지 파악하는 일이 되어야 하며, 이러한 감상의 과정에서 독자 역시 그 공간에 대한 정의를 의식―무의식적으로 내리게 됨으로써 특정 공간에 대한 이미지를 형성할 수 있어야 한다. 이렇게 형성된 이미지가 특정 장소나 공간에 역사적 정체성을 더함으로써 실제 공간에 대한 인식을 풍요롭게 하는 것은 물론이다.

3) 기행가사의 공간 형상화 질료로서의 '말'의 특성

정운채[5]는 흥(興)은 형체가 있는 대상을 출발점으로 하여서는, 그 대상의 형체를 넘어서서 형체를 포착할 수 없는 자아의 의취(意趣)를 지향하고 있다고 하며, 외물(外物)이 정(情)을 움직이는 바 외물이란 묘사되는 대상으로서의 물(物)일 수 있으며 물을 표현해내는 '언어' 역시 물일 수 있다고 하였다. 이러한 관점에 따르면 기행가사에서 묘사의 대상이 되는 물이 공간의 특성을 결정하는 매우 중요한 질료이지만 동시에 언어

---

4 정운채, '尹善道의 한시와 시조에 나타난 '興'의 성격', 「고시가연구」 1집, 전남고시가연구회, 1993, 280면.
5 '이름에 의한 대상 인식' 방법에 대해서는 이미 논의한 바 있다. 졸고, '대상 인식과 내용 생성의 관계에 대한 표현교육론적 연구', 서울대 박사논문, 1999, 92~101면 참고.

역시 공간을 구상화하는 질료로서 중요하게 개입한다고 볼 수 있다. 내용과 형식이 따로 있을 수 없다고 보는 것이다. 이런 점에서 공간 형상화의 질료로서의 말을 특성을 살피지 않을 수 없다.

　기행가사의 말은 대체적으로 표현 대상의 특성과 유비적인 관계에 놓여 있는 것이 일반적이다. 그리고 표현 대상에 대한 작가의 태도를 고스란히 반영하고 있는 것이 일반적이다. 이런 이유로 고전 기행 문학작품을 보면, 청량산에 갔을 때의 표현과 금강산에 갔을 때의 표현, 같은 금강산에 갔더라도 누가 갔느냐에 따라 언어 구사의 양상이 달라지고 있음을 볼 수 있다. 작가가 다르고 상황이 다르기 때문에 표현상의 차이가 나는 차원을 넘어서 대상이나 작가의 신분이나 처지에 따라 일정한 경향성을 보인다는 점이 우리의 주목을 끈다. 가령 화강암으로 구성된 바위들이 야단스럽게 벌려져 있는 금강산의 특성을 표현하는 대목에서는 말 또한 야단스럽게 전개되는 식이다. 금강산처럼 '헌사한' 대상은 '헌사하게' 묘사하는 방식이 바로 그것이다.[6] 눈을 현혹하는 대상을 묘사할 때는 표현 역시 야단스러운데, 여기서 '야단스럽다'는 것은 상대적으로 볼 때 정적이라기보다는 동적이고 과묵하기보다는 수다스럽고 문어적이기보다는 구어적인 특징을 보이는 것을 말한다.

> 몰아라 어서 보자 총석정(叢石亭) 어서 보자
> 총석정(叢石亭) 좋단 말을 일즉이 들었거니
> 바람 불면 못보려니 몰아라 어서 보자
> 벽해(碧海) 위에 놉은 집이 저것이 총석정(叢石亭)인가
> 올나 보니 후면(後面)이라 전면(前面)으로 보오리라
> 배 대여라 사공(沙工)들이 풍낭(風浪)이 있지 아냐
> 층타로 돌아 저어 총석 전면(叢石前面) 보게 하라

---

6 졸고, 「19세기 금강산 가사의 특징과 문화적 의미」, 『고전문학연구』 제14집, 한국고전문학회, 1998 참고.

이 짧은 구절에는 총석정을 빨리 보기 위해 서두르는 상황과 총석정의 입체적인 모습, 그 입체적인 모습을 보기 위해 또다시 사공을 재촉하여 총석정의 후면에서 전면으로 나아가는 모습 등이 야단스럽게 그려져 있다. 내용의 생략과 비약으로 긴장감을 불러일으키고 형식의 반복이나 대구를 통해 율동감을 부여함으로써 공간을 역동적으로 그려내고 있다고 하겠다.

한시가 이미지 환기력에 기대 공간을 장면화하는 특징을 보인다면 기행가사는 풍경을 수다스럽게 말로 들려주는 그런 효과를 낸다. '구어'의 역동성을 최대한 이끌어낸 표현을 구사한다고 하겠다. 결국 기행가사는 표현대상으로서의 물과 표현 매체로서의 물이 어우러져 공간에 대한 이미지를 창조하는 문학작품이라고 말할 수 있으며, 이러한 말의 특성은 독자가 의식하든 의식하지 않든 간에 기행가사의 공간 체험을 흥미롭게 하는 중요한 요인이 된다. 또한 이러한 말의 특성은 기행가사의 감상 체험이 여행 설명서를 읽는 것과는 다른 미적 체험이 될 수 있도록 한다.

3. 기행가사에 나타난 공간의 양상

1) 동경(憧憬)[7]의 공간

    (가) 소향로 대향로(小香爐 大香爐) 눈 아래 굽어보고
        정양사(正陽寺) 진헐대(眞歇臺) 고쳐 올나 앉은 말이
        여산(廬山) 진면목(眞面目)이 여기야 다 뵈난다.

---

7 동경이라는 개념과 관련하여, 사대부 가사의 문화적 의미를 '동경의 유통'에서 찾은 다음 논의를 참고하였다. 김대행, '賞春曲 : 抽象의 의미', 『남경박준규박사정년퇴임기념논총』, 동간행위원회, 1998.

어와 조와옹(造化翁)이 헌사토 헌사할샤
날거든 뛰지 마라 섯거든 솟지 마라
부용(芙蓉)을 꽂았는 듯 백옥(白玉)을 묶었는 듯
동명(東暝)을 박차는 듯 북극(北極)을 괴였는 듯
높을시고 망고대(望高臺)여 외로울샤 혈망봉(穴望峯)이
하늘을 추미러 무슨 일을 사뢰리라
천만겁(千萬劫) 지나도록 구필 줄을 모르는다
어와 너여이고 너 같은 이 또 있는가

● ● ●〈관동별곡〉

(나) 분분세사(紛紛世事) 나도 슬허 풍월주인(風月主人) 되려 하야
　　명구선경(名區仙境)이 반공(半空)에 아른아른
　　명구선경(名區仙境)에 반세(半世)를 늙어 있다.
　　전산(前山) 아침 비에 초목(草木)이 만발(滿發)이라
　　산화(山花) 피온 꽃이 흥미(興味)도 하고 많다
　　학(鶴) 위의 선자(仙子)들은 이 때에 만나 보아
　　황금단(黃金丹) 지어내여 삼동계(三同契) 묻쟈 하야
　　　　　　…중략…
　　산형(山形)도 좋거니와 수세(水勢)도 가이 없다
　　청강(淸江) 백구(白鷗)야 묻노라 가는 길이
　　삼신산(三神山) 내린 활기 이리로서 어듸 멀며
　　도원도(桃園島) 지는 꽃은 어느 물로 나리난고…

● ● ●〈금당별곡〉

(다) 망군대(望軍臺)가 여기로다 어이하여 망군대뇨
　　이 뜻을 살피시소 마야검(摩倻劍)을 손의 들고
　　원각산 올나가셔 오음 육적 제 군졸과
　　팔만사천 마군중(魔軍衆)을 일휘능참(一揮能斬) 염려할까
　　이러므로 망군대니…

● ● ●〈금강산유산록〉

　(가)에서 작가는 진헐대에 올라 앉아 보니 공자의 여산 등정이 떠오르고 금강산의 진면목이 다 보인다고 말한다. 진헐대에서 바라본 공간의 특성을 '헌사하다'는 형용사로 종합하여 표현한 후, 단단하고 흰 빛깔의 화강암들로 이루어진 봉우리들을 백옥이나 부용을 묶은 듯한 모습으로 인식하였고 그 중에서도 특히 혈망봉의 기개와 곧음에 주목하고 있다. 작가는 실제 공간을 구성하는 여러 빛깔과 형상 중에서 유독 흰색에 주목하고 여러 대나 봉우리 중에서 유독 망고대와 혈망봉에 의미를 부여하고 있는 것이다. 그 결과 진헐대에서 바라본 금강산은 청정과 강직, 충성의 이미지[8]를 지닌 아름답고도 헌사한 공간으로 구성된다.

　(나)의 작가는 실제 공간의 여러 구성 요소와 특징들 중에서 선계의 이미지와 부합되는 것에만 의미를 부여하고 있다. 그 결과 금당도의 봄 풍경이 선경(仙境)으로 구체화되고 있다. 작가는 이처럼 금당도를 복숭아꽃이 만발한 신선들의 세계로 형상화하는 데서 한걸음 더 나아가 그 공간 안에 작가 자신의 모습까지 그려 넣고 있다.

　(다)에서는 망군대의 뜻을 불교적으로 풀이하고 있다.[9] 자성금강에 이르기까지의 과정을 알레고리화하여 보여주고 있는[10] <금강산유산록>의 한 부분으로, 금강산이라는 공간을 구성하는 여러 요소들―유적, 경물, 사람, 설화 등―중에서 불교적 의미가 이미 부여된 것들만 선택하거나 혹은 불교적 해석을 덧붙임으로써 금강산을 불교적 공간으로 형상화하

8　김병국, 『한국고전문학의 비평적 이해』, 서울대출판부, 1995.
9　불교적 색채가 농후하고 작품에 형상화된 세계가 성스런 장소로서의 특징을 지닌다는 점, 그 세계에 대한 작가의 태도가 진지하다는 점에서 승려의 작품일 가능성이 있고 이미 승려의 작이라는 의견이 제출된 바 있다. 그러나 불교적 관념에 충실하고 해서 승려의 작으로는 보기 어려운 바 이에 대해서는 별도의 신중한 접근이 필요해 보인다.
10　누구나 자성 금강을 이뤄 스스로 보살의 경지나 부처의 경지에 오르려면 일련의 수련 과정을 거쳐야 하는데, 수련의 과정에서 중시되는 것은 일체의 집을 멸하는 것이다. 집은 색에서 나오는 바, 집으로 인해 고가 생겨난다. 오음과 육적은 색과 관련하여 멸해야 할 일종의 집이라 할 수 있다.

고 있다. 그 결과 이 작품에서 금강산은 불교의 성지처럼 그려지고 있다.

(가), (나), (다)의 작가는 자신의 관점에 부합되는 공간의 세부 사항들만 선택하거나 의미를 부여하여, 각기 다른 색깔로 공간을 형상화하고 있다. 물리적인 장소에 의미를 부여하는 방법, 즉 공간을 인식하는 방법에 있어서 공통점을 지니는데, 하나의 장소나 작품 전체의 공간이 하나의 이미지나 관념에 의해 통어된다는 점에서 그러하다. 공간에 '의도'가 개입되고 있는 바, 작가의 세계관이나 관념에 부합하는 공간으로 재창조하고 있다는 점도 공통된다. 그 결과 (가), (나), (다) 모두 비교적 안정적이고 뚜렷한 정체성을 지닌 공간의 이미지를 보여주고 있다.

그런데 이러한 장소의 이미지화, 즉 정체성의 부여가 오로지 관찰과 경험을 통해서만 이루어지는 것은 아니라는 점에 주목할 필요가 있다. 만약 오로지 관찰과 경험을 통해서만 이루어진다면 동일한 공간에 대한 이미지가 이렇듯 다를 수는 없을 것이다. 실제로 정체성의 형성 과정은 관찰된 것과 예견된 것, 즉 직접적 경험과 경험 이전에 형성한 관념에 복합적이고 점진적으로 질서를 부여하고 조화를 추구하면서 이루어진다.[11] 여행지의 특정 장소에 대한 뚜렷한 정체성 역시 직접적인 경험은 물론이고 그 경험 이전에 형성한 여러 관념들의 작용에 의해 만들어지는 것이라 하겠다.

(가), (나), (다)에 형상화된 공간의 이미지 역시 실제 공간에 대한 지각으로부터 촉발되기는 하였지만, 동시에 그 지각에 영향을 미친 작가의 세계관, 즉 유교적 관념이나 선경에 대한 관념, 혹은 불교적 관념 등이 작용한 결과로 볼 수 있다. 그런데 이러한 관념들은 이미 연구사에서 여러 번 지적된 것처럼 관련 글이나 지도, 그림, 이야기 등 당대 문화를

---

11 에드워드 렐프(김덕현 외 옮김), 『장소와 장소상실』, 논형, 2005, 135면.

통해 형성된 것이라는 점에서 작가 개인의 것으로 보기 어렵다. 차라리 작가가 속한 공동체의 공적 자산에 가깝다. '고인작시무구무래처(古人作詩無一句無來處)'라는 서거정의 말처럼 공간을 표현하는 방법이나 인식하는 방법은 물론이고 공간을 구획하는 방식, 공간 인식 및 표현을 위해 동원한 관념, 결과로서 형상화된 이미지 등이 공동체의 관습을 철저히 따르고 있다는 점에서 그러하다. 이는 공간을 여덟 개의 승경으로 구획해서 인식하던, 팔경시(八景詩) 혹은 집영제영시(集景題詠詩)의 공간 인식 및 구성 방식과도 같다고 하겠다.[12]

사람은 누구나 인식의 틀로서의 당대의 문화를 마음 안(culture in mind)[13]에 지닌 채 그 틀을 통해 대상이나 공간을 인식하게 된다. (가), (나), (다)의 작가는 모두 그들이 속한 공동체에서 중시되던 관념에 입각하여 실제 공간을 인식하고 공간에 의미를 부여함으로써 그 결과 의도했든 아니든 간에 실제 공간에 대한 기존의 관념을 확인-강화하고 있다. 사실 (가), (나)는 국내외 여러 그림이나 글을 통해 추상해낸, 사대부들이 동경하던 승경의 모습에 다름 아니며, (다) 역시 불자(佛者)들의 소망이 알레고리화된 정형적인 모습이다.

금강산 등의 명산이나 중국 등은 조선의 유자(儒者)들에게 물리적으로 실재하는 공간으로서 뿐만 아니라 공적인 정체성을 지닌 특별한 공간으로 받아들여졌다. 따라서 그곳으로의 여행은 어떤 식으로든 공간의 공적인 정체성을 확인하는 일이 된다. 지리학자들[14]은 공간의 공적 정체

---

12 소상팔경의 미의식이라는 것이 보편성 공동성에 근거한 중세적 미의식에 다름 아니며 관습성이 강하다는 점은 이미 지적된 바 있다. 김성룡, 『여말선초 문학사상』, 한길사, 1995, 221~222면 ; 김성룡, '李齊賢 문학의 中世意識 연구', 「湖西語文研究」 제3집, 호서대학교 국문학과.

13 Bradd Shore는 문화가 인식의 틀로 내면화된 상태를 'culture in mind'로 개념화하였다. Bradd Shore(1996), *Culture in Mind*, Oxford Univ. Press.

14 이푸 투안이 말한 '신화적 공간과 장소'로서의 특징을 보인다. 이푸 투안(구동회 외 옮

성이란 특정 사회의 다양한 지식 공동체들이 공유하는 것으로 장소의 물리적 특성과 다른 증명 가능한 구성 요소들에 대해 어느 정도 동의된 것들로 구성되는 바, 일종의 합의의 산물이라고 한다. 비록 장소에 대한 사실을 제공하는 기술적인 지역지리가 그런 합의된 정체성의 토대 대부분을 구성하고 있을지 모르지만 본질적으로 공적인 정체성은 문화적으로 만들어진다고 한다.

따라서 그 공동체에 속한 개인에게 공적인 정체성을 지닌 공간으로의 여행은 특별한 의식이 될 수 있다. 공적인 정체성을 지닌 공간은 동경의 대상이 되며, 성스런 공간으로서의 특성이 부여된다. 따라서 그 공간을 여행한다는 것은 그 자체로 특별한 의미를 지니며, 때로 이념적 지표가 되거나 이념을 공유하고 있는 이전 사람들의 행적을 따르는 순례의 의미를 지니기도 한다. (가)는 멀리는 공자의 태산 등정과 이어지고, 이른바 향토기행가사인 (나)의 작가는 생활 공간에서 관념적 승경를 발견하고 확인하는 즐거움을 느끼고 있으며, (다)는 금강산을 불계로 형상화함으로써 승려 혹은 독실한 신자로서의 종교적 정체성을 실현하고자 하고 있다.

따라서 이러한 공적인 정체성을 지닌 공간으로서의 여행과 여행 체험의 기록은 단순한 유행에의 참여 이상의 의미를 지닌다. 누군가에 의해 만들어진 공간의 이미지를 소비하고 마는 것이 아니라 작가 자신이 속한 공동체 안에서의 보편화된 문화에 참여하는 일이 되며 그 일을 통해 자신의 정체성을 실현한다는 의미까지 지니기 때문이다. 동경의 공간을 구상화하고 있는 작품들—조선 중기까지의 사대부 작품들의 대부분과 조선 후기의 일부 작품들—에서 진정성이 드러나는 것은 모두 이러한 공간의 의미에서 비롯된 것이다.

김), 앞의 책, 141~165면.

2) 풍문의 공간

(라) 헐성루 올라앉아 사면을 바라보니
    금강산 모든 봉이 역력이 다 보인다
    장경봉 관암봉은 장안사세 먼저 보고
    우뚝한 석가봉은 석가여래 모양이요
    삐죽삐죽 십왕봉은 열 대왕이 저러하여
    불쌍하다 죄인봉은 무삼 죄를 못 씻어서
    저처럼 뒤결박에 비는 모양 참혹하다.
    엄연한 판관봉은 최판관이 저러한가
    어여쁘다 동자봉은 희미하게 우뚝 섰다
    영악하다 사자봉은 네 굽을 한데 모으고
    등성이를 쭈그리고 소리를 지르는 듯
    웅장하다 백마봉은 은안장 금채촉에
    오릉소년 어디 두고 이곳에 혼자 있노
                ···중략···
    이상하다 혈망봉인 봉우리 가운데에
    구멍이 뚫렸으니 천지개벽 하는 날에
    저 구멍의 끈을 꿰어 공중에 달아놓고
    오대산 옮겨다가 그 밑에 지대 놓고
    보개산 떠어다가 그 위에 덮어 놓아
    천지가 다시 되어 세상배판 다시 하면
    유리대 금옥산천 극락세계 된다 하데
                ···중략···
    옥 같이 흰 봉우리 중앙성이 예 안이며
    만이천봉 제일 높은 비로봉이 제러구나

● ● ● 〈관동신곡〉

  (가)와 견주어 볼 때 (라)에서는 묘사되고 있는 전체 공간의 지배적인
이미지나 관념이 포착되지 않는다. (라)의 작가는 공간을 구성하는 여러

요소들이나 부분들에 대한 설명을 나열하고 있으며, 혈망봉에 대해 들은 이야기까지 소개하고 있다. 누군가로부터 전해 들었을 이름에 의지하여 공간의 세부를 인식하고 또 누군가에게 들은 이야기로 세부에 대한 설명을 대신하고 있다는 점에서 보면, 이 작품 역시 이미 만들어진 관념에 의지하여 공간을 인식하고 있다고 할 수 있다. 그러나 (가)~(다)와 견주어볼 때, 세부 이미지와 관념들을 자신의 의도나 관점에 따라 지배적인 공간 이미지로 수렴하거나 통어하지 못하고 있다는 차이가 있다. 이념적 지향이 분명한 공동체의 구성원들 사이에서 암묵적으로 유통되던 관념이나 꿈꾸던 이미지들이 아니라, 누군가에게 들었거나 어디에서 본 이름들이 공간 인식에 대거 동원되고 있다는 점에 보면, (라)의 작가는 일종의 '풍문(風聞)', 즉 바람에 실려 온 소문에 의지해 대상을 인식하고 표현하고 있다고 볼 수 있다.

유산의 풍습이 대중화되고 지도나 그림, 관련 작품들이 널리 유통되기 시작하면서 금강산 등 여행지는 풍문의 공간이 된다. 부족한 정보와 풍부한 상상력으로 인해 풍문이 풍문을 낳고 그 풍문은 발행(發行)의 동기가 된다. 위 작품의 작가는 과거에 급제하지 못한 시골의 선비로서, 그에게 금강산행은 사대부적 정체성을 확인하기 위한 것이기도 하지만 풍문으로 접한 공간을 직접 여행한다는 의미 또한 지니는 것이었다.[15]

그 기원은 언제나 정확하지 않지만 그럼에도 불구하고 도처에 존재하는 것이 풍문이다. 풍문을 듣고 전하는 일에는 어떤 철학이나 세계관도 개입하지 않는다. 따라서 풍문의 공간은 작가의 특별한 관념이나 이념에 의해 특징 지워진 공간이 아니라 당대에 대중적으로 유통되던 여러 이질적인 관념들과 담론들이 함께 존재하는 그런 공간으로서의 성격을

---

15 그 증거는 화자의 어조와 공간 인식 태도에서도 드러나지만, 작품 서두 발행의 동기를 설명한 부분에서도 잘 드러난다.

지닌다. 조선 후기 기행가사에서 흔히 찾아볼 수 있는 다성적인 목소리 등도 이러한 공간의 성격과 무관하지 않다.

풍문의 공간이란 굳이 밝히자면 대중적 정체성을 지니는 공간이다.[16] 대중적 정체성은 집단과 개인의 경험으로부터 발전해 왔다기보다는, '여론을 주도하는 사람'에 의해 주어지며 사람들에게 기성품으로 공급되고 대중 매체를 통해 살포된다. 때로 가짜 장소들로 이루어진 가짜 세계가 만들어지기도 하지만, 이러한 조작된 정체성과 상투성을 접한 사람들도 대부분이 불가피하게 실제 장소를 그런 식으로 경험하고 싶어 한다고 한다고 한다. 그리고 공간의 대중적 정체성만을 알고 있는 사람에게는 그 정체성과 관련된 선입견이나 기성의 태도가 직접 경험보다도 더 중시된다고 한다. 그 결과 이들은 대중 매체가 제공해온 기성의 정체성이나 선험적인 정신적 도식의 틀에 사로잡혀 장소를 관찰하며, 그것과 실제 장소가 맞지 않을 경우 그 차이점을 아예 무시하거나 아무렇게나 설명해 버린다고 한다. 여기서 우리는 후기 기행가사, 특히 금강산 기행가사의 특징을 이해하는 데 유용한 시사점을 찾을 수 있다. 후기 기행가사에 나타나는 공간 인식의 몰개성성이나 그와 관련하여 여러 관념들을 도식적으로 오려 붙이는 식의 표현 양상, 그럼에도 불구하고 수다스럽게 자랑하는 듯한 화자의 말투 등[17]은 모두 이와 같은 풍문의 공간을 직접 여행한다는 사실로부터 비롯된 특성이라고 볼 수 있다.

오늘날에도 풍문은 그 자체로 호기심의 대상이며, 대중문화의 창작 및 향유의 동인이 되기도 한다. 말로만 듣던 작품을 직접 봤을 때의 기

---

16 이러한 공간의 성격과 공간 인식의 방식에 대해서는 다음 책을 참고할 수 있다. 에드워드 랠프(김덕현 외 옮김), 앞의 책 참고.

17 19세기 무명씨 금강산가사를 대상으로 이러한 특징을 분석한 바 있다. 졸고, '19세기 무명씨 금강산가사의 생활문화적 의미', 「고전문학연구」 별집 8호, 한국고전문학회, 2001 참고.

뺌과 무성하게 말해지는 작품은 반드시 봐야 한다고 말하는 여러 사람들을 떠올려 보면, 풍문이 단순히 지나가는 바람이 아님을 알 수 있다. 문학 창작 및 향유와 관련된 중요한 '말'인 바, 그 '말'에 주목할 때 당시 대중적으로 유통되던 관념과 그것을 형성한 대중문화에 대한 이해를 깊게 할 수 있다.

3) 실존 공간

> 수로천리 다 지나고 추자섬이 여기로다
> 사면을 돌아보니 날 알 리 뉘 있으리
> 뵈나니 바다해요, 들리나니 물소리라
> 벽해 가른 위에 모래 모여 섬이 되니
> 추자섬 생길 제는 천작지옥 여기로다
> 해수로 성을 쌓고 운산으로 문을 지어
> 세상을 끊쳐시니 인간이 아니로다
> 풍도섬이 어디메뇨 지옥이 여기로다.

● ● ● 안조원, 〈만언사〉

유배지는 유배자에게 절망의 공간이다. 위 인용구만 보더라도 넓은 바다가 안조원에게는 이전에 살던 친숙한 공간과 앞으로 살아가야 할 시련의 공간을 확실하게 가르는 성으로 인식되고 있다.

이처럼 기행가사에는 생활 공간이자 실존 공간으로서의 공간 또한 형상화되어 있다. 생활공간이자 실존 공간은 관념보다는 사실이나 현실이, 공적인 정체성보다는 사적인 정체성이 강조되는 특징을 지닌다. 따라서 우리는 실존 공간에 대한 분석을 통해 인간 개인의 심리와 정서, 삶의 모습 등에 대한 탐색을 시도할 수 있다. 사실 실존 공간 또는 생활 공간은 공간의 내부 구조이며, 우리가 한 문화 집단의 구성원으로서 세계를 구체적으로 경험하는 과정에서 드러나게 된다. 위의 예에서 보듯이 유배가사에는 자신의 실존 공간 내지 생활 공간을 형상화한 부분이 자주 등장하며 그 공간에서의 비참한 삶이나 처지를 과장하는 것이 일반적이다. 이러한 과장이 일종의 정치적 수사라고는 하지만 그럼에도 불구하고 유배가사에는 작가가 처한 현실과 그 현실을 둘러싼 생활 공간 및 실존 공간이 잘 드러나게 된다.

물론 한 편의 기행가사 작품에 작가의 실존 공간 내지 생활 공간만이 구체화되는 것은 아니다. 여행지는 그곳에 사는 사람들에게도 생활의 공간이자 실존의 공간이 된다. 즉 작가에게 지각된 공간이 그곳에 사는 사람들에게는 실존 공간이요 생활 공간이 된다. 사대부들의 유산놀음에 동원되었던 지로승이나 관동 지방의 농민들이 금강산을 천하의 승경으로 보지 않고 고역의 장소로 인식한 것도 결국에는 지각 공간과 생활 공간으로서의 의미가 다른 데서 비롯된 것이라 할 수 있다. 이처럼 기행가사에는 다양한 생활 공간이 등장할 수밖에 없다. 사실성을 띠는 후기의 관유가사는 물론이고 새로운 사태를 계속해서 경험하게 되는 국외 사행가사의 대부분에서 작가의 실존 공간에 대한 묘사와 여행지 사람들의 생활 공간에 대한 묘사가 함께 드러나게 된다.

그런데 이러한 실존 공간 혹은 생활 공간의 발견은 일체의 관념을 벗어버렸을 때 가능하다. 관념의 눈을 벗어 버렸을 때 공간의 물리적 특성이나 현실적인 측면이 보이고 이러한 발견이 때로 새로운 인식으로 이어지기도 한다.[18] 잘 알려지지 않은 곳을 여행하게 되었을 때는 외관을 즉물적으로 인식하는 경향이 두드러지게 되는데, 이때에는 공간의 물리

---

[18] 필자는 이를 '즉물적 인식'이라고 명명한 바 있다. 졸고, 앞의 논문(1999) 참고.

적 특성을 발견하고 그 공간과 대비하여 자신이 지금까지 살았던 생활 공간의 특성을 자각하게 되기도 한다. 사행가사의 작가들이 여행 체험을 통해 인식의 확장을 경험했던 것은 이와 같은 맥락에서 이해될 수 있다.

물리적 공간이 그 공간 안에 있는 사람들에게는 실존의 공간이요 생활의 공간이기도 한 까닭에, 우리는 물리적 장소에 대한 여행 체험을 서술하고 있는 기행가사를 통해 작가는 물론이고 여러 사람들과 그들의 삶을 만날 수 있다. 물론 작가의 눈을 통해서 작가와 여러 사람들을 만나는 것이기는 하지만, 이러한 만남은 인식의 지평을 확장하는 계기가 될 수 있다.

4) 동경 · 풍문 · 생활 공간의 교차

기행가사는 떠나고 돌아오는 이야기이다. 그 과정에서 많은 것을 보고 듣고 경험하고 그 체험을 기술한 것이 바로 기행가사이다. 견문의 대상이 되고 경험의 대상이 되는 공간이나 사물이 하나일 리 없고 또 그 공간이나 사물에 대한 앎이나 기대의 정도 역시 천차만별 다를 수밖에 없다. 따라서 그 사물이나 공간에 대한 인식 내지 자기화의 정도와 양상 역시 다를 수밖에 없다. 한 편의 기행가사에 나타나는 다양한 공간 인식의 수준과 인식 및 표현의 양상은 이런 점에서 볼 때는 불가피한 면이 없지 않다.

한 편의 기행가사 작품 안에 구상화된 공간 역시 다성적인 면모를 보인다. 유자(儒者)라고 해서 유교적 관념으로 일관하여 공간을 인식한 경우는 찾아보기 어려우며, 풍문의 공간을 형상화한 작품이라고 해서 대중적인 관념들로만 짜깁기가 되어 있는 것도 아니고, 사실주의적인 성향의 작품이라고 해서 실존적 공간 혹은 생활 공간에 대한 묘사로만 일관한 기행가사는 존재하지 않는다.

물론 시대, 작가, 여행 동기 등에 따라 실존적 공간이 강조되기도 하고 동경의 공간이 보다 지배적으로 드러나기도 하며, 풍문의 공간의 부각되기도 한다. 대체적으로 전기와 중기 가사에서 후기로 넘어갈수록 동경의 공간이 풍문의 공간이나 실존의 공간으로 바뀌어가는 양상을 확인할 수 있다. 그러나 시대와 작가, 여행 동기 등에 따라 비중이 다르게 드러나기는 하지만, 대체적으로는 앞에서 언급한 세 가지 공간이 한 작품 안에 공존하는 것이 일반적이다. 사실 사행가사의 작가에게 중국은 동경의 대상이자 풍문의 대상이고 그리고 내가 걷고 먹고 잠자는 공간이자 나와 같은 중국 사람들이 사는 생활의 공간이기도 한 것이다.

중요한 점은 기행가사에 형상화된 여러 공간들의 성격을 충분히 파악한 후, 그 각각의 공간들이 어떤 비중을 가지고 한 작품 안에 직조되어 있는지, 그 결과 전체적인 공간의 이미지가 어떻게 창조되고 있는지 살피는 일일 것이다. 그럴 때 기행가사 자체에 대한 이해의 폭이 넓어지는 것은 물론이고 지리적 공간에 대한 정서적—인지적 앎 또한 풍성해질 수 있다.

4. 결론

자연의 모든 외적 아름다움의 내부에는, 그 아름다움이 더욱 완전한 의미를 지니게 하고, 그것을 더욱 매력적인 것으로 만들어주는 역사가 있다.

● ● ● Archbold Geikie[19]

<나의 문화유산답사기> 시리즈가 유행한 이래로, 여행과 관련된 여러 책들이 봇물처럼 쏟아져 나왔다. 최근에는 한시나 이전의 기행문학 등에 언급된 지역을 따라가며 그 감회를 읊고 이전의 기록물을 환기하는 에세이들이 대거 인기를 끌고 있다. 이는 그 자체로 공간을 즐기는 방법이자 그 공간을 더욱 의미 있게 만드는 '역사에의 참여'로서의 의미를 지닌다. 그 결과 실제 공간에 대한 개인적－사회적 의미가 더욱 풍성해지는 것은 물론이다. 나아가 실제 공간의 이미지를 강화하거나 바꾸는 등 실제적인 영향을 미치기도 한다. <나의 문화유산답사기>에서 새롭게 구획되고 붙여진 '남도'라는 명명이, 책의 유행으로 말미암아 실제 지리적 공간에서의 삶의 모습과 경관을 바꾸기도 했다는 연구 결과[20]는 공간의 이미지가 실제 공간의 특성을 강화하거나 새롭게 구성하는 면이 있음을 증거해준다.

이러한 관점에서 볼 때 우리 주변, 우리가 속한 공동체의 특정 공간에 대한 역사를 알고 또 의미를 부여하고 이미지를 창조하는 일은 문학교육의 중요한 내용임에 분명하다. 내가 사는 지역, 우리가 속한 공동체의 공간을 자기화하는 과정이자 그 구체적인 공간 안에 살아 있는 사람들을 만나는 일이라는 점에서 그러하다. 여기서 우리는 문학교육이란 '타자'에 대한 이해를 통해 결국에는 나와 내가 사는 세상에 대한 이해를 도모하는 인문학적 기획이며, 따라서 문학작품의 존재 의의는 타자성이나 이러한 인문학적 기획 의도를 인정하는 데서 출발해야 한다는 점을 거듭 확인할 수 있다.

이러한 관점은 제도교육의 장에서 기행가사를 가르치거나 가르치는

---

19 이은숙, '지리학과 문학의 만남', 『문학 지리－한국인의 심상 공간』(김태준 편저), 논형, 2005, 21면 재인용.

20 심승희, '문화관광의 대중화를 통한 공간의 사회적 구성에 관한 연구', 서울대학교 박사논문, 2000.

문제에 대해 논의할 때도 견지되어야 한다. 교실에서 단순한 경유지나 견문 및 감상의 배경으로만 다뤄지던 공간을, 기행가사 감상의 핵심 지식이자 코드로 자리매김하려는 것이 필자의 의도이다. 이러한 의도에 따라 이상에서 기행가사에 형상화된 '공간'의 특성을 살피고 그 공간의 인문적, 교육적 의미에 대해 성찰해 보았다. '무엇'에 대한 성찰이 있은 연후에 '어떻게'에 대한 성찰이 시작될 수 있다는 점에서, 앞서 살핀 기행가사의 '공간'을 어떻게 체험할 것인지와 관련된 구체적인 논의는, 다음 기회를 약속하기로 한다.

고전문학을 '어떻게' 경험해야 하는가

－설화교육의 내용과 방법 탐색－

- - - - -

교육 방법이 곧 교육 내용이다. '무엇'이 '어떻게'를 규정하고 '어떻게'가 '무엇'에 의미를 부여한다는 점에서 이 둘은 언제나 함께 이야기될 수밖에 없다. 그래서 '고전문학을 어떻게 경험하게 할 것인가, 그리고 그 이유나 근거는 무엇인가'라는 물음에 대한 답을 찾기도 쉽지 않다. 물론 답을 찾기 위해 여러 개념이나 교수 학습 모형들, 방법론들, 이론들에 기댈 수 있다. 그러나 허망한 답을 내지 않으려면, 자신의 경험 속에서 나 자신 혹은 우리 학생들이 문학을 감동적으로 경험했던 순간을 떠올려 성찰하는 일도 병행해야 한다. 그리고 '어떻게'가 불러올 교실 수업의 변화나 구체적인 전개 양상 등을 끊임없이 상상해보는 일도 병행해야 한다.

이런 관점에서 '설화' 교육의 방법에 대해 생각해 보았다. 그 결과 어른들의 관점에 의해 선택된 작품을 대상으로 주제 및 줄거리를 확인하는 식의 교육 방법에 문제가 있음을 지적하였고, 설화의 생활화를 위한 방법을 제안할 수 있었다. 다른 교과의 지식을 배울 때나 일상의 경험 속에서 그와 관련된 설화를 자연스럽게 접하고, 나아가 설화의 기본 문법을 내면화하게 하여 그 설화와 설화에 대해 이야기할 수 있도록 했을 때, 설화의 생활화가 가능하다고 보았다. 이 논의를 참고로 다른 장르나 작품을 대상으로 하여, 어떻게 가르치는 것이 좋을지 생각해 보기를 바란다.

- - - - -

1. 논의의 출발

우리는 살아가는 동안 새삼스럽게 어떤 것의 존재나 그 가치를 인식할 때가 있다. 보여도 보지 못하고 들려도 듣지 못하던 것을 인식하는 순간 말이다. 대개는 우리가 처한 상황과 입장이 달라지고 그로 인해 전에 없던 마음이나 관심 혹은 흥미가 생겨났을 때 그런 일이 일어난다. 그럴 때 우리는 삼라만상(森羅萬象)의 입체적인 면모와 다성적인 본질을 다시금 자각하고 내가 사는 우물과 내가 바라 본 하늘의 테두리를 어렴풋이 알게 된다. 물론 그 때 인식의 지평이 넓어지는 즐거움도 아울러 느끼게 된다.

고백하건대 필자는 '아동문학'하면 현실의 각박함을 회피하고 싶어 하거나 현실의 어려움이나 냉혹함을 견딜 내성(耐性)을 갖추지 못한, 그래서 이른바 동심(童心)의 세계를 꿈꾸는 일부 어른에 의한, 어른을 위한 문학이라고 생각한 적이 있었다. 또한 문학성이 떨어지고 작품 세계도 다양하지 않을 것이라고 미리 짐작하고 있었다. 그러한 생각은 나의 유년기 문학 체험에서 나온 것이며, 아동문학에 대한 우리 사회의 통념(通念) 중의 하나이기도 하다. 문제는 필자가 학습자의 국어능력 혹은 문학능력의 발달이 학교급별로 구획되지 않는다는 주장을 내세우면서 문학교육을 논의해온 연구자라는 데 있다. 이념적인 차원에서는 발달의 연속성을 강조하면서도 정작 나는 지금까지 잠정적인 학습자를 중학생 이상으로 상정하고 문학교육에 대한 논의를 펴 왔고, 은연중에 중학교 1년생과 초등학교 6년생이 완전히 다른 존재라는 가정을 지니고 있었던 셈이다.

그러다가 딸아이가 자라면서 아이의 눈을 통해 아이들의 세계 나아가 아동문학의 세계를 조금씩 발견하게 되었고, 교육대학교에 부임하여 초등문학교육의 이론과 실제를 접하면서 여러 아동문학작품과 아동문학 및 아동문학교육에 대한 논의들을 접하게 되었다. 한동안 서점에 가면 아동문학 코너에 수북이 쌓여 있는 책들에 놀라고 아동문학(교육)에 대한 여러 사람들의 관심을 도처에서 확인하고 놀라곤 했다. 이렇듯 작품이 활발하게 창작 혹은 개작(改作)되고 유통되고 그것에 대한 논의가 활발한데, 아직까지 낡은 관념에 갇혀 있었다는 사실 자체가 놀라울 정도였다. 사실 1980년대 이후부터 지금까지 초등학생들을 대상으로 하는 아동문학은 꾸준히 팔리는 책(steady seller)으로서의 자리를 굳건히 지키고 있으며 그런 이유로 불황일 때조차 출판사가 앞 다투어 작품 혹은 작품집을 내는 상황[1]이고, 그 과정에서 삽화 등 시각적인(graphic) 측면이 세련되고 다루는 주제나 내용 또한 다양해진 것이 사실이다. 그런가 하면 이러한 현실에 발맞추어 출간된 아동문학 관련 이론서가 수십 종에 이르고, 다양한 교수·학습 방법이 제안되고 있는 상황이다. 바야흐로 '어린이'의 시대가 되었음을 여기서도 확인할 수 있다.

그러나 양적으로 팽창한 아동문학작품과 그것에 대한 논의들을 검토하면서, 그럼에도 불구하고 십년 전과 별반 달라지지 않은 것, 여전히 견고하게 지속되는 것이 있다는 사실에 또한 놀라지 않을 수 없었다. 특히 아동문학교육의 중요한 내용 중의 하나인 동요 및 전래동화[2] 교육이 그러하다. 많은 작품집이 출판되었고, 어떻게 구연할 것인가 등 실제적인 문제에 대한 논의가 활발히 진행되었음에도 불구하고 교육의 현실은 크게 달라지지 않은 것이다. 아직까지도 논의의 대부분이 설화의 가치를 먼저 인식한 연구자들이 그것의 가치를 부르짖거나, 새 교과서 제작에 발맞추어 부지런히 교과서를 분석하고 교수·학습 방법을 제안하는 차원에 머물고 있다. 이는 창작 동화를 대상으로 하는 아동문학 논의와 퍽 대조적이다.

이 글은 설화교육과 관련된 논의에 대해 간단히 개괄하고, 이를 바탕

---

1 이후 여러 출판사에게 많은 책을 내기는 하였지만, 전래동화집 출간 현황에 대해서는 다음 책과 논문을 참고할 수 있다. 최운식·김기창 공저, 『전래동화교육론』, 집문당, 1998, 251~296면 ; 신영순, '韓國 傳來童話集 發行의 現況과 問題點에 관한 研究', 교원대학교 석사논문, 1996.

2 '전래동화'를 말 그대로 풀이하면, 어린이를 대상으로 하는 전해 내려오는 이야기를 말한다. 그러나 현실적으로는 아동에게 적절하다고 여겨 뽑아 놓은 옛이야기를 의미하는 바, 여기서는 '설화'라는 개념을 사용하기로 한다.

으로 설화의 생활화를 궁극적인 목표로 삼았을 때 우리가 중요하게 생각하고 연구해야 할 문제가 무엇인지 제안하고, 그 문제에 대한 해결의 실마리를 제시해 보려 한다. 사실, 설화의 생활화를 부르짖어야만 하는 현실은 어쩌면 읽기보다는 보기가 중심이 되는 시대로의 변화 및 우리 교육의 제반 여건들 때문에 기인한 측면이 더욱 클지도 모른다. 그러나 여기서는 설화교육 연구와 실천의 문제를 지적하고 그것에 대한 해결 방안을 모색하는 것에 만족하고자 한다. 큰 문제가 여러 주체들의 작은 실천을 통해 조금씩 해결된다고 믿기 때문이다.

2. 설화 교육 연구의 현재

앞서 간단히 언급한 것처럼 최근 아동문학에 대한 논의가 활성화되었다. 현상적으로 보면, 아동문학교육 일반을 다루는 저서에서 설화가 중요하게 다뤄지는 것[3]은 물론이고, 초등학생을 대상으로 하는 설화교육에 대한 본격적인 논의 역시 상당수 제출되어 있는 상황이다.

연구 방향을 몇 가지로 나누면 다음과 같다.

우선, 설화의 국어교육적 가치를 피력하여 설화교육의 필요성을 주장하는 논의들[4]이 있다. 논자들이 주장하는 설화교육의 필요성을 요약하면,[5] 설화가 문화유산의 관점으로 볼 때 전통 문화의 계승이라는 점에

---

3 릴리언의 책(『兒童文學論』, 교학연구사, 1966)이 번역된 이래, 많은 저서가 있었는 바, 그 저서들 모두 '전래동화'를 중요한 내용으로 다루고 있다. 박상재, '한국 아동문학 연구의 어제와 오늘', 「문학과 교육」 1998년 가을호, 142~153면 참고.

4 최근에 나온 대표적인 논의가 한희정의 논문이다. 한희정, 설화의 문학교육적 수용 방안 연구, 한국교원대 석사논문, 2001.

5 김대행이 소개한 영국의 교육과정상에 명시된 교육 목표를 참고로 하여 요약한 것이다. 김대행, '영국의 문학교육—평가를 위한 언어와 문학의 투시', 「국어교육연구」 2집, 서울

서 가치가 있고, 성인적 필요의 관점으로 볼 때 구어 의사소통 능력 및 서사 능력의 신장에 도움이 되며, 개인의 성장이라는 관점으로 볼 때 풍부한 정서를 함양하고 상상력을 세련시키는 효과가 있다는 것이다. 설화의 이러한 가치에 대해서는 필자 역시 전적으로 동의한다.

그러나 그 가치를 거듭 주장할 것이 아니라, 그 가치를 실현하기 위해서라도 각각의 관점을 구체화하여 가르칠 내용과 방법을 마련해야 한다. 사실 논자들이 주장하는 내용이 문학교육 일반의 목표와 크게 다르지 않다는 점을 생각하면 설화교육의 필요성을 주장하는 논리로는 부족한 면도 없지 않다. 이제, 설화 작품을 통한 상상력의 세련을 주장하려면, 설화문학의 어떤 특수성이 계기가 되어 학습자들이 어떤 경험을 하게 되며 그 과정에서 혹은 그 결과로 어떻게 상상력이 세련되는가에 대해 설명할 수 있어야 한다.

교육의 역사가 오래 되었고, 이론적 연구 역시 풍성해진 이 상황에서 여전히 필요성을 주장해야 한다는 것은 의미심장하다. 설화교육의 필요성에 동의하지 않거나 관심이 없는 세상이 되었기 때문에 설화의 교육적 의의를 힘주어 역설해야 하는 측면이 없지 않기 때문이다. 그러나 설화교육의 필요성을 주장하는 것이 그 해결책이 될 수 없음은 물론이다. 설화교육과 관련하여 구체적인 내용이나 방법에 대한 아이디어가 뒤따르지 않는다면 오히려 소모적인 주장에 그칠 가능성이 더 크다.

둘째, 교재론의 성격을 띠는 연구가 있다. 구비문학의 존재 방식과 국어교육의 작용 양상을 고려하여 교재 변용의 전략을 제시한 연구[6]는 물론이고, 교과서에 수록된 작품 목록을 정리하고 국어교육 안에서 설화

대 국어교육연구소, 1997.

6 박인기, '구비문학 자료의 국어과 교재 변용', 「초등교육연구」 제2집, 청주교육대학교, 1991 ; 김동일, '전래동화의 서사 기능과 교재화 방안 연구', 인천교대 석사논문, 1999.

교육의 양상을 밝히는 한편 교과서 수록 작품들의 작품 세계를 분석한 논문들[7]이 여기에 속한다. 이 연구물은 제도교육의 일환으로서의 설화교육의 현실을 진단하는 연구라는 점에 그 의의가 있다.

이 연구들을 통해 교과서에 실린 작품들의 주제가 '지혜 → 보은 → 효행 → 금욕 → 성실 → 우애 → 기타' 순으로 나타난다[8]는 사실을 알게 되었고, 교과서에 실린 작품들이 교육적 목적에 의해 변형된 이본들임을 분명히 확인할 수 있었다. 그러나 제도추수적이고 현실추수적인 접근으로 일관하고 있을 뿐, 이론을 생산하는 노력이나 시도가 전혀 없었다는 점은 문제가 아닐 수 없다.

셋째, 교수·학습 방법에 대한 논의들을 들 수 있는데, 이는 다시 두 가지로 나눌 수 있다. 우선 설화 교수·학습 방법과 관련하여 여러 가지 아이디어들이 제안되었다.[9] 가장 많은 연구 성과가 축적된 주제 중의 하나가 설화의 재연 방식, 즉 '구연(口演)'에 대한 논의이다. '듣는 문학'에서 '읽는 문학'으로 바뀌면서 문학적 체험의 한 축을 이루는 구비 체험의 기회가 줄어들었음을 걱정하면서, 설화를 듣는 문학으로 향유하는

---

7 신헌재, '초등 국어과 이야기 교재의 현황과 문제점 분석', 「국제어문」 제8집, 국제어문연구회, 1987 ; 우찬순, '초등학교 국어 교과서에 수록된 문학교재 연구', 연세대 석사논문, 1997 ; 이강주, '제6차 교육과정에 나타난 전래동화 연구', 상지대 석사논문, 1997 ; 이상헌, '초등 국어과 교과서의 변천에 관한 연구', 성균관대 석사논문, 1985 ; 이윤남, '전래동화의 교재화 양상 연구', 인천교대 석사논문, 1999 ; 정인과, '초등학교 국어 교과서에 수록된 설화 수용 제재 연구', 한국교원대 석사논문, 1988 ; 조미형, '국민학교 국어 교재 수록 동화 연구', 연세대 석사논문, 1990 등 다수.

8 1차부터 4차까지의 국어교과서와 5차와 6차의 읽기 교과서를 분석하여 내린 결론이다. 이윤남, 앞의 논문, 62~72면 참고.

9 이경숙, '한국 전래동화의 가치와 교육방법에 관한 연구', 중앙대 석사논문, 1990 ; 장영주, '전래동화의 교육적 활용 방안에 관한 연구', 영남대 석사논문, 1995 ; 최경희, '동화의 교육적 응용에 관한 연구', 한국교원대 박사논문, 1993 ; 이경화, '스키마 사용을 통한 전래동화 지도 방법 연구', 『국어수업 방법』(초등국어교육학회), 박이정, 1997 ; 국강옥, '전래동화의 교육적 활용 방안 연구', 전주교대 석사논문, 2000. 최근 교육연극이라는 새 개념을 들어 동화교육의 방법을 모색하고 있는 황정현의 책이 돋보인다. 황정현, 『동화교육방법론』, 열린교육, 2001.

방법에 대한 논의가 심도 있게 다뤄졌고,[10] 그 결과 구연에 대한 아주 상세한 방법까지 제출되어 있는 상황이다. 다음으로 다른 교과 내지 내용의 교수 학습에 설화가 유용하게 활용될 수 있다는 전제 아래 설화 활용 방법에 대해 논의하고 있는 연구[11]가 있다. 영어 수업 등 다른 교과의 수업에 설화를 도입하려는 것이 바로 그것이다. 설화의 가치를 인정한 연구라 할 수 있지만, 설화가 학습자의 흥미를 끌기 위한 수단으로 기능하고 만다는 점에서 통합교육의 방법을 제안하는 수준에는 이르지 못했다고 할 수 있다.

이상의 논의들을 종합해보면 설화 교육에 대한 논의가 학교에서 설화를 가르치는 것과 관련된 문제에 집중되었음을 알게 된다. 물론 이러한 집중 현상 자체는 문제 삼을 일이 아니다. 부모나 문화 센터의 교사 등에 의해 설화를 들을 수도 있고 혼자 전래동화집을 읽을 수도 있지만, 이러한 학교 밖에서의 체험은 학습자의 상황에 따라 무척 다양한 양상으로 진행되기 때문에 현상 자체를 포착하는 일이 쉽지 않을 것이기 때문이다. 또한 설화교육에 대한 모든 논의들이 결국에는 학교에서 아이들을 가르치는 문제로 수렴되어야 하기 때문이다.

그러나 논의의 폭이 좁고 문제 설정이 지나치게 안이하다는 점에 대해서는 지적하지 않을 수 없다. 연구가 제도나 실천을 이끌지 못하고 제도와 실천을 따라가기에 급급한 상황이기 때문이다. 교과서에 특정 작품들이 실리면 실린 작품을 소개하고 분석하는 한편, 그 작품을 대상으

---

10 쉽고 간결하게 구연의 효과와 방법에 대해 설명하고 있는 글은 서정오의 글이 있다. 서정오, 『옛이야기 들려 주기』, 보리, 1995.
11 김명자, '국사교육에서 설화 학습의 교육적 기능과 효과적 지도 방안', 경북대 석사논문, 1995 ; 최임옥, '전래 동화를 활용한 초등 영어 지도에 관한 연구', 전주교대 석사논문, 2000. 이들 논문을 포함하여 많은 논문들이 있으나, 크게 진전된 논의를 보여주는 것은 보지 못했다.

로 교수 학습 방법을 구체화하는 연구가 대부분이다. 무엇을 가르쳐야 하고 왜 가르쳐야 하는지에 대한 진지한 고민을 통해 현실을 개선하고 안내하겠다는 의지를 찾아보기 어렵다. 그 결과 교과서에 실린 교훈담이나 지략담 등이 설화문학의 다양한 세계를 대표하는 것이라고는 믿기 어려움에도 불구하고 그 외 다른 작품군들의 교육적 가치에 대해서는 논의조차 하지 않는 꼴이 되고 말았다.

이러한 문제는 '아동'에 대한 이해가 절대적으로 부족하다는 점에서 기인하는 바 크다. 여전히 아동을 훈육의 대상으로 보던 시대에 교과서에 수록한 작품을 중심으로 설화교육이 진행되고 있기 때문이다. 우리 어른은 아동이 아니다. 그래서 아동을 이해하는 일이 쉽지 않지만, 그렇기 때문에 아동을 이해할 수도 있다. 설화문학의 특장(特長)을 들어 아동에게 유익하다고 주장할 것이 아니라, 아동의 생활과 성장의 필요에 따라 적절한 설화문학을 제공해 줄 수 있어야 한다. 어찌 보면 설화의 생활화란 아주 간단한 일일지도 모른다. 설화의 특장과 다양한 작품 세계를 깊이 이해한 연구자가, 아동의 필요와 요구에 따라 다채롭게 작품을 선택하여 다양한 방식으로 제시하고 가르칠 수 있을 때 가능할 것이다. '교훈'을 넘어선 '절실한 감동으로서 마음속에 새겨지는 교육적인 영향'12을 미칠 수 있는 내용과 방법을 제안할 수 있을 때, 설화의 생활화는 가능할 것이기 때문이다.

---

12 이원수, 『아동문학입문』, 웅진출판, 1984, 81면 ; 김상욱, '소박한, 그러나 소중한—이원수의 아동문학론—', 「어린이문학」 4·5호, 1999, 재인용.

3. 설화 생활화를 위한 과제

초등 교실에서 설화를 어떻게 가르칠 것인가를 논의하거나 나아가 설화의 생활화 방법을 제안하기에 앞서 우리는 무엇을 가르칠 것인가에 대해 논의해야 한다. 기술문법을 바탕으로 학교문법을 구성하듯이, 아동교육이라는 목적에 부합하도록 가르칠 내용을 추출하고 그에 따라 작품 목록을 제시하고 교수·학습 방법을 제안할 수 있어야 한다. 이때 기본적인 전제가 되어야 할 두 가지는 설화교육이 아동의 성장에 도움이 되어야 한다는 점과, 이후 문학을 지속적으로 즐길 수 있는 바탕이 되어야 한다는 사실이다.

1) 설화교육에서의 '아동'

앞서 말했듯이 아동교육이라는 측면에서 설화의 가치를 주장하기 위해서는 '아동'에 대한 이해가 선행되어야 한다. 아동문학으로서 설화의 생활화는 아동의 필요와 요구에 입각하여 설화를 선택하여 가르칠 때 가능하기 때문이다. 우리가 청소년문학이나 아동문학 등 특정 발달단계에 초점을 맞춘 문학교육론을 펴기 위해서는 문학에 대한 이해뿐 아니라 아동 혹은 청소년에 대한 이해가 절대적으로 필요하기 때문이다.

전세계적으로 20세기에 들어 아동문학의 중요한 화두(話頭) 중의 하나가 아동의 발견이었음은 잘 알려진 사실이다.[13] 이와 관련하여 우리 학계에도 이미 '아동'을 미숙한 인간, 훈육(訓育)의 대상으로 보는 교훈주의

---

13 폴 아자르(햇살과 나무꾼 옮김), 『책·어린이·어른』, 시공주니어, 1999 ; 페리 노들만 (김서정 옮김), 『어린이 문학의 즐거움 1-2』, 시공주니어, 2001 ; 가라타니 고진(김유하 옮김), 『일본 근대문학의 기원』, 민음사, 1978.

적 입장[14]과, '아동'을 지극히 순수한 존재로 가정하는 동심천사주의의 입장이 지닌 이데올로기성에 대한 비판이 제기된 바[15] 있다. 아동교육의 이름으로 우리 어른이 바라는 관념을 강요했는 바, 한편으로는 아동에게 근면성이나 인내심, 효, 충, 우정 등의 가치를 깨닫게 하는 수단으로 작품을 제시하여 아동이 문학에 대한 흥미와 재미를 잃어버리게 하였고, 다른 한편으로는 알록달록한 말로 치장된 아름다운 것들만 보여줌으로써 아동에게 문학은 그저 예쁘고 아름다워야 한다는 식의 그릇된 관념을 심어 주었다는 것이다. 그 결과 아동문학이 세계에 대한 인식의 지평을 넓혀 주지도, 정서적 대응력을 길러 주지도 못했음은 물론이다.

이런 비판은 한편으로 아동문학에서의 '현실주의'에 대한 논의로 이어진다. 아동을 그들 나름의 생활 세계를, 나름의 방식으로 살아가는 주체로 봄으로써, 아동이 겪는 현실의 문제나 아동이 보고 듣는 세계를 적극 다루어야 한다는 주장이 제기되고 그에 따라 다양한 작품들이 창작되었다.[16] 이로써 아동문학이 아동의 일상생활과 고민을 다루고 함께 생각하고 위로해 주는 문학으로서 기능할 수 있게 되었다. 아동의 생활 세계와 그 안에서의 아동의 섬세한 감정을 다루되, 현실을 그대로 재현하는 것이 아니라 재구성 혹은 형상화하는 것이 좋은 작품인 것은 물론이다. 지금도 아동을 구체적인 삶을 살아가는 주체로 보는 연구자들은

---

14 거의 모든 이론서에서 아동문학을 정의할 때 가장 중요한 개념으로 등장하는 것이 '교훈성'과 '예술성'이라는 개념이다. 어느 한 속성을 강조할 때 생겨나는 문제를 지적하면서 교훈성과 함께 예술성도 갖추는 것이 아동문학의 첫째 조건이라고 말한다. 그런데 이처럼 교훈성을 예술성과 대립되는 개념으로 상정하는 것 자체가 교훈에 대한 좁은 시야를 잘 보여준다. 사실 아동문학의 예술성도 교훈성, 즉 교육적 의도를 실현하기 위한 것이라고 보아야 한다.

15 1998년 계간 「문학과 교육」에 실려 있는 '아동문학과 아동문학교육' 특집 기사에 잘 정리되어 있고, 비판의 요지가 구체적으로 서술되어 있다.

16 이 추이에 대해서도 다음 글을 참고할 수 있다. 아동문학 연구사는 다음 글에 잘 정리되어 있다. 박상재, 앞의 논문.

그와 같은 작품을 발굴하고 격려하는 한편 교육의 장으로 끌어오는 일에 앞장서고 있다.[17]

그런데 여기서 지적하지 않을 수 없는 것이 아동문학교육의 이데올로기성에 비판, 그리고 그것에 대한 대안을 마련하려는 논의－대표적인 것이 바로 현실주의적 접근일 것이다－가 주로 창작 동화를 대상으로 이뤄졌다는 점이다. 아동이 겪는 현실의 상황이나 문제를 다루고 있지 않은 설화의 경우는 사정이 달라진다.

베텔하임[18]은 아동을 현실 원칙을 배워 나가는 존재로 파악하고, 현실 원칙을 학습하는 과정에서 억압된 심리나 무의식을 해소하는 데 설화가 중요한 기능을 한다고 하며, 설화가 아동의 성장에 미치는 영향을 구체화한 사람이다. 베텔하임의 논의는, 언제나 대립되는 가치가 존재하고 어느 한편에서 동일시가 가능하며 선의 승리로 귀결되는 설화의 특징과 그로 인한 정서적 효과에 대해 예리하게 간파한 논의라 할 수 있다. 그러나 오랜 임상 경험－자폐아 치료의 경험－으로부터 일반화한 것이기는 하지만, 어느 대목에서는 정신분석학이라는 이론의 눈으로 아동을 틀 지우려는, 베텔하임의 과도한 의도가 엿보이기도 한다.

따라서 우리는 베텔하임의 이해를 넘어서 설화의 의의에 대해 분명하게 인식해야 한다. 이를 위해서는 경험적 이해가 절실히 요청된다. 이런 점에서 김상욱이 존재하는 능력을 통해 존재해야 할 능력을 이끌어내고자 하는 비고츠키의 근접발달이론에 입각하여, 존재하는 능력을 측정하기 위해 경험 연구를 수행한 것[19]도 이러한 필요성을 인식했기 때문이

---

17 최근 아동문학의 현실주의를 주장하고 자신의 이론에 따라 아동문학 비평 활동을 수행하는 연구자는 김상욱이다. 김상욱의 활약상에 대해서는 그의 홈페이지를 방문해 보면 금방 알 수 있다. 김상욱, 『숲에서 어린이에게 길을 묻다』, 창비, 2005 ;『어린이 문학의 재발견』, 창비, 2006.

18 부르너 베텔하임, 『옛 이야기의 매력 1-2』(김옥순, 주옥 옮김), 시공주니어, 1998.

며, 경험 연구의 주체로 교사를 상정한 것도 일리가 있다. 이 시기 아동
이 처한 실존적 상황을 기술하는 한편 이들에게 진지한 문제가 무엇인
지 기술하고, 설화를 인식할 수 있는 문학 능력을 측정했을 때 아동을
위한 설화교육에 대한 논의를 구체화할 수 있기 때문이다.

그러나 전아동을 대상으로 하여 그들의 경험과 사고 및 태도를 완전
히 기술한다는 것은 불가능하며, 경험 연구의 한계를 의식하여 신중하
게 접근한다 하더라도 일반화의 문제를 피해가기는 어렵다. 완전한 기
술 나아가 아동에 대한 완전한 이해는 애초에 불가능하다. 이 한계를 인
정하고, 우리 학계에 절대적으로 부족한, 아동 및 아동의 문학 능력에
대한 경험적 연구의 필요성을 제기하는 데 만족하고, 오늘날 우리들이
여러 방면에서의 관찰과 면담을 통해 알게 된 아동의 일반적인 특성을
중심으로 설화의 유용성과 교육 방법에 대해 생각해 볼 수밖에 없을 듯
하다. 발달 심리학 등의 이론이나 아동 상담학, 교육인류학 등에서 아동
과의 접촉을 통해 얻어낸 기본적인 사실들을 전제하고 논의를 시작하려
한다.

2) 설화 생활화의 시각과 방법

먼저 밝힐 것이 '아동'의 범주 안에는 발달단계상 많은 편차를 보이
는 어린이들이 뭉뚱그려 포함되어 있다는 점이다. 이 글에서의 아동은
굳이 밝히자면 초등학교 저학년에 해당하며 이 글은 그들을 위한 설화
교육론인 셈이다. 이렇듯 범위를 고정한다고 해도 추상성을 완전히 극
복할 수는 없지만, 설화교육의 효용과 내용 및 방법에 대한 논의가 구체

---

19 김상욱, '초등학교 아동문학 제재의 위계화 연구', 「國語敎育學硏究」 12집, 국어교육학
회, 2001, 151~178면.

성과 적실함에 다가가기 위해서는 적어도 초등학교 저학년과 고학년은 구분해야 한다는 생각이다.

아동은 성인과 '경험'의 양과 질에서 차이를 지닌다. 이 기본적인 사실로부터 가르칠 내용과 방법에 대한 논의의 실마리를 풀어 나가고자 한다. 경험은 세계를 인식하고 정서적 반응을 형성하는 데 매우 중요한 바탕이 된다. 아동의 왕성한 지적·정서적·심미적 호기심은 경험의 양과 질을 확보하기 위해 꼭 필요한 전략으로서의 의미를 지니며, 설화는 이러한 다방면의 호기심을 충족시켜줄 수 있는 자료로 기능할 수 있다. 세상에 대한 경험을 확충하고 개념화하는 방식을 제공하여 성장에 필요한 양분이 됨과 동시에 문학에 대한 경험을 확충하여 이후 문학적 체험에 능동적으로 대처하게 만들 수 있어야 한다.

① **경험 양식으로 생활화하기**

아동은 눈에 보이는 다양한 것들에 대해 관심을 보인다. 그것이 왜 그곳에 있는지, 왜 그런 모양으로 생겼는지, 왜 그런 일이 생겨나는지 등 여러 가지 의문을 제기한다. 릴리언[20]은 아동의 호기심 및 질문은 감각적으로 관찰할 수 있는 자연계뿐 아니라 자기를 둘러싼 사람들이 살아가는 여러 가지 방법, 즉 의식주(衣食住)라든가 적한테서 자기를 지키는 것과, 통신과 육지와 바다의 교통에 대한 인간의 기본적(基本的) 요구에서 차차로 진보해 온 생활의 양식에까지 닿아 있다고 말한다. 나아가 '천성(天性)의 강한 호기심'이 충족되지 않음으로써 아동이 '만족과 기쁨에 반응(反應)하지 않는다면,' 세상에 대해 지루함만을 느끼게 된다고 경고한다.

---

20 릴리언 H. 스미드, 앞의 책, 245~246면.

그런데 아동들은 강한 호기심에 비해 어른이 설명할 때 동원하는 개념이나 논리를 내면화하지는 못한 상태이다. 경험의 양이 적고 그로 인해 설명의 논리를 갖추지 못한 까닭이다. 따라서 질문에 대한 답은 언제나 사실에 기반을 둔 과학적 진술의 형태로 주어질 필요가 없으며, 때에 따라서는 나름의 개연성 혹은 논리를 지니는 상상적 이야기로 제시될 때 더욱 효과적일 수 있다. 가령, 그 고장의 교통망을 사실적으로 이해하는 것도 필요하지만, 동시에 이야기의 형태로 접하는 것도 의미가 있다는 것이다. 도로망이 발달되고 철도망이 깔리지 않은 상황을 설명할 때 그 고장의 산세(山勢)가 닭의 모양을 하고 있는데 닭과 지네가 천적(天敵)이라고 믿는 사람이 지네 모양의 철도 설치를 거부했다는 사실을 이야기로 들려주는 식이다. '지역'이라는 잘 포착되지 않는 개념을 바탕으로 교통망을 이해하는 것보다 닭의 형상에 빗대어 아동이 이해할 수 있는 나름의 논리로 설명하는 것이 보다 효과적인 것이다.

이런 점에서 볼 때 천지(天地)와 국가, 민족, 씨족(氏族)의 유래를 설명하고 있는 신화나 특정 지역의 자연물과 지명, 인명 등의 유래를 설명하는 전설은 아동에게 매우 유익하고 흥미 있는 텍스트일 수 있다. 따라서 민담 중심으로 전개되어 온 지금까지의 설화교육은 바뀌어야 한다. 물론 신화나 전설이 민담과 아울러 아동에게 흥미 있고 유익한 텍스트로 기능하기 위해서는, 그에 걸맞은 다양한 작품 목록을 확보하고 있어야 하며, 목록에 포함되어 있는 각각의 작품들을 언제든 아동에게 제시할 수 있도록 적절한 이본으로 재창조하는 일이 선행되어야 할 것이다.[21]

설화가 아동이 경험의 양과 질을 확보하는 데, 즉 세계를 인식함에

---

21 물론 전래 동화 작품집이 나왔고 거기에는 많은 작품들이 포함되어 있는 것이 사실이다. 전래 동화집 역시 교과서와 매우 유사한 작품들을 대상으로 만들어졌다. 그런데 앞서 살펴 본 것처럼 교과서에 실린 설화는 매우 제한적이다.

있어 중요하게 기능한다는 점은 설화를 어떻게 가르칠 것인가에 대해서도 시사하는 바 있다. 앞의 예에서 확인한 것처럼 설화교육이 국어교과에 국한된 것이 아님을 시사한다. 설화교육의 가치가 불가피하게 다른 교과와의 통합을 통해 실현되는 측면이 있다는 사실이다. 설화가 말하기, 쓰기 교육을 위한 자료일 뿐 아니라, 자연과 인문에 대한 인식을 시작하고 구성하는 자료이기 때문이다. 가령, 과학 시간에 산과 강이 생겨난 이유를 지각 변동에 의한 융기로 설명할 수도 있지만, 이에 덧붙여 상상적 이해를 시도할 수도 있다. 과학적 설명에 덧붙여 거인 할머니가 치마에 담고 있던 흙을 흘려 생겨난 것으로 설명하거나 잃어버린 반지를 찾기 위해 진흙밭을 이리 저리 뒤지다가 흙이 몰리고 쌓이는 곳에는 산이, 흙이 부족한 곳에는 물이 흘러들어 바다나 강물이 되었다고 설명한다면, 융기의 과정이 아동의 머리 속에서 생생하게 감각적으로 그려질 것이다. 활물적 사고에 익숙한 아동들에게는 매우 흥미 있는 체험이 될 것이고 사실에 대한 인식 혹은 과학적 인식 내용조차 더 생생하게 각인(刻印)될 것이 분명하다. 자신에게 무관하게 느껴지던 자연이 친밀한 대상으로 느껴질 수 있다는 점에서 설화를 이용한 교육은 대상에 대한 정서적 태도 형성에도 기여하는 바가 있다. 정서적 태도의 형성 여부가 이후 대상에 대한 자발적인 탐구에 영향을 미치는 것은 물론이다.

　다행히 초등교육은 통합이 용이한 면이 있다. 초등교사는 국어교사이자 과학교사이며 사회교사이기 때문이다. 설화를 국어 시간에만 다룰 것이 아니라 교육의 여러 국면에서 자유자재로 연행할 수 있을 때 그리고 여러 국면에서 인식의 방편으로 활용할 수 있을 때, 생활화가 가능하다고 할 수 있다. 경험적 접근을 통해 화이트 헤드의 이론을 수정하고 구체화한 에간에 따르면,[22] 이 시기 아동들(4, 5~9, 10)은 지적 호기심을 충족하기 위해 신화적 사고를 하는데, 그러한 사고 특성은 경험을 질서화하는 방식을 소유하지 못한 상황에서 투사와 분리의 방법으로 학습을 해야 하기 때문에 생겨난 불가피한 것이라고 한다. 나아가 이 아동들을 가르치기 위해서는 이야기 형식이 필요하다고 말한다. 에간의 주장을 적극 받아들이면 어떤 것에 대한 호기심이나 의문을 해결하기 위한 방편으로 설화의 작가가 되어 전설이나 신화를 만들어 보는 방법까지 생각해 볼 수 있다. 교실에서 아동의 인식의 필요에 따라 적절한 이야기를 제공해 주고 때로 이야기를 만들게 함으로써 설화는 아동에게 있어서 꼭 필요한 인식의 방편이자 생활의 방편이 될 수 있을 것이다. 이를 위해서 지금의 설화교육의 장(場)과 레퍼토리는 확장될 필요가 있다.

② 설화를 통해 기분 좋게 극복하기[23]

육체적 성장이 빠르게 진행되는 아동기에는 그에 상응하여 정신적 성장도 빠르게 진행된다. 앎의 내용을 확충하고 현실의 규율을 습득하고 세상살이의 방법을 학습하는 과정에서 가치관이 형성되고 상황에 대한 정서적 대응력 또한 형성된다.

설화의 대부분은 이러한 성장의 과정에서 경험하는 심리적 불안이나 갈등을 극복하게 함으로써 궁극적으로는 자신감 등 인성 전반을 형성해 준다. 설화의 세계는 아동에게 매우 유용한 놀이이며, 놀이이기 때문에 일정한 규칙이 있지만, 그 규칙을 어긴다고 해도 현실적인 벌이 주어지

---

22 에간은 인지주의의 발달 이론을 비판하면서 교육적 발달 이론을 주장한 사람이다. 이 시기 아동의 사고는 호기심의 충족과 관련되어 작용하며, 세계를 객관적이고 자기 충족적인 것으로 분명하게 인식하지 못하고, 타자 혹은 다른 것에 대한 이해를 결하고 있으며, 양가적인 인식 패턴을 보인다고 말한다. Kieran Egan, *Educational Development*, Oxford Univ. Press, 1979 ; _____, *Education and Psychology*, Methuen & Co. Ltd, 1984 ; _____ & Dann Nadaner ed., *Imagination and Education*, Open Univ. Press, 1988 ; _____, *Teaching as Story Telling*, Routledge, 1988.

23 이 부분은 페텔하임식의 주장에 입각해 있다. 부르노 베텔하임, 앞의 책 참고.

지 않는다. 따라서 성장과 관련하여 억압되는 의식이나 불안함을 미리 안전한 방식으로 해소하는 장으로 기능할 수 있는 것이다.

가령 바리데기 이야기와 같이 떠남을 모티프로 하는 이야기들은 성장에 대한 두려움—세상에 나아가야 한다는 사실에서 비롯한 두려움, 부모로부터 독립해야 한다는 사실에 오는 두려움—을 극복하는 데 유용한 자료일 수 있다. 바리데기에 동일시한 아동들이 바리데기를 다 읽고나서, 즉 바리데기의 시련에 동참하고 나서 '떠남'이 결국에는 더 나은 삶으로 이어졌다는 확신을 얻게 되는데 이러한 확신은 아동의 발달에 매우 가치 있는 인식일 수 있다. 이러한 인식은 노골적으로 교훈적 메시지를 제공해 주는 텍스트에서는 얻을 수 없는, 살아있는 인식이다. 설화의 교육성은 학교에 가지 않았을 때 생겨날 수 있는 일들을 우화의 형식으로 제시함으로써 결국에는 학교에 가도록 만드는 류의 어설픈 창작 동화가 줄 수 없는 차원에 놓여 있는 바, 이는 설화가 매우 암시적이며 무의식적으로 작용함으로써 다른 어떤 것을 억압하지 않으면서 해결을 제안하는 특성을 지님으로써 가능한 미덕이다.

떠남을 모티프로 하는 이야기 중에서도 특히 모험담을 아동이 즐기는 이유도 이와 무관하지 않다. 안전하게 주인공에 동일시되어 자신의 세계를 떠나고 다른 세상을 보거나 재미있는 여행을 하고 더 나은 미래를 보장받으며 돌아오는 모험담은 지속적인 발달의 과업, 즉 지속적인 심리적 떠남의 상황에 처한 아동에게 매우 유익하고 흥미 있는 이야기인 것이다. 아동을 위해 지어진 것이 아님에도 불구하고 <로빈슨 크로소우>나 <신밧드의 모험> 등이 아동들에게 사랑 받는 것은 이와 관련하여 의미심장하다. 여정이 드러나고 모험이 드러나는 인물의 모험담이나 설화 내용의 발굴과 그 이야기를 우리 시대의 이본으로 만드는 일이 절실히 요청된다.

이와 관련하여 이본을 만들 때 주의해야 할 사항에 대해 한 가지만 지적하기로 한다. 미묘한 성격 묘사가 없는 까닭에 어린이들은 쉽게 주인공(善人)에게 동일시되고 결국에는 '선의 승리'에 안착함으로써 바람직한 가치관의 형성을 도모할 수 있다는 점은 이미 누누이 지적된 바 있다. 그런데 중요한 것은 아동들이 어떤 가치관이나 신념을 얻되 기분 좋게 얻어야만 다시 설화를 듣고자 한다는 점이다. 또한 기분 좋게 얻기 위해서는 악인(惡人)의 역할이 매우 중요하다는 점이다. 악인은 철저한 악당이어야 하는 바, 주인공에 동일시된 아동이 비난하면서도 악에 대한 충동―억압되는 의식―을 해소할 수 있어야 하기 때문이다. 설화가 영희의 착한 일을 예시로 소개하는 도덕 교과서와 다른 점이 여기에 있으며, 우리가 놀부의 행동 묘사를 들으며 마음 한 구석에 통쾌함을 느끼는 것도 이와 무관하지 않다. 그런데 대개의 동화집에서는 악인의 악행 대목을 줄이거나 보다 완곡한 내용으로 바꾸고 있는 것을 보게 된다. 기분 좋게 가치관을 형성할 수 있도록, 다시 말해 자신의 억압된 욕망 내지 악에 대한 충동까지 해소할 수 있도록 개작되지 않고 있는 것이다. 분명한 것은 아동이 기분 좋게 극복했을 때 설화를 다시 찾게 된다는 점이다.

③ 설화를 이야기 질료로 활용하기

설화의 생활화는 설화를 즐겨 듣거나 읽고 나아가 필요할 때 얼마든지 구연할 수 있고 일상 표현의 질료로 삼을 정도가 되었을 때 어느 정도 달성되었다고 할 수 있다. 이를 위해서는 이야기 문법을 내면화하는 일이 필요하다.

존재의 복잡성을 간단명료하게 보여주는 것이 설화의 특징이다. 모든 상황을 단순화시키고, 윤곽은 명료하게 드러내고, 덜 중요한 세부 사항은 과감하게 삭제하고, 등장인물의 성격이나 기능 역시 전형적이다. 예측 가능한 범위 안에서 진행되는 것이 설화의 사건 전개다. 인물을 그 기능에 따라 일곱 가지로 나눈 것이나 '서사 규칙'을 도출한 것도 모두 설화의 단순성 때문에 가능한 것이다. 설화 내용과 구조의 단순성은 다양한 내용을 두루 포괄하는 추상의 방식이자 복잡한 서사의 기본 구조라 할 수 있다. 이를 뒤집어 생각하면 그 구조를 알고 있으면 널리 두루 사용할 수 있다는 말이 된다.

따라서 설화를 듣고 향유할 때 그 단순한 구조를 완전히 내면화 하도록 하는 것이 필요하다. 이때 상호텍스트성을 지니는 여러 텍스트를 제시하여 기본 구조에 따르고 있는 부분과 달라진 부분을 살피게 함으로써 기본 구조에 대해 인지하고 변형의 원리까지 습득하게 하는 것도 좋은 방법일 수 있다. 그러나 어떤 방법을 사용하든 간에 중요한 것은, 그 구조를 아동의 것으로 만들어 주기 위해서는 설화를 '들려주고' '말하게 하는' 것이 필수적이라는 점이다. 구어 소통의 상황에서는 '기억'이라는 사고 범주가 중요하게 작용하는데, 아동이 들으면서 그 구조를 기억하고 자신이 말로 그 이야기를 다시 함으로써 이야기 구조를 내면화할 수 있도록 해야 한다. 우리가 어떤 낯선 어휘를 문맥의 도움으로 읽어낼 수는 있지만, 그렇게 읽었다고 해서 그 어휘를 자신의 안다거나 내면화했다고 하기는 어려울 것이다. 그 어휘를 사용하여 자신의 생각을 표현할 수 있을 때 그 어휘를 아는 것이라고 볼 수 있다. 마찬가지로, 아동들이 이야기를 듣고 익숙함과 변형의 재미를 느끼는 차원을 넘어서 스스로 그 설화의 이야기 구조를 변형하고 내용을 활용하여 구어 표현과 문학 창작 활동을 수행할 수 있을 때, 설화를 깊이 있게 알아 즐긴다고 말할 수 있다. 아동이 듣는 즐거움을 넘어서 말하는 즐거움까지 느낄 수 있을 때 설화가 아동의 생활 속에 자리 잡을 수 있을 것임은 물론이다.

다시 말하지만, 기본 구조를 내면화했을 때 설화 문법을 확장하여 구어 표현과 문어 표현을 수행할 수 있고, 우리의 구어 능력이나 서사 능력이 확장될 수 있다. 설화의 생활화란 이처럼 설화의 내용과 구조를 활용하여 우리의 일상 표현과 문학 활동을 풍요롭게 하는 일이 되어야 한다.

4. 결론

필자가 지금까지 주장한 내용을 요약하면, 아동들이 설화를 생활화하려면, '설화가 교훈을 준다거나 생활을 반영한다'는 시각을 벗고 '설화가 아동의 생활 속에서 기능한다'는 입장을 견지해야 한다는 점이다. 교훈주의나 단순한 반영주의의 입장을 따르면, 반영된 내용이나 주제의 가치를 발견하는 일이 주된 교육 활동이 되어 버린다. 반면에 생활 속에서 기능한다는 입장을 견지하게 되면, 아동의 심리적 필요와 정서적 요구에 부합하는 교육 내용이나 교육 방법을 모색하게 되고, 궁극적으로는 설화가 아동의 성장과 발달상의 문제를 심리적－정서적으로 해결해 주게 될 것이다. 여기서 '기능한다'는 것의 의미를 분명히 할 필요가 있다. 수업의 도입 단계에서 흥미를 끌 수 있는 제재로 기능한다거나 말하기 능력의 신장에 기능한다는 것 이상의 의미를 지니는 것으로 해석해야 한다. 그러한 지극히 도구적인 기능을 포함하여, 그 자체로 아동의 세상 인식에 도움을 주고 풍요롭게 한다는 의미까지 담고 있는 개념으로 받아들여야 한다. 그 의미는 논의를 통해 충분히 드러났을 것으로 짐작한다.

마지막으로 '설화의 생활화'를 위해서는 이제부터 여럿이 함께 연구하고 실천할 필요가 있다는 점을 덧붙이고 싶다. 아동기의 문학적 체험이 중요하다고 말하기에 앞서, 함께 아동들의 체험을 형성해줄 다양한 자료의 목록을 마련하고, 아동을 위한 설화에 대한 활발한 비평 활동을 벌이는 한편, 적절한 이본을 만들어 아동이 여러 곳에서 설화를 듣고 말하게 해야 할 것이다. 굳이 말하자면 이 새삼스런 주장이 이 글의 결론인 셈이다.

구인환·박대호·박인기·우한용·최병우 공저, 文學敎育論, 삼지원, 1994 제2판.

국강옥, '전래동화의 교육적 활용 방안 연구', 전주교대 석사논문, 2000.

김대행, '歌辭 樣式의 文化的 意味', 韓國詩歌硏究 제3집, 한국시가학회, 1998.

______, '國文學의 文化論的 視覺을 위하여', 국문학과 문화(한국고전문학회 편), 월인, 2001.

______, 국어교과학의 지평, 서울대출판부, 1995.

______, '내용론을 위하여', 국어교육연구 제10집, 서울대 국어교육연구소, 2002.

______, '賞春曲 : 抽象의 의미', 南畊朴焌圭博士停年退任紀念論文集 國語國文學硏究, 동논 총간행위원회, 1998.

______, '수행적 이론의 연구를 위하여', 국어교육연구 제12집, 서울대 국어교육연구소, 2005.

김동일, '전래동화의 서사 기능과 교재화 방안 연구', 인천교대 석사논문, 1999.

김명자, '국사교육에서 설화 학습의 교육적 기능과 효과적 지도 방안', 경북대 석사논문, 1995.

김병국, 한국고전문학의 비평적 이해, 서울대출판부, 1995.

김상욱, '소박한, 그러나 소중한―이원수의 아동문학론―', 어린이문학 4·5호, 1999.

______, '초등학교 아동문학 제재의 위계화 연구', 國語敎育學硏究 12집, 국어교육학회, 2001.

김성룡, 여말선초 문학사상, 한길사, 1995.

______, '이제현 문학의 중세의식 연구', 湖西語文硏究 제3집, 호서대 국문과, 1995.

김열규, 한국의 신화, 일조각, 1980.

金梓洙, '신화교육의 중요성―N. 프라이의 문학교육론을 중심으로―', 국어과교육연구 제6집, 전국교육대학 국어과교수연구협의회, 1972.

김홍규, '고전문학교육과 역사적 원근법', 현대비평과 문학이론 봄호, 한신문화사, 1992.

박경주, '고전문학교육의 연구 현황과 전망', 고전문학과 교육 창간호, 청관문학회, 태학사, 1999.

박상재, '한국 아동문학 연구의 어제와 오늘', 문학과 교육 가을호, 1998.

박인기, '구비문학 자료의 국어과 교재 변용', 초등교육연구 제2집, 청주교대, 1991.

_____, 문학교육과정의 구조와 이론, 서울대출판부, 1996.

서정오, 옛이야기 들려 주기, 보리, 1995.

신동욱 외, 신화와 원형, 고려원, 1991.

신영순, '韓國 傳來童話集 發行의 現況과 問題點에 관한 硏究', 교원대 석사논문, 1996.

신헌재, '초등 국어과 이야기 교재의 현황과 문제점 분석', 국제어문 제8집, 국제어문연구
　　　회, 1987.

심승희, '문화관광의 대중화를 통한 공간의 사회적 구성에 관한 연구', 서울대 박사논문,
　　　2000.

안장리, '한국팔경시연구', 정신문화연구원 박사논문, 1996.

염은열, '19세기 금강산 가사의 특징과 문화적 의미', 고전문학연구 제14집, 1998.

_____, '19세기 무명씨 금강산가사의 생활문화적 의의', 국문학과 문화, 한국고전문학회
　　　편, 월인, 2001.

_____, '대상 인식과 내용 생성의 관계에 대한 표현교육론적 연구', 서울대 박사논문,
　　　1999.

_____, '상소문의 글쓰기 전략 연구', 국어교육연구 3집, 서울대 국어교육연구소, 1996.

_____, '표현 자료로서의 <관동별곡> 연구', 독서연구 제4호, 한국독서학회, 1999.

_____, 고전문학과 표현교육론, 역락, 2000.

우찬순, '초등학교 국어 교과서에 수록된 문학 교재 연구', 연세대 석사논문, 1997.

우한용, '문학교육과 문화론, 서울대출판부, 1997.

_____, '문학교육론 서설', 蘭臺李應百博士 回甲紀念論叢, 보진제, 1983.

이강주, '제6차 교육과정에 나타난 전래동화 연구', 상지대 석사논문, 1997.

이경숙, '한국 전래동화의 가치와 교육방법에 관한 연구', 중앙대 석사논문, 1990.

이경화, '스키마 사용을 통한 전래동화 지도 방법 연구', 국어수업 방법, 초등국어교육학
　　　회, 박이정, 1997.

이규일 편집, 한국의 미 ⑧ 민화, 중앙일보, 1995.

이상섭, 문학의 이해, 을유문화사, 1972.

이상우, 문학의 구조와 상상력, 집문당, 1987.

_____, 문학의 원형, 명지대 출판부, 1998.

이상익 외, 古典文學 어떻게 가르칠 것인가, 집문당, 1994.

이상일, 신화교육론, 을유문화사, 1981.

이상태, 한국고지도발달사, 혜안, 1999.

이상헌, '초등 국어과 교과서의 변천에 관한 연구', 성균관대 석사논문, 1985.

이원수, 아동문학입문, 웅진출판, 1984.

이윤남, '전래동화의 교재화 양상 연구', 인천교대 석사논문, 1999.

이지호, '常套的 表現考', 국어교육연구 제2집, 서울대 국어교육연구소, 1995.

장영주, '전래동화의 교육적 활용 방안에 관한 연구', 영남대 석사논문, 1995.

전규태, 고려속요의 연구, 정음사, 1960.

정운채, '尹善道의 한시와 시조에 나타난 '興'의 성격', 고시가연구 제1집, 전남고시가연구회, 1993.

정인과, '초등학교 국어 교과서에 수록된 설화 수용 제재 연구', 한국교원대 석사논문, 1988.

조미형, '국민학교 국어 교재 수록 동화 연구', 연세대 석사논문, 1990.

조세형, '후기 기행가사 <동유가>의 작자 의식과 문체', 선청어문 21집, 서울대 국어교육과, 1993.

최경희, '동화의 교육적 응용에 관한 연구', 한국교원대 박사논문, 1993.

최미숙, '경험의 재구성으로서의 글쓰기에 관한 연구', 국어교육연구 3집, 서울대 국어교육연구소, 1996.

______, '한국 모더니즘시의 글쓰기 방식에 관한 연구', 서울대 박사논문, 1997.

최운식 · 김기창 공저, 전래동화교육론, 집문당, 1998.

최인자, '조선 시대 상소문에 나타난 설득 방식과 표현에 관한 연구', 先淸語文 24, 서울대 국어교육과, 1996.

최임옥, '전래 동화를 활용한 초등 영어 지도에 관한 연구', 전주교대 석사논문, 2000.

한창훈, 시가교육의 가치론, 월인, 2001.

한희정, '설화의 문학교육적 수용 방안 연구', 한국교원대 석사논문, 2001.

황정현, 동화교육방법론, 열린교육, 2001.

황패강, '古典文學 美意識의 原理', 김열규 외편, 古典文學을 찾아서, 문학과 지성사, 1976.

가라타니 고진(김유하 옮김), 일본 근대문학의 기원, 민음사, 1978.

릴리언 H. 스미드, 兒童文學論, 교학연구사, 1966.

부르너 베텔하임(김옥순, 주옥 옮김), 옛 이야기의 매력 1-2, 시공주니어, 1998.

에드워드 렐프(김덕현 외 옮김), 장소와 장소상실, 논형, 2005.

이푸 투안(구동회 외 옮김), 공간과 장소, 대윤, 1995.

존 듀이(엄태동 편저), 경험과 교육, 원미사, 2001.

테리 이글턴(김명환 외 역), 문학이론 입문, 창작사, 1986.

페리 노들먼(김서정 옮김), 어린이 문학의 즐거움 1-2, 시공주니어, 2001.

폴 아자르(햇살과 나무꾼 옮김), 책 · 어린이 · 어른, 시공주니어, 1999.

프랭크 렌트리키아(이태동, 신경원 옮김), 신비평 이후의 비평 이론』, 문예출판사, 1994.

휠라이트, 은유와 실재, 문학과 지성사, 1985.

A. 반게넵(전경수 역), 통과의례, 을유문화사, 1987.

J. M. 엘리스(이승훈 역), 문학의 이론, 대방출판사, 1982.

M. 바흐친(여홍상 엮음), 바흐친과 문학이론, 문학과지성사, 1997.

Wilfred L. Guer, (A) Hand book of critical approaches to literature, 정재완 역, 문학의 이해와 비평, 청록, 1993.

Bradd Shore, Culture in mind, Oxford University Press, 1996.

Denis E. Cosgrove, Social Formation and Symbolic Landscape, Sydney : Croom Helm, 1984.

Egan & Dann Nadaner ed., Imagination and Education, Open Univ. Press, 1988.

Egan, Education and Psychology, Methuen & Co. Ltd, 1984.

Egan, K., Educational Development, Oxford Univ. Press, 1979.

Egan, Teaching as Story Telling, Routledge, 1988.

Frazer, J., The Golden Bough, Macmillan, 1925.

Frye, N., Anatomy of Criticism, Princeton Univ. Press, 1957.

Piaget, J., The Child's Conception of Number (with Alina Szeminska), translated by C. Gattegno and F. M. Hodgson, London : Routledge & Kegan Paul Ltd., 1952.

Piaget, Play, Dreams, and Imitation in Childhood, translated by C. Gattegno and F. M. Hodgson, New York : Norton & Company, Inc., 1951, 1962.

_____, The Construction of Reality in the Child, translated by M. Cook, New York : Basic Books, Inc., Publishers, 1954.

_____, The Growth of Logical Thinking from Childhood to Adolescence, translated by A. Parsons and S. Seagrin, New York : Basic Book, Inc., Publishers, 1985.

_____, The Language and Thought of the Child, translated by M. Gabain, London : Routledge & Kegan Paul Ltd., 1926.

_____, The Origins of Intelligence in Children, translated by M. Cook, New York : International University Press, 1952.

_____, The Psychology of Intelligence, translated by M. Percy and D. E. Berlyne, London : Routledge & Kegan Paul Ltd., 1950.

Yi-Fu Tuan, Escapism, The Johns Hopkins University Press, 1998.

와유臥遊, 그 상상의 즐거움

여행 가자는 제안을 받으면 즐겁다. 물론 제안자가 함께 여행하고 싶은 사람이거나 함께 여행해도 좋은 사람이어야 한다는 조건이 붙기는 한다. 이 어려운(?) 조건에 걸리지 않는다면, 나는 실현 가능성은 제쳐두고 가겠노라고 선뜻 동의해버린다. 그 뒤에 이어질 즐거움이 큰 탓이다. 여행을 실행에 옮기기 전까지의 온갖 준비와 무한한 상상. 맘이 맞는 친구들과 지도책을 펼쳐 놓고 여기저기를 짚어가며 미리 여행하는 것보다 즐거운 일이 또 있을까. 이처럼 부담 없고 자유로운 여행이 또 있을까. 나는 언제든 기꺼이 이 여행에 동참할 준비가 돼 있다. 지금까지 그래왔듯이, '여기 가자, 저기도 가 보자'를 연발하면서, 한나절을 걸어 들어가야 하는 산간오지의 움막이며, 어느 잡지, 어느 소설에서 보았던 유럽의 뒷골목까지, 상상할 수 있는 모든 공간을 내 앞에 불러 세우고, 그 공간에 투영된 나의 동경과 욕망을 만날 준비가 돼 있다.

물론 실제 여행은 미리 떠나는 머릿속 여행과 사뭇 다르다. 상상과 현실의 차이라고나 할까? 상상했던 것과의 차이, 예상의 빗나감, 돌발 상황. 어쩌면 여행은 여행자에게 끝까지 긴장감을 놓지 않게 하는 놀이인지도 모르겠다. 여기에 직접 보고 냄새 맡고 느낄 수 있는 행운까지 주어지니. 게으르고 요령까지 없는 내가, 필요한 것은 빠뜨리고 필요하지 않은 것은 열심히 챙겨서 여행길에 오르는 이유가 여기에 있다. 부딪쳐 보고 느끼고, 혼자 남게 되면 '그곳에서' 읽고 싶었던 책을 꺼내 읽고……

여행지에서 돌아올 때도 나는 즐겁다. 농사꾼이 농사 지을 땅을 사두고 돌아오는 심정에 빗댈 수 있을까? 내 마음속에 또 하나의 공간을 만들었다는 벅찬 기쁨과, 그 공간과 더불어 환기되는 여러 가지 추억을 안고 '기쁘게' 일상에 복귀한다. 물론 여기서 여행이 끝나는 것은 아니다. 돌아와서도 나는 할 일이 많아 즐겁다. 여정을 되씹으며 내 방식대로 그림 지도 한 장을 머릿속에 그려 넣고, 보고 느낀 것을 깊게 하고 오래 가게 해 줄 볼거리나 읽을거리를 찾아 나선다. 이 과정에서 나는 내가 밟은 땅에 대한 체험을 추억하고 변형하고 다시 구성한다.

떠나기 전 미리 상상하고 돌아와서 추억하지 않는 사람이 있을까만은, 어쩌면 나는 여행지에서의 체험 자체보다는 그 체험을 미리 상상하고 나중에 추억하기를 더 좋아하는지도 모르겠다. 물리적 공간을 내 마음속에 집어넣어 나의 공간으로 만드는 일에 더 큰 관심을 가지고 있는 것이다. 이런 점에서 나는 욕심이 많은 사람인지도 모르겠다. 친한 친구는 농담처럼 나에게 '세계 정복의 야욕'을 가지고 있다고 했다. 이 거대한 세계를 무수히 많은 작은 공간들로 나눠 그 공간들을 자신의 작은 마음 안에 담고, 각각의 공간들을 연결 지어 마음속에 거대한 지도를 완성해보겠다는 야심, 이것이 세계 정복의 야욕이 아니고 무엇이냐고. 그지적이 그럴 듯하게 느껴진다. 공간을 물리적으로 점하는 것에서 나아가 그 공간에 사는 사람들의 삶과 문화, 역사까지 소유하려 하고 더 나아가 그 안에 내 자리까지 만들려고 하고 있으니……. 어쩌면 아수라 백작이나 헬 박사보다도 더 큰 정복욕을 가지고 있는지도 모르겠다. 그런데 다행인 것은 이 욕심이 남에게 무해(無害)하고 나에게는 삶의 즐거움과 마음의 풍요를 준다는 점이다.

이러한 나의 욕심은 대학원에 진학하여 기행문학을 접하면서부터 더욱 분명해졌다. 품성이 게으른 탓인지, 문학을 공부한답시고 즐겨 상상의 나래를 펴던 때라 그러했는지, 사는 것이 답답해서 그러했는지, 그당시 '와유(臥遊)'라는 말을 처음 접하고는 그 말이 주는 묘한 매력에 한동안 빠져 살았었다. 기행문학이 와유지자(臥遊之資)였다는 사실을 알게되었고, 앉아서 천리(千里)를 여행할 수 있다는 새로울 것도 없는 발상이 그때는 무척 신선하게 여겨졌다. 그때부터 나는 책상머리에 앉아 무수히 많은 곳을 여행하기 시작했다. 좀 곁길로 가자면, 내가 특히 자주 떠났던 곳은 금강산이었다. 봄에 떠나기도 하고 늦가을에 떠나기도 하고, 걸어서 가는 여행이 시시해지면 배를 타고 해금강에서 내금강으로 들어가기도 하고, 노정이 머릿속에 잘 그려지지 않을 때는 금강산을 그린 당시의 그림이나 지도를 찾아 도서관을 헤매기도 했다. 그 덕분에 나는 금강산에 가 본 적이 없음에도 불구하고, 양사언(楊士彦)의 글씨가 새겨져 있다는 바위나 나옹화상(懶翁和尚)이 설법했다는 법당, 만물상(萬物相)이라는 이름의 유래, 금강산의 크고 작은 풍경을 잘 보여주는 장소 등에 대해 알고 있다. '못 가본 놈'인데도 말이다. 나의 '금강산'은 오로지 나의 독서와 상상에 의해 구성된 내경(內景)이지만, 내 마음속에 엄연히 실재하는 공간이 되었다.

사실 조선 중기까지만 해도 여행은 대단한 재력을 소유하고 있을 때 가능한 특별한 행위였다. 지금처럼 사방팔방으로 길이 난 것도 아니었고 여행객을 위한 편의시설이 갖춰져 있는 것도 아니어서, 여행은 누구나 할 수 없는 일이었고 함부로 할 수 없는 그 어떤 것이었다. 특정한 공간으로서의 여행이 평생의 원(願)이었다는 언급이나, 일가친척들의 배웅을 받으며 감격스런 첫발을 내딛는 장면 등을 보면, 여행하기가 얼마나 어려운 일이었는지 쉽게 짐작할 수 있다. 그러니 여행을 다녀온 자 주변에는 언제나 여러 사람들이 모여들게 되고 승경을 그린 그림이나 기행문 등이 인기리에 유통될 수밖에 없었을 것이다. 직접 가서 보고 느끼고 생활할 수도 없고, 동영상을 통해 간접적으로 체험할 수도 없는 상황에서, 자기가 나고 자란 곳이 아닌 공간은 현실 밖의 공간이요, 풍문의 공간일 수밖에 없다. 이 공간을 자기화하는 적극적인 방법이 바로 여러 그림이나 기행문, 역사책 등의 자료에 바탕을 두고, 그 현실의 공간을 상상의 공간으로 재구성하는 일이었던 것이다.

운이 좋아 여행을 떠나게 되면 여행자는 그 풍문이 사실임을 확인하기도 하고 수정하기도 하면서, 머릿속에 구성된 공간을 구체화하고 확장하게 된다. 지리적 특성은 물론이고 관련된 여러 사실들이나 역사, 문화에 대해 알지 못하는 상황에서, 특정한 공간에 가게 되면, 사실 아무것도 보고 느낄 수 없을 때가 있다. 아는 것이 병이 되기도 하지만 아는 것 때문에 많은 것을 보고 느끼고 상상하는 일이 가능하기도 한 것이다. 조선조 여행자들은 미리 상상하고 구성한 세계상의 도움으로 현실을 보다 자세히 보고 즐길 수 있었다. 그러나 현실이 상상의 세계(구성한 세계상 내지 구성한 현실)를 대체하는 일은 거의 일어나지 않았으며, 상상의 세계가 현실을 만나 더욱 생생하게 채색되는 것이 일반적이었다. 그래서 이들이 남긴 어떤 기행문에는 구체적인 삶이나 현실이 빠져 있기도 하다. 그러나 그것이 기행문의 결점이 될 수는 없다.

중요한 것은 옛 사람들이 여행 전·중·후에 많은 것을 배우고 즐겼다는 점이다. 또 그 방법을 잘 알고 실천했다는 점이다. 여행 자체에 관심이 있었다기보다는 자신의 앎과 즐거움을 넓히는 일에 더 큰 관심이 있었다고도 할 수 있다. 어쩌면 이들에게 여행은 하나의 형식이었을지도 모른다.

고전문학 읽기. 이 역시 일종의 와유가 아닌가 싶다. 여행을 떠나기 전에 우리가 미리 정보를 수집하고 떠올려보고 짐작하듯이 고전문학을 읽기 전에도 이와 같은 즐거운 작업이 필요하다. 그리고 여행지에서 우리가 머릿속에 그려왔던 상(像)과 실경(實景)을 견주면서 관찰하고 경험하듯이, 고전문학을 읽을 때에도 오늘날의 관습에 견주어 보며 작품의 고유한 질(質)을 경험할 수 있어야 한다. 여행지에서 돌아와 여행지에서의 추억을 떠올리고 재구성하듯이, 고전문학을 읽은 뒤에도 즐겁게 그 경험을 곱씹어보고 음미하는 작업이 뒤따라야 함을 물론이다. 이처럼 고전문학 읽기는 '와유'를 꼭 닮았다.

제2부에 실린 글들은 그간 와유한 경험의 보고이자 독자들의 와유를 돕기 위한 와유지자들이다. 시조가 왜 그렇게 유행했을까, 영원한 고전문학 〈관동별곡〉을 읽을 때 꼭 기억해야 할 코드가 있다면 무엇일까, 왜 옛날 대중 시가 작품들에는 상투적이면서 도식적인 표현들이 자주 등장하는 것일까, 학생들이 가장 어렵게 여긴다는 〈한림별곡〉이 이황의 시대에까지 널리 향유된 까닭은 무엇일까…… 네 편의 글은 이러한 의문을 가지고 떠난 여행에 대한 가벼운 보고서라 할 수 있다. 여행 방법에 대한 안내와 여행 경험 자체에 대한 서술, 가서 본 승경에 대한 묘사 등이 섞여 있다. 만약 짧은 여행을 원한다면 전체 글을 읽지 말고 어느 부분을 선택해서 읽는 것이 좋다. 도입부가 너무 지루하다면 곧바로 본론으로 들어가도 좋고, 결론을 먼저 읽고 여행 여부를 결정해도 좋다. 모쪼록 나의 여정과 견문이 독자들에게도 전달되어 그들이 고전문학의 세계를 여행하는 데 조금이라도 도움이 되었으면 좋겠다. 그리고 이후 더 넓은 세계를 여행하고 싶다는 독자들의 열정을 불러일으켰으면 좋겠다.

와유(臥遊)…… 세상을 다 돌아볼 수는 없지만 마음에 담을 수는 있다.

조선판 삼행시, 시조 이해하기

이상한 일이다. 패러디를 하면서 시조를 가지고 흥겹게 놀던 초등학생들이 중학생, 고등학생이 되면 판에 박힌 시조의 정형성에 답답하다고 눈살을 찌푸린다. 문득 이런 생각도 든다. 연행이 생명인 시조가 교과서 지면 안에 갇혀 있으니, 시조는 또 얼마나 답답할까 하는……

시조를 '조선판 삼행시'라고 했다. 특별한 수련을 받지 않았어도 우리가 삼행시의 작가일 수 있는 것처럼 시조의 작가들도 특별한 수련을 받지 않은 일상인이었다는 점을 드러내고, 삼행시가 장소 불문하고 연행될 수 있는 것처럼 시조의 연행도 그렇게 일상적이었다는 점을 드러내기 위해서 그렇게 명명해 보았다. 시조를 가르치고 시조교육에 대해 논의할 때도 이러한 시조의 존재 및 향유 방식에 대한 이해가 전제되어야 할 것이다.

판에 박힌 형식조차 즉흥적 연행을 가능하게 하는 동인으로서의 의미를 지닌다는 점을 강조하다 보니, 형식에 충실한 시조가 좋은 시조라는 말로 오해될 소지가 있어 한 문장을 덧붙인다. (형식을 내면화한 상태에서) 형식의 구애를 받지 않고 오히려 그 형식을 부려 쓰는 작가가 뛰어난 작가이고, 그 작가의 작품이 자연스러움과 깊이를 갖추었을 가능성이 높다는 말을 덧붙이고 싶다.

1. 웃음 권하는 사회

썰렁한 사람은 살기 어려운 세상이 되었다. 이제 유머를 구사하는 능력은 단순한 말재주가 아니라 중요한 생활 능력의 일부가 되었으며, 어떤 경우에는 웃겨야 한다는 중압감이 또 하나의 스트레스가 되기도 한다. 학년·나이에 관계없이 학생들은 매시간 "재미있는 얘기"를 요구하고, 유머 감각이 배우자 선택의 기준이 되는가 하면, 그러한 사회적 분위기를 반영하여 텔레비전의 모든 프로그램이 개그화되고 있다. 과도한 스트레스와 목표 의식의 부재 혹은 공동체 문화의 빈곤 및 불안 의식 등 그 원인에 대한 지적도 다양하다. 분명한 것은, 원인이 무엇이든 간에 바야흐로 유머가 넘쳐 나는 세상이라는 점이다.

이처럼 유머가 일상화된 시대에 문학을 업(業)으로 삼는 사람으로 이런 요구 내지 불평의 말을 듣곤 한다. "뭐, 웃긴 얘기 없니?", "문학(혹은 국어)을 공부한다는 사람이 그렇게 재미가 없어서야…", "선생님, 썰렁해요." 등. 불평하는 사람이나 불평을 듣는 나 자신이 특별한 문제의식을 느끼지 않는 것으로 볼 때, 대개의 사람들이 '문학과 관련된 사람이라면 응당 웃긴 얘기를 더 많이 알고 있어야 한다'거나 '문학과 관련된 사람이면 유머 감각이 있어야 한다'는 식의 전제에 암묵적으로 동의하고 있는 듯하다.

문학과 유머의 관계에 대한 이러한 전제는 '언어 능력'의 측면에서 볼 때 나름의 근거가 있다. 문학작품을 이해·감상하고 창작까지 할 수 있는 능력이나 유머를 자유자재로 구사할 수 있는 능력은 제2언어교육에서는 담보하기 어려운 자국어 화자의 고유한 능력에 해당한다고 할 수 있다. 일전에 우리나라 사람들의 영어 능력을 평가하는 자리에서 영어교육 연구자 및 정책가들이, 들인 수고에 비해 얻은 것이 부족하다고 한탄하고 그 이유를 교육 내용 및 제도의 차원에서 따지는 것을 본 적이 있다. 그러나 아무리 그러한 논의를 거듭하여 교육 여건을 개선한다 하여도 우리가 영어 문화권에서 생활하지 않는 한 영어 능력의 신장에는 한계가 있을 수밖에 없다. 우리에게 영어는 언제나 제2언어이기 때문이다. 제2언어 화자가 부딪치는 어려움은 사회 문화적 배경과 밀접하게 관련되어 있는 문학(적 표현)과 유머를 충분히 이해할 수 없고 그와 관련된 언어 능력을 구사하기 어렵다는 점과도 무관하지 않다. 문학적 표현이나 유머의 구사 및 이해는 언어 운용 원리를 익혀 그것을 충실히 따른다고 해서 도달할 수 있는 것이 아니며, 표현의 원리와 섬세한 뉘앙스까지 전부 체화(體化)해서 이를 창조적으로 변용할 수 있을 때 비로소 구사할 수 있는 언어 능력과 관련되기 때문이다.

문학과 유머는 언어 능력의 위계상 상위 수준에 속한다는 점에서 보면, 비교적 가까운 사이라고 말할 수 있다. 그러나 논의를 구체화하기 않은 채 그런 사실만을 확인하고 만다면 이 글은 모두가 알고 있는 사실을 되풀이하는 것에 지나지 않을 수 있다. 이런 위험을 피하고자 요즘 유행하는 삼행시를 출발점으로 삼아, 유머와 고전문학에 대한 이야기, 나아가—좀 엉뚱하게 들릴지 모르겠지만—고전문학교육의 방향에 대한 생각을 전개해 볼까 한다.

삼행시는 물론이고 이행시, 사행시, 간혹 육행시까지 지어지는 것이 사실이지만, 그 중에서 삼행시가 가장 많이 지어진다는 점을 고려해 '삼행시'를 대표명으로 삼았다.

2. 삼행시에 '문학' 있다

삼행시 짓기는 이제 전국민의 관심사가 되었다. 여럿이 모였다 하면, 운을 띄우고, 그 운에 맞춰 삼행시를 짓고, 박장대소하거나 야유를 보낸다.

누가 맨 처음 삼행시 짓기를 시작했는지는 아무도 모른다. 그러나 처음 삼행시가 시도될 때만 해도 그 누구도 삼행시 짓기가 지금처럼 유행하리라고는 생각하지 못했을 것이다. 초창기 삼행시는 연행 상황과 화제 및 이야기의 틀로 볼 때 오늘날의 삼행시보다 비교적 색깔이 분명했다고 볼 수 있다. 청중들이 삼행시 짓기의 관습에 익숙해지지 않는 관계로 삼행시 작가들은 이른바 '썰렁하다'는 비난을 받아야 했으며, 화제와 이야기의 틀도 제한된 양상을 보였다. 화제가 특정한 음을 갖고 있는 단어들에 국한되어 있었기 때문에 그 단어들과 관련된 여러 편의 삼행시가 시리즈 형식으로 이어지는 경우가 많았으며, 삼행시 짓기의 규약 역시 비교적 분명하고 엄격하게 적용되었다고 할 수 있다.

발생 당시 유행하던 삼행시를 예로 들면 다음과 같다.

① (오) 오징어야   ② (문) 문어야, 춥니?   ③ (고) 고등어야
  (징) 징그러워   (어) 어＼   (등) 등이 휘었구나
  (어) 어~야~   (어) 어↗

①, ②, ③ 모두 물고기 '어(魚)'자가 들어가는 단어들을 화제로 삼았으며 화자가 한 번 교체된다. 전체적인 이야기 구조가 대화의 양상을 보이는 바, 강조점은 아무래도 뒷부분, 즉 대답하는 부분에 놓여 있다. 구체적으로 말하자면, 뒷부분의 재연, 즉 초분절소와의 결합 양상에 따라 의미가 다양하게 분화되는 우리말 '어'자의 발음이 삼행시 구연의 관건이라 할 수 있다. 한 음절이지만 어조와 강세를 어떻게 구사하느냐에 따라 애교 섞인 불평(①)을 표현할 수도 있고, 긍정 내지 수용(②)의 의미를 전달할 수도 있으며, 반문이나 가벼운 놀라움(③)을 표시할 수도 있는데, 이것이야말로 우리 구어 표현의 묘(妙)라고 할 수 있을 것이다. 이렇게 볼 때 위 삼행시들은 이와 같은 구어의 특징을 십분 활용하고 있는 것이 특징적이라 하겠다.

구어의 특징을 이용한 말놀이를 보여준다는 점에서뿐만 아니라 시적

관습의 측면에서 볼 때도 초창기 삼행시의 마지막 부분은 우리의 관심을 끌기에 충분하다. 사실 마지막 부분을 어떻게 처리하느냐는 시창작을 비롯한 표현 일반에 있어서 중요한 선택 사항이라 할 수 있다. 마지막 부분은 그때까지 전개되던 생각이나 감정을 마무리하는 부분으로, 전체적인 분위기와 느낌을 좌우할 수 있다.

이와 관련하여 위 삼행시의 유머 전략을 지적해 본다면 진지함에의 배반 내지 기대의 배반이라고 요약할 수 있다. '고등어' 삼행시의 연행 상황을 떠올려 보자. 청중들은 등이 굽었다는 지적과 거의 비슷한 어조로 앞부분과 대(對)를 이루는 대답이 나올 것이라고 기대한다. 그러나 고등어는 그런 기대를 깨고 너무나 간단히 한 음절로 답해버린다. 청중은 당황하지만 금방 평정을 되찾고 그러한 예기치 못한 답에 대해 폭소를 터뜨리거나 야유를 보낸다. 클라이맥스가 없는 결말이나 기대를 저버리는 결말 등은 주의 깊게 듣던 청중들을 맥 빠지게 하거나 웃게 만드는데, 이러한 결말 양상은 오늘날 썰렁한(?) 유머들에서 자주 확인되는 특징이기도 하다. 결국 삼행시는 장르 자체가 진지한 시에 대한 배반 내지 조롱의 성격을 지니는 데다가 이야기 구조면에서 볼 때도 기대에의 배반 내지 반전이라는 웃음 유발 장치를 자주 활용하고 있다고 할 수 있다.

결구뿐만 아니라 '운'에 맞춰 지어야 한다는 조건 역시 삼행시의 유머 전략과 관련하여 살필 필요가 있다. 운 맞추기는 삼행시 구연자가 지켜야할 규칙 내지 제약일 뿐만 아니라 삼행시 짓기를 가능하게 하는 틀이기도 하다. 정해진 운에 따라야 한다는 제약이 구연자의 자유로운 연상을 방해하는 측면이 있지만 동시에 구연자에게 창작의 고통(?) 없이 새로운 정황적 의미를 창출하게 도와주는 측면 또한 있기 때문이다. '자동차'를 시제(詩題)로 삼았다고 가정해 보자. 구연자는 '자'자(字)와 '동'자, '차'자로 시작해야 한다는 제약을 받는다. 그러나 시제가 주어지는 순간 화제를 결정해야 하는 부담감이 사라지게 되고 세 음절을 이용하여 그 어떤 내용도 담을 수 있게 된다. 정해진 운을 따르기만 하면 완결된 자신만의 각편 내지 이본을 얼마든지 만들 수 있게 되는 것이다. 이런 점에서 보면 오히려 무한에 가까운 각편 내지 이본(version)들을 가능하게 하는, 최소한의 틀 내지 규칙이 바로 운에 맞추기라는 조건임을 알 수 있다.

특정한 단어들에 국한하여 부분적으로 시도되던 삼행시 짓기가 널리 퍼진 것은 공중파 방송을 통해서일 것이다. 삼행시 창작 및 향유가 더욱 일반화되면서 삼행시 자체의 특성이나 소통적 의미 역시 확대되었다. 고유명사—대표적인 예로 연예인들의 이름을 들 수 있다—는 물론이고 시사성을 지닌 모든 단어들이 삼행시의 시제가 되었으며, 이제 삼행시는 누구나 지을 수 있고 때에 따라서는 지어야 하는 것으로 간주되기에 이르렀다. 운에 맞춰 짓되, 구어 표현의 묘를 재연하고 기대에의 배반 효과를 노린다는 점은 여전하다.

잘 알려진 다음 삼행시를 살펴보자.

> **앙** 앙녕하세요.
> **드** 드자이너예요.
> **레** 레 이름은
> **김** 김봉남입니다.

'앙드레김'만큼 자주 삼행시의 대상이 되는 인물도 드물다. 앙드레김 특유의 말하기 방식 때문인데, 위 삼행시 구연의 성패 역시 앙드레김의 말하기를 얼마나 잘 재연하느냐에 따라 결정된다. 그의 말하기를 재연하지 못하면 이 유머는 실패하고 만다. 앙드레김을 흉내낼 수 있는 구연

능력과 더불어, 항상 우아하게 행동하고 외국어를 구사하듯 우리말을 구사하는 앙드레김이 사실은 토속적인 본명을 갖고 있음을 폭로하는 것 역시 웃음을 유발하는 중요한 대목이라 할 수 있다. 우아함이 과장된 목소리, 느린 템포 등에 동화되어 앙드레김 식의 말소리에 젖어 들던 청중들은 '김'으로 시작되는 부분의 갑작스런 어조 변화와 '김봉남'이라는 평범한 이름에 폭소를 터뜨리게 된다. 웃음의 실체인즉, 어조의 변화와 더불어 앙드레김의 평소 이미지와 김봉남이라는 이름과의 부조화에서 비롯된 것이다. 부조화와 웃음과의 관련성에 대해서는 새삼 지적할 필요가 없을 것이고, 여기서 중요한 것은 부조화가 우리가 지금까지 언급해 온 '기대에의 배반'에 다름 아니라는 점이다.

브리태니커 사전에 의하면 유머란 '복잡한 정신적 자극으로 마음을 즐겁게 하거나 웃음이라는 반사행동을 일으키는 의사소통의 한 형태'라고 규정된다. 삼행시가 제공하는 '복잡한 정신적 자극'이란, 구어 표현의 묘미를 재연하고 기대에의 배반 전략을 활용하며, 운에 맞춰 자신만의 각편을 만들어내는 것이라고 요약된다. 그러나 이 세 가지 전략 중의 하나 혹은 셋을 구사하기만 하면 웃음이 유발되는 것으로 오해하면 곤란하다. 보다 중요한 것은 전략의 세부 내용을 구성하고 전략을 선택하고 조합하는 등의 상위 인지 능력이 작용해야 한다는 점이다. 이러한 능력이 연행 상황에 대한 고려에서 나오는 것임은 물론이다. 결국 삼행시 짓기는 구연자의 상황 판단—연행 공간 및 청중에 대한 분석—및 언어적 대응과 밀접하게 관련되고, 구연하는 동안 생명력을 지니는 구비문학적 성격을 지닌다고 할 수 있다. 연행 현장을 고려한 삼행시만이 웃음을 유발할 수 있으며, 유능한 구연자에게는 '썰렁하게 하기'조차 연행 상황의 성격에 따라 전략적으로 선택된 것일 수 있다.

종합해 볼 때 삼행시는 연행 현장이나 연행자 및 청중을 떠나 설명될

수 없는 연행문학이자 구비문학이라고 할 수 있다. 말로 전하며 말로 재
연되기 때문에, 억양이나 몸짓, 표정 등을 곁들린 구연 상황이 중시되는
것이나, 같은 문화권 안에서 자유롭게 전파, 유통되면서 내용이나 형식
이 약간씩 변하는 현상, 따라서 고정된 원본이 없고 각각의 구연자가 전
승하는 각편 또는 이본이 있을 뿐이라는 점에서 그러하다. 삼행시 짓기
가 공격적 성향을 띠거나 말놀음에 그치는 경우도 많지만, 그럼에도 불
구하고 의미가 있는 이유는 우리가 만들고 우리가 유통·향유하는 우리
의 시대의 구비 문학이라는 점에 있을 것이다.

3. 시조는 조선판 삼행시

삼행시는 조선조 장안의 유행가요 민족 시련기 최고의 국민문학이었
던 시조를 떠올려 준다. 시조의 유행은 오늘날 삼행시의 유행 양상과 흡
사했을 것으로 짐작된다. 향유 상황 역시 별반 다르지 않았을 것으로 추
정된다. 오늘날 우리가 여러 모임들에서 삼행시를 향유하는 것처럼 조
선조 문인들 역시 그 어떤 자리에서도 시조 한편을 거뜬히 지을 수 있
었다. 벗과 수작하는 시조를 지었는가 하면, 기녀를 희롱하는 시조를 짓
기도 했고, 임금에 대한 충정을 읊었는가 하면, 유행하는 레퍼토리를 부
르게 하는 등, 오늘날 삼행시를 짓거나 알고 있는 삼행시를 구연하는 양
상과 하등 다를 바가 없다.

장르적 관습이 확고하게 고정되어 있다는 사실 역시 삼행시와 시조의
닮은 점이다. 삼행시가 '운'을 무시할 수 없었던 것처럼 시조 역시 3장
6구의 정해진 형식이나 종장 첫 구의 제약 등에서 벗어날 수 없었다. 사

설시조의 의미 역시 그러한 고정된 형식을 벗어버렸다는 사실에 있다는 점을 생각하면 시조의 관습시로서의 제약이 지닌 의미를 짐작할 수 있다. 앞서 언급한 것처럼 창작 관습 혹은 규칙은 표현론적 관점에서 보면 창작의 어려움을 경감시켜주는 장치일 수 있으며 역설적이게도 작품 세계의 다양함을 보장하기 위한 장치일 수 있다.

그리고 형식적 제약, 다시 말해 창작 및 향유 문법은 공동의 문화적 자산이기도 하다. 시조 공동체에 속한 사람이면 누구나 그러한 관습을 체화하고 있었고 따라서 그 관습의 틀로 삼라만상을 표현하고 온갖 심회를 담았으며 자신의 정치적 입장까지 주장할 수 있었던 바, 정해진 형식의 도움으로 시조의 창작과 향유가 일상적일 수 있었다. 한 명의 사대부 문인이 고도의 정치적 비유나 현실지향성을 보이는 시조는 물론이고 관념 세계의 고고함을 노래한 시조를 짓기도 하고 음담패설에 가깝거나 말놀이에 가까운 시조를 짓기도 했다는 사실은 시조의 일상성뿐만 아니라 상황 대응력을 증거해주는 사실이기도 하다. 어떤 상황이 주어지더라도 그 상황에 적절하고 효과적인 표현으로 시조를 지을 수 있었다고 볼 수 있기 때문이다. 시조가 장안의 유행가였으며 국민문학으로 칭송받는 이유 역시 이러한 일상성 및 상황 대응력과 무관하지 않다. 그런데 일상성이나 상황 대응력 모두 연행문학이 갖추어야 할 특징이다. 여러 편의 이본 내지 각편이 존재하는 사실이나 한 작품의 작가 역시 여럿으로 표기되어 전하는 점 역시 시조의 연행문학적 성격 혹은 삼행시적 성격을 보여주는 것으로 볼 수 있다.

물론 시조와 삼행시가 아주 같기만 한 것은 아니다. 얼핏 보아도 <고산구곡가>의 정신적 경지와 관념적 승경의 표현은, 말장난에 가까운 오늘날의 삼행시와 구별된다. 시조는 삼행시와 같은 짧은 유머로는 담을 수 없는 완결성을 지니고 있을 뿐 아니라 삶에 대한 진지한 고민이나 철학적 탐색을 보여주기도 한다. 그러나 시조의 완결성이나 예술성 역시 연행문학으로서의 예술적 성취로 파악할 때 보다 실체적 진실에 근접할 수 있다. 창작 관습이 철저히 체화되고 일상화되어 그와 같은 표현이 가능했고, 따라서 그러한 예술적 성취는 비단 한 작가의 탁월함 뿐만 아니라 시조 공동체의 문화적 역량을 반영한 것으로 평가될 수 있다. 삼행시는 진지함이 사라져가고 모든 것이 조롱의 대상이 되는 이 시대의 구비문학이며, 삼행시를 향유하는 집단은 시조 공동체처럼 문화적 정체성이 분명하지도 않다. 그런 이유로 삼행시에서는 문화적 역량을 거론할만한 대작을 찾아보기 어렵다. 그러나 수준의 차이나 질의 차이는 있지만 그것은 시대적 변화에 따른 정도의 차이일 뿐이며, 우리 삶에서 차지하는 비중이나 창작 및 향유·유통 방식으로 볼 때는 그 뿌리가 다르지 않다고 하겠다.

그런데 오늘날 삼행시가 우리 생활에 활력을 주는 것과는 대조적으로 시조는 고리타분한 사대부 문화의 잔해로 간주되고 있다. 아직까지 창작된다고는 하지만, 그 누구도 시조가 오늘날에도 살아있는 문학이라고는 생각하지 않을 것이다. 학생들이 싫어하거나 재미없어 하는 고전문학 장르 중의 하나가 시조라는 통계 조사 역시 오늘날 시조의 처지를 짐작하게 해 준다.

이러한 기피 내지 오해는 시조에 대한 이해 부족에서 나온 것이라 할 수 있다. 지금까지의 교육과정은 시조에 대해 매우 제한적으로 접근함으로써 시조라는 실체를 왜곡할 위험을 내포하고 있었으며 실제로 정당한 인식을 방해하기도 하였다. 시조는 기록된 상태로 전해지고는 있지만, 구술성이 강한 '연행' 문학이라 할 수 있다. 따라서 상황에 따라 즉흥적으로 지어지고 불려지고 재연된 문학이라고 할 수 있으며 그러한 연행 상황에 대한 재구나 이해가 개별 시조 작품을 이해하는 출발점이

되어야 한다.

그럼에도 불구하고 지금까지 시조는 고정된 문자 텍스트로만 취급되는 면이 없지 않았다. 노래로 불려졌다는 사실 정도만 배경 지식으로 언급되었을 뿐, 연행문학으로서의 특질이나 소통적 의미 및 문화적 기능 등에 대한 언급이 거의 없었다. 초등학교에서 고등학교에 이르기까지 '3장 6구 45자 안팎의 정형시'이며 '종장 첫 구의 제약이 있다'거나 '매화는 선비를 상징한다'거나 '이러이러한 내용을 읊었다'는 등의 고정된 내용을 자료를 바꿔가며 가르치고 배웠던 것이 사실이다. 그 결과 시조는 판에 박힌 정형시로 인식되었고 시조의 풍부한 의미 작용에 대해서는 접근조차 할 수 없었던 것 또한 사실이다. 필자 역시 대학을 졸업할 때까지 그러했다. 가슴을 적셔 오는 서정성이 부족한 것에 은근히 콤플렉스를 느꼈던 시절도 있었고, 의미를 부여하고자 시조의 문학성을 과장했던 적도 있었다.

시조를 둘러싼 콤플렉스는 시조가 조선조 삼행시였음을 인식하는 순간 어느 정도 해소될 수 있다. 시조를 보는 안경인 우리의 문학관을 반성하고 역사적 상상력을 발휘하여 시조의 소통 맥락을 복원함으로써 시조라는 실체에 접근할 수 있게 된다. 조선조 삼행시로서의 개성과 성취 수준을 탐색하지 않는다면, 조선조 삼행시로서의 의미 작용에 대한 조망이 이뤄지지 않는다면, 시조는 언제나 틀에 박힌 문학, 무미건조한 정형시로 남아 있게 될 것이다. 이러한 시각의 전환을 위해서는 시조는 왜 판에 박힌 정형시 내지 관습시를 고집했는지, 그러한 관습시가 왜 그렇게 당대에는 유행했는지 물을 수 있어야 한다. 그러한 질문들을 통해 연행문학으로서의 시조에 대해 이해하고 이를 바탕으로 교육 내용과 방법을 재구성해야 할 것이다. 그럴 때 시조의 엄격한 정형성 내지 관습적 틀이 연행 상황에서 누구나 상황에 적절한 의미 내지 맥락적 의미를 창출할 수 있게 하는 장치로 기능하였으며 시조 짓기의 재미를 더해주는 규칙이기도 했음을 인식할 수 있을 것이고, 시조 작품들의 미세한 차이 또한 이해·감상할 수 있게 된다.

시조는 분명 연행 마당을 잃은 문학이다. 문학사의 전개과정을 보면 연행 마당을 살리려는 노력처럼 부질없는 것은 없으며 성과 또한 빈약하다. 그러나 시조의 창작 관습을 가르쳐 시조식 표현을 여러 상황에서 적절히 자유자재로 활용할 수 있도록 하는 것은 가능하다. 그리고 '상상력'이라는 절대적인 무기가 있는 한 시조와 같은 구비문학이 지닌 재미와 교육적 가치는 무궁무진하다. 역사적 상상력을 발휘하여 각각의 시조 작품이 지닌 소통적 의미를 구성해낼 때 시조 역시 살아있는 문학일 수 있다.

4. 유머와 고전문학의 거리

유머를 포함하여 오늘날의 구비문학은 구어 시대의 문학을 이해하는 데 중요한 실마리가 될 수 있다. 유머를 알면 고전문학이 보일 수 있다는 말이다. 물론 그 역도 성립된다. 삼행시의 유행을 지켜보며 시조의 향유 상황을 짐작할 수 있었고 시조 작품의 미세한 결을 연행문학의 관점에서 재조명할 수 있었다. 시조교육에 있어서도 시조를 삼행시로 보는 관점의 도입이 필요하다고 본다. 그러한 관점을 도입함으로써 시조의 정형성이나 공식구, 이본들간의 차이 등에 대해 이해할 수 있고 그러한 이해를 오늘날의 구비문학 및 언어생활에 대한 이해로 확장할 수 있는 교육 내용과 방법을 구안할 수도 있을 것이다.

고백하건대 나는 유머를 전공한 사람이 아니며 유머 감각이 뛰어난 사람도 아니다. 그럼에도 불구하고 유머와 문학이라는 테마에 도전할 수 있었던 것은 내가 고전문학을 공부한다는 사실에 힘입은 바 크다. 고전시가 작품의 상당수는 현대시보다는 항간에 떠도는 유머와 더 가까운 사이라고 할 수 있다. 구술성을 본질로 삼는 연행 문학이라는 점에서 볼 때 고전시가와 유머는 같은 뿌리에서 나온 지류들로 볼 수 있기 때문이다. 삼행시의 시대에 고전시가를 다루다보니, 삼행시에 대한 이해가 고전시가에 대한 이해로 확장되기도 하고, 고전시가를 보는 눈이 역으로 삼행시에 대한 이해를 도와주는 측면이 없지 않았다.

그러나 이 글에서 그러한 혜택을 알기 쉽게 서술·전달했는지는 의문이다. 역사적 상상력을 발동했음에도 불구하고 여전히 시조를 포함한 고전문학이 단순하고 재미없는 것으로 느껴진다면 이런 의문을 가져보길 바란다. 이런 작품들이 당대에 그처럼 유행할 수 있었던 이유는 무엇일까? 나는 왜 이해할 수 없을까?

〈關東別曲〉을 읽는 세 가지 코드

· · · · ·

'정전의 해체'를 이야기하기 시작한 것이 벌써 여러 해가 되었다. 이젠 국어교육의 장에서 그 말이 자리를 잡은 듯도 하다. 그런데 한 세기 가깝게 문학책에 빠짐없이 등장했던 고전문학 레퍼토리들이 과연 정전이었을까, 정전으로서의 권력을 누린 적이 있었던가 생각해 본다. 이 글은 정전으로서의 〈관동별곡〉 읽기에 대한 안내서 비슷한 것이다.

세 가지 코드에 대해 설명하고 있는데, 그 코드는 〈관동별곡〉 감상을 위한 최소한의 전제이자 감상의 결과로 확인할 수 있는 최소한의 성과라고도 할 수 있다. 그 코드는 〈관동별곡〉뿐만 아니라 다른 고전시가 작품을 감상할 때도 활용할 수 있는 문화적 코드라는 점에서 또한 의미를 지닌다. 그 코드를 따라가면서 〈관동별곡〉에 대한 이해와 공감을 더욱 깊게 하기를 바란다. 여행자로서 폭포의 장대함에 감탄하고 마는 것이 아니라, '천심 절벽을 세우고, 은하수를 마디마디로 베어내어 실같이 풀어낸 후 그 절벽에 걸었더니 좋은 그림이 여러 개 나오더라.'고 말하는 활달한 사고의 주인공이자, 사회적 자아와 무의식 간의 갈등을 겪기도 했던 평범함을 가진 인간이며, 탁월한 언어 구사 능력을 가진 천재적인 작가이기도 했던 정철을 만날 수 있기를 바란다.

· · · · ·

1. 교사와 학생의 차이

고전문학에 대한 흥미를 잃지 않은 사람들은 국어 교사에 대한 좋은 추억을 가지고 있는 경우가 많다. 또 그 추억은 대개, 교사의 고전문학에 대한 열정과 그 열정과 밀접하게 결합되어 있는 앎의 폭 내지 깊이와 관련된다. 대상에 대한 열정과 앎의 깊이. 이것이 연구나 교육의 출발이 되어야 한다는 점에 대해서는 누구나 공감할 것이다.

사실 문학연구자들이나 문학교육연구자들은 문학작품에 대한 감수성을 자득(自得)한 사람들이거나 자득하고자 하는 사람들이다. 애초에 있었던 고전문학에 대한 열정과 이해의 폭을 부단한 학습과 사고의 과정을 통해 더욱 깊게 한 사람들이라고도 할 수 있다. 이들이 고전문학에 대한 감수성을 자득하는 데 중요한 계기가 되었을 강독 시간을 생각해 보자. 고전문학에 대해 관심을 가지게 된 계기야 제 각각이겠지만, 초심자들이 반드시 거쳐야 하는 과정이 바로 작품 강독의 시간이다. 고전문학작품을 모르면서 고전문학교육을 논하거나 교육할 수는 없는 일이기 때문이다. 고전문학 감상 방법 혹은 교육 방법을 탐색하는 일이 어쩌면 우리 자신의 강독 체험을 메타적으로 조망하는 일로부터 시작할 수 있을지도 모르겠다.

고전문학작품을 '두루' 읽고 '깊이' 이해하는 일은 상당 부분 연구자 개인의 노력 여부에 달려 있다. 누군가의 지도를 받으며 함께 읽어가든 혼자 읽어나가든 간에 스스로 표현의 묘미를 느끼고 맥락을 이해하려고 하지 않으면 강독 시간은 무의미하고 시간 낭비에 그칠 가능성이 있다. 반복해서 읽고 역사적 상상력을 발휘하려고 노력하는 가운데 작품에 대한 이해를 깊게 할 수 있고 그 과정에서 발견의 즐거움을 느끼게 되는 것이다. 처음에는 낯선 어투와 낯선 내용에 눌려 개별 작품의 개성과 수준을 분별할 수 없지만 자꾸 보고 관련 연구들을 참조하며 역사적 상상력을 발휘하다 보면 어느새 서로 다른 빛깔과 차원을 드러내고 있는 작품들을 발견하게 된다. 이러한 탐구 및 인식의 과정은 지극히 개인적인 바 모든 학문 탐구의 과정과도 구조적으로 흡사하다. 이 과정에서 연구자는 언어화하기 어려운 여러 감(感)들을 즐기고 체험하게 되고 문학사적 지식 혹은 문학 지식의 진정한 의미도 발견하게 된다. 가령, 작품을 읽으면서 '인간성의 탐구'니 뭐니 하던 다소 추상적인 말들이 지닌 의미를 매우 구체적으로 체험하게 되고 그 체험을 거치면서 그 말의 의미를 발견하여 작품을 자신의 것으로 만들 수 있게 되는 것이다. 그렇게 되면 이 연구자는 알게 모르게 고전문학의 가치를 주장하는 교육 활동을 시작하게 된다. 자연스럽게 연구자에서 실천가로 성장하는 것이다.

그러나 이 실천가가 학생들에게 강독을 하면서 자신이 경험했던 혜택에 대해 말할 때는 보다 신중할 필요가 있다. 문학을 신비화하거나 오랜 숙고의 과정을 거쳐 체험하게 된 결과만을 몇 개의 개념어나 몇 마디 문장으로 추상하여 설명하려 해서는 안 된다. 자신의 경험이나 전달하고자 하는 문학사적 지식들은 연구자 자신이 오랜 탐색의 결과 도달한 인식의 수준을 반영하는 것이고 대개의 학생들은 그러한 인식의 수준에 도달하지 못한 상황이라는 점을 잊지 않아야 한다. 이러한 수준의 차이를 고려하지 않으면 연구자가 중요하다며 강조해서 설명하는 내용이 학습자들에게는 별다른 감흥을 주지 않는 외워야 할 지식으로 받아들여질 수 있다. 그러나 이러한 차이에 대해 걱정할 필요는 없다. 사실 교육의 어려움뿐만 아니라 가능성과 보람 역시 이처럼 가르치는 자와 배우는 자가 인식의 높이나 수준이 다르다는 점에서 기인하기 때문이다. 차이에 대한 고려 없이 '이 작품이 이렇게 좋다'고 역설하게 되면 오히려 문학 수혜자를 줄이는 의도하지 않은 결과를 낳을 수 있지만,[1] 차이를 적극 인정하고 학생들을 다음 단계의 수준으로 끌어올리기 위해 노력할 때, 그리고 그 노력이 소기의 성과를 냈을 때 가르치고 배우는 즐거움과 보람이 생겨날 수 있는 것이다.

교육이나 교육에 대한 연구를 위해서는 이러한 차이에 대해 인식해야

---

1 교육에 대해 논의하기 위해서는 문학교육 연구자들에게 강독의 체험과 그 체험의 과정에 대한 메타 인지가 형성되어 있어야 한다.

함은 물론이고, 자신의 인식의 발달단계에도 주목하여 각각의 단계에서 자신의 경험의 질이 어떻게 달라졌는지에 대해 성찰할 필요가 있다. 즉, 자신의 주관적인 체험을 설명하고 객관화하려고 노력해야 하는 바, 감상 방법에 대한 이해 및 교육 방법에 대한 시사가 이러한 성찰로부터 나오기 때문이다. 연구자 자신이 한 작품이나 장르를 이해하고자 했을 때 주목했던 내용이나 거쳤던 단계들에 대해 성찰하고 그 내용이나 단계를 구조화함으로써, 인식의 발달 수준을 고려한 감상교육의 내용과 방법에 대한 시사를 이끌어낼 수 있는 것이다.

이러한 관점에서 필자는 고전문학교육연구자이자 고전문학교사로서 필자 자신이 <관동별곡>을 강독할 때 중요하게 참조한 코드 내지 방법에 대해 기술하고자 한다. 필자가 참고한 코드나 방법에 대해 기술하는 것이 필자 개인의 주관적 감상 체험을 드러내는 것 이상의 의미를 지니기를 바란다. 감상 및 감상교육의 내용이자 방법에 대한 의미 있는 자료로서, 고전문학 감상 방법을 구조화하는 데 활용될 수 있었으면 한다. 논의에 앞서 걱정스러운 것은 <관동별곡>을 감상하는 데 관여한 여러 변인들이나 기제에 대해 포괄적이면서도 심도 있는 기술이 이루어지지 못했으며, 그 결과 이 글이 <관동별곡>에 대한 설명의 글처럼 보일 여지가 있다는 점이다. 그러나 분명한 것은 <관동별곡>을 이해-감상할 때 필자에게 의미 있었던 코드들이 무엇이었는지 끊임없이 묻고 답한 결과를 제안했다는 점이며, 또한 이 코드들에 대해 다른 연구자들과도 의견을 나눈 바 있고, 나아가 이 코드를 활용하여 <관동별곡>을 가르침으로써 학생들의 인식의 수준을 한 단계 끌어 올린 경험이 있다는 점이다.

2. 감상을 도와주는 세 가지 코드

1) 〈관동별곡〉의 자료로서의 가치

<관동별곡>은 선조 13년(1580) 강원도 관찰사로 부임한 송강 정철이 임지의 곳곳을 돌아보며 지은 기행가사이다. 잘 알려지다시피 <관동별곡>은 전후 <미인곡>과 함께 당대 및 후대 사람들에게 찬탄의 대상이 되었고, 향유의 중요한 자료이자 창작의 원천으로 간주되어 왔다.[2] 집안의 비(婢)로 하여금 모두 외우고 익히게 하여 즐겨 들었다는 기록이나 한시로 번역되어 향유되기도 했다는 사실, 또 오랫동안 악인(樂人)의 입에서 입으로 전해지며 여러 자리에서 즐겨 불려졌다는 기록 등[3]은 <관동별곡>의 인기를 짐작하기에 충분하다. 그런가 하면 조우인의 <관동속별곡>은 물론이고 중기의 <금강별곡>이나 후기의 <관동신곡>, 개화기의 <봉내청기>에 이르기까지 관동 지방을 유람하고 지은 여러 가사 창작에 직접적인 영향을 끼친 것은 물론이고, 다른 가사 문학, 나아가 고전시가 창작에도 지대한 영향을 끼친 대단한 작품이다.

따라서 <관동별곡> 읽기는 단순히 한 작품을 이해하는 차원을 넘어서는 중요성을 지닌다. 가사의 표현 및 발상, 형식적 특징은 물론이고 당시 작가들의 자연관이나 세계관, 문학에 대한 관점 등에 대한 이해까지 가능하게 하기 때문이다. 이것은 오늘날 <관동별곡>이 교과서의 단골 레퍼토리로 실리는 이유이기도 하다.

그렇다면 <관동별곡>을 어떻게 읽어야 할까? 해독의 어려움과 낯설

---

2 <관동별곡>과 관련된 후대의 언급들은 다음을 참고할 수 있다. 졸고,『고전문학과 표현교육론』, 역락, 2000, 312면.
3 <宋江全集> 영인본, 대동문화연구원, 1964, 414~416면.

음을 넘어서 <관동별곡>의 묘미를 느끼기 위해서는 어떻게 해야 할까? <관동별곡>의 묘미를 느끼는 것이 가능하기나 한 것일까? 우선 <관동별곡>이 가사라는 점, 그것도 기행가사라는 사실만 전제하고 오늘날의 관습과 견주어 보면서 <관동별곡> 이해에 꼭 필요한 문화적·문학적 코드를 찾아보기로 하자.

2) 〈관동별곡〉 감상의 세 가지 코드

① 첫 번째 코드 : '장르적 관습' 알기

기행가사는 여정을 따라가며 보고 듣고 느끼고 생각한 것을 서술한 시가이다. <관동별곡> 역시 '3·4조로 무한히 확장할 수 있는' 우리말 구조의 특징을 살려, 여정과 견문, 감상을 잘 표현하고 있다. 창작 시대가 오늘날과 다르기 때문에 낯선 어휘나 구문, 비유 등이 등장함은 물론이다. 그런데 경험적으로 보면, 낯선 어휘나 구문, 비유 등을 현대어로 쉽게 바꾸더라도 <관동별곡>을 읽어내는 것은 그리 쉽지 않아 보인다. 표현의 관습이 다르기 때문이다. 똑같은 것을 보고도 어떤 것을 쓸 것인가, 또 어떻게 쓸 것인가에 있어서는 시대와 공간에 따라 차이가 나기 때문이다. 그렇다면 과거의 기행가사를 이해하기 위해서는 작가가 살던 그 시대에는 과연 여행 체험 중에서 무엇을 중요하게 생각했으며 이를 어떻게 표현했는지 살펴보는 것이 필요해진다. 장르적 관습을 첫 번째 코드로 내세운 이유가 여기에 있다.

우선, 우리는 당대의 여정 서술 방식에 대해 알아야 한다. 당시 사람들은 기행가사를 지을 때 최종 목적지는 물론이고 중간의 임시 정착지, 단순 경유지 등 모든 장소에 대해 말해주려는 의식을 가지고 있었다. 이러한 말하기에의 지향─그 지향이 다른 기행가사 작품에서는 여행 체험

을 자랑하는 것으로 드러나기도 한다―은 여행 자체가 어느 정도 재력
과 권력이 있는 사람에게나 가능한 특별한 경험이었던 상황과도 무관하
지 않다.

〈관동별곡〉의 앞부분을 보자. '연추문, 경회남문, 평구역, 흑수, 섬감,
치악…' 등등의 여러 고유명사들이 대거 등장하는데, 이 역시 지나온 곳
을 모두 알려주던, 당대 여정 표현의 관습과 관련된다. 이처럼 낯선 지
명인 고유명사가 대거 등장하는 까닭에 〈관동별곡〉을 읽는 오늘날의
독자들은 시작 부분부터 당황하게 된다. 대개의 독자들은 지명을 일일
이 확인하며 현대의 이름으로 바꿔 보며 여정을 확인하려고 하는데 그것
은 매우 재미없는 일이며, 장기적으로 볼 때 그리 좋은 읽기 방법이 될
수 없다. 기행가사를 즐기기 위해서는 이 부분에서 '대충 읽기' 혹은 '빠
르게 읽기'를 시도하는 것이 좋은 바, '여기서 저기로, 저기서 또 다른
곳으로…' 이동하고 있구나 생각하면 그만이다. 3·4조의 마디가 대(對)
를 이루면서 경유지가 언급되기 때문에 산문으로 서술할 때보다 율동감
이 느껴지는데, 독자는 그 율동감을 느끼면서 여행자가 여기저기를 '빠르
게 경유하며' 목적지로 나아가고 있다고 상상하며 즐기면 되는 것이다.

둘째, 견문이나 감상, 생각을 서술하는 방법에 대해서도 알아야 한다.
여러 경유지를 지나 중간 목적지에 도착했을 때나 여행하며 특별히 감
동적인 풍경이 있을 때는 그 풍경 및 풍경으로부터 촉발된 감정이나 생
각 등을 길게 자세히 서술하는 것이 일반적이었는데, 이 부분의 표현이
작가로서의 역량을 드러내는 매우 중요한 대목이 된다. 〈관동별곡〉에
서 폭포를 묘사한 장면이나 혈망봉을 묘사한 대목, 파도의 어지러운 움
직임을 묘사한 부분 등이 여기에 해당한다. 물론 여행 목적이 어떠했느
냐, 작가가 어떤 신분의 사람이냐에 따라 풍경을 선택하고 풍경으로부
터 촉발된 감정을 담는 것이 달라지기는 한다. 가령, 정철이 '혈망봉'에

대해 묘사한 것도 관찰사로 부임해 온 그의 상황과 무관하지 않다고 볼 수 있다.

결국 <관동별곡>은 전체적으로 볼 때 경유지를 서술한 부분과 보고 듣고 느낀 것을 묘사한 대목이 섞여 있는 작품인데, 경유지를 서술한 부분에서는 어디를 지나고 또 어디를 지났다는 식으로 시간적 흐름을 빨리 하였고, 보고 듣고 느낀 것을 표현하는 대목에서는 멈춰 서서 특유의 언어 구사력을 살려 자신의 감회까지 한껏 읊고 있다고 볼 수 있다. 따라서 독자들도 이 두 부분을 구분하여 읽는 전략이 필요하다.

② 두 번째 코드 : '작가의 심리적 갈등' 따라잡기

<관동별곡>을 읽을 때 고려할 점 중의 하나는 여행 주체이자 표현 주체이며 작가인 정철에 대한 이해일 것이다. 그런데 정철에 대한 이해가 정철이라는 한 개인의 전기적 삶에 관한 단편적 사실들을 암기하는 일이 될 수는 없다. 작품 안에 드러나 있는 내밀한 심리적 갈등을 통해 정철이라는 한 인간을 이해하는 것이 더욱 중요하다. 이러한 접근은 결국 독자인 우리들에게 인간 보편의 심리적 갈등을 체험하게 함으로써, <관동별곡>이 널리 사랑받을 수 있었던 까닭을 체험적으로 알게 해 준다.

<관동별곡>의 작가 정철은 관찰사로서의 직무를 강하게 의식하고 있지만 동시에 그 직무로부터 벗어나려는 의식 또한 지니고 있었다. 그것은 '관찰사'로 부임 받아 떠난 '여행'이었기 때문에 생겨난 필연적인 갈등이다. 관찰사로서의 직무를 의식하지 않을 수 없지만 동시에 그 직무로부터 벗어나 여행이라는 일탈적 체험을 즐기려는 욕망 또한 갖지 않을 수 없기 때문이다.

김병국[4]은 페르소나와 아니마라는 개념을 들여와 이 둘이 빚어내는 내적 갈등을 심도 있게 읽어낸 바 있다. 페르소나란 자신의 사회적 역할

과 관련되는 의식적인 자아이고, 반면에 아니마는 페르소나와 상대되는 무의식적인 자아라고 할 수 있다. 우리의 일상도 그 둘 사이의 끊임없는 갈등으로 점철되어 있다. 전자가 당위, 현실의 세계와 보다 관련된다면, 후자는 쾌락, 현실 저편의 세계와 보다 관련된다. 문학작품이 대개 현실과 이상에서 오는 갈등을 형상화하는 경우가 많은데, 〈관동별곡〉의 경우는 성은(聖恩)에 감사하며 관찰사로서의 '직무'에 대한 의식을 가지고 부임지의 승경을 돌아보는 '여행'을 한다는 점에서 페르소나와 아니마의 갈등은 불가피한 것이 된다. 따라서 〈관동별곡〉 읽기는 서사 구조를 따라가면서 이 둘의 갈등에서 오는 긴장감을 간파할 수 있을 때 보다 깊어질 수 있다.[5]

부임길에서 '성은망극', '고신거국', '급장유 풍채' 운운하는 것은 자신의 직무에 대한 책임감이나 의식으로 볼 수 있다. 이러한 의식은 이처럼 부임길에서 단편적으로 드러나다가 부임 이후 내금강 등정길에서 보다 집중적으로 나타난다. 산은 '올라감'과 관련되고 '올라간다'는 것은 의당 성취의 개념과 관련되기 때문에 페르소나를 강하게 의식하도록 하기 때문이다. '폭포' 묘사에 동원한 것이 '은', '옥', '눈' 등 청정의 이미지와 관련되는 것이나, 혈망봉을 묘사하며 강직 내지 충성의 이미지(수직적 이미지)를 끌어낸 것, 인걸을 만들겠다는 포부, 화룡소를 보고 은택을 기원한 것 등은 모두 페르소나를 강하게 의식한 표현이라 볼 수 있다. 산에 오르는 동안은 공자의 태산 등산을 떠올리며 해야 할 일에 대

---

4 김병국, '가면 혹은 진실', 『한국 고전문학의 비평적 이해』, 서울대출판부, 1995, 32~57면. 〈관동별곡〉에 대한 실증적 연구나 반영론적 연구가 지배적이었을 때 이 논문의 등장은 그 자체로 의미를 지닌 것이었다. 이 논문 역시 고전'시가를 오래 공부한 논자'가, 새로운 방법론을 단순 도입한 것이 아니라 〈관동별곡〉 읽기의 새 독법 내지 코드를 제안했다는 점에서 설득력을 얻었다고 할 수 있다. 연구자 자신이 흥미롭게 읽어낸 체험을 객관화한 것이었다고 볼 수 있다.

5 이는 제도교육의 장에서 부분적으로 다뤄지고 있는 내용이기도 하다.

한 의식, 다시 말해 페르소나의 의욕적인 목소리를 내고 있다고 하겠다.

그러나 산을 내려가는 작가의 모습은 좀 달라진다. 자신을 '취선'에 빗대며 사선(四仙)을 찾아 방황하는 모습을 보인다. 의욕적인 페르소나의 목소리가 작아지고 아니마의 세계로 접어들고 있음을 알 수 있다. '왕정은 유한하고 풍경이 못 슬믜니'라는 표현은 '왕정이 유한함'을 자각하는 페르소나와 '풍경이 싫지 않은', 아니 '좋은' 아니마와의 갈등을 단적으로 보여주는 구절이다. 작가의 이러한 갈등은 '유회가 많고 객수를 둘 데 없어' 방황하는 모습으로 이어지고 파도마저도 '불거나 뿜거니 어지럽게 구는' 것(수평적 이미지)으로 인식되고 표현된다. 앞부분, 즉 산 정상에 오르기까지 혈망봉이나 폭포 등에서 강직, 청명, 충직 등의 이미지를 읽어내던 모습과는 사뭇 달라졌음을 어렵지 않게 확인할 수 있다.

이러한 갈등은 어쩌면 출발 부분부터 예고된 것이라고 볼 수 있다, '여행'이란 본질적으로 현실 세계로부터의 벗어남 내지 일탈을 그 특성으로 하기 때문이다. 관찰사의 입장이라고는 하나, 구체적인 임무를 수행하기 위한 여정이 아니었던 까닭에 여행 떠난 자로서의 마음이 드러나지 않을 수 없는 것이다.

이러한 갈등은 '져근 덧 밤이 들어' 달이 떠오르자 고요한 내면의 세계로 전환하면서 해소된다. 자신의 소망을 담은 꿈을 꾸고 그 꿈을 통해 현실의 갈등을 해소한 후 고요함으로 마무리되는 것이다.

이처럼 <관동별곡>은 '출발 – 노정 – 목적지 – 회귀'라는 기행가사의 구조 속에 인간 보편의 심리적 갈등을 긴장감 있게 담아내고 있다. <관동별곡>에 내재된 페르소나와 아니마와의 갈등은 긴장감을 유발하여 작품의 예술성을 높이는 한편, 페르소나와 아니마와의 갈등으로 점철된 삶을 살아가는 우리들의 공감을 얻어내는 데도 중요한 역할을 한다.

③ 세 번째 코드 : '표현'의 묘미 즐기기

 〈관동별곡〉을 읽을 때 빼놓은 수 없는 것 중의 하나가 바로 표현의 묘(妙)를 감상하는 것이다. 김만중이 〈관동별곡〉을 높이 산 것[6]이나 홍만종이 '조어지기 상물지묘(造語之奇 狀物之妙)'[7]라고 극찬한 것도 바로 〈관동별곡〉이 지닌 우리말 표현의 절묘함과 관련된다.

 〈관동별곡〉은 가사 형식의 율동감을 적절히 활용하고 있다. 3·4조로 이어지되, 3·4조의 한 마디가 동일한 형식의 다른 마디와 의미상 대구가 되는 형식을 취함으로써 율동감을 살려내고 있다. 몇 구절만 뽑아 분석해 보자. '은같은 무지개'와 '옥같은 용의 초리'가 대를 이루고 '들을 제는 우뢰러니'와 '보니는 눈이로다'가 대를 이루고 있으며, '날거든 섯지 마나'와 '섯거든 솟지 마나'의 대구 또한 절묘하다. 대구(對句)는 원래 성률의 대, 의미의 대, 나아가 시적 이미지의 대까지를 포함하는 개념으로, 한시 고유의 구절 짜기 방식이다. 정철 역시 한시의 작가이기도 했다는 점에서 보면 한시 일반의 시론에 능통했을 것이고 이를 어떤 방식으로든 국문시가를 창작할 때도 활용했을 것임을 쉽게 추리할 수 있다. 전통적으로 서로 대를 이루는 두 항목이 한쪽으로 기울지 않고 팽팽히 맞서는 대구를 높이 샀는데, '은같은 무지개'와 '옥같은 용의 초리'나 '들을 제는 우뢰러니'와 '보니는 눈이로다'에서 볼 수 있듯이 〈관동별곡〉의 묘사 대목에서는 대를 이루는 두 항목이 서로 등가의 이미지를 보여주는 것이 특징적이다. 그로 인해 '마치 馬車의 왼쪽에는 駿馬를 오른 쪽에는 駑馬를 단 것과 같은 부조화나 왼발 짐승이 뛰는 것과 같은 기괴함'[8]을 찾아보기 어렵고 오히려 대조적인 혹은 유사한 이미지들

---

6 김만중, 『西浦漫筆』.

7 홍만종, 『旬五志』.

8 전통적으로 이러한 부조화나 기괴함이 없는 대(對)를 높이 샀다. 유협(최신호 옮김), 『文心彫龍』, 현암사, 1998, 8쇄, 145~146면.

이 나열됨으로 해서 헌사로운(야단스러운) 느낌을 자아내고 마침내는 헌사한 금강산의 절경을 표현하는 데 성공하고 있다.

이러한 대구의 형식이 반복됨으로써 율격적 흐름은 더욱 활기차게 이어지고 이러한 효과가 <관동별곡>의 조어의 묘를 더욱 느끼게 해 주는 것임에 분명하다. 그러나 이러한 묘미가 단지 말을 엮는 차원에만 국한되는 것은 아니다. 즉, 말을 엮고 이어가는 솜씨가 뛰어난 것도 사실이지만, 이와 함께 정철이 폭포라는 묘사 대상을 '은같은 무지개'이자 '옥같은 용의 초리'로 인식할 수 있었다는 점도 아울러 음미해 봐야 한다. 대상을 인식하여 표현한 방법에 대해서도 살펴볼 필요가 있는 것이다.

우리가 폭포를 묘사한다고 가정해 보자. 우리는 대개 보이는 모습을 원근법적 시각에 입각하여 사실대로 드려내는 방식을 취한다. 그러나 정철은 조물주의 자세로, 때로 하늘을 나는 매의 눈으로 때로 마음의 눈으로 대상을 보았다. 예를 들어 보자. 정철은 폭포를 묘사할 때 보이는 폭포의 겉모습만 표현한 것이 아니라, 천심 절벽을 공중에 세워 두고 은하수 몇 구비를 마디 마디 베어 내서, 실같이 풀어서는 그 절벽에 베같이 걸었으니, 자신이 보기에도 그림 같은 풍경이 여럿 나온다고 했다. 멀리 거대하게 독립적으로 존재하는 자연물들(폭포, 봉우리, 파도 등등)을 제한된 인간의 시각에 의존하여 묘사하고 만 것이 아니라, 상상력을 발휘하여 그 사물을 마치 살아 있는 활물처럼 인식하기도 했으며 때로 그 사물들을 위에서 조망하는 시각으로 거침없이 표현하기도 했다. 짙고 푸른 못을 굽이굽이 몸을 틀고 있는 노룡으로 인식하여 자신의 소망을 투사하였고, 파도의 야단스러운 움직임을 천하('육합')가 들썩거리는 행위로 인식하였으며, 야단스럽게 솟아 있는 봉우리들을 금강전도 등에서 보는 것처럼 하늘을 나는 매의 시선으로 그려내기도 하였다. <관동별곡>을 읽었을 때 느낄 수 있는 '호방함'이나 '기발함', '시원코 활달함'

(이는 모두 후대인들의 평가어들이다) 등이 바로 이러한 인식 및 발상의 활달함에서 나온 것임은 물론이다.

〈관동별곡〉은 이러한 표현의 묘를 구현하기 위해 또 하나의 장치를 마련하고 있다. 현재형 시제가 바로 그것이다. 기행가사의 어법은 언제나 현재형이다. '어디에 올라하니―'로 시작하여 그곳의 풍경에 대해 서술하고 그에 대한 감회 역시 현재형의 읊는 것이 일반적이다. 이는 가사 일반의 특징이기도 한데, 특히 기행가사에서는 현재법을 사용함으로써 서술 대상을 눈 앞에서 보는 듯한, 현장감을 높이고 있다.

3. 〈관동별곡〉 감상, 그 이후

이상으로 〈관동별곡〉에 대한 읽기를 시도해 보았다. 〈관동별곡〉을 읽기 위해 우리가 들어가야 하거나 들어갈 수 있는 문을 세 개 보여준 셈이다. 물론 이 세 개의 문을 통해 본 〈관동별곡〉의 특징은 따로 따로 존재하는 것이 아니라 〈관동별곡〉이라는 작품 전체를 이루는 매우 중요한 미적 요소들로 우리가 〈관동별곡〉을 읽을 때 한꺼번에 경험되는 것들이다. 즉, 〈관동별곡〉의 즐거움은 이 모든 요소들이 우리의 마음에 부딪혀 화학적인 반응을 일으킬 때 생겨난다.

〈관동별곡〉을 제대로 감상하기 위해서는 나무를 보지 말고 숲을 먼저 보라고 제안하고 싶다. 지엽적인 문제, 가령 해독의 문제 등에 매달리지 말고, 발상의 차원이나 작품의 전체적인 구조와 특징에 대한 이해를 시도한 후 세부 사항을 점검하고 확인하는 순서로 접근하는 것이 좋다. 〈관동별곡〉의 발상 및 표현, 구조의 특징을 어느 정도 파악해야만 머리 속에 <관동별곡>에 대한 지도를 그릴 수 있게 되고, 그 지도의 안내를 받아야만 구체적인 분석에 들어갔을 때 지루하지 않고 또 의미 있는 성과를 거둘 수 있게 되기 때문이다.

학생들이 어렵다는 이유를 들어 고전문학을 기피하는 것은 어제오늘의 일이 아니다. 고전문학에 대한 감수성이 현저히 떨어졌으며 그로 인해 우리에게 과거의 문학은 날로 어려워지고 있으며 기피의 대상이 되고 급기야 조금씩 잊혀져 가고 있는 실정이다. 고전문학에 대한 감수성이 현저히 떨어짐으로써 우리가 고전문학을 감상하기 위해서는 많은 전제 지식이 필요하게 되었다. 해독에 소용되는 지식은 물론이고 사회 문화적 배경에 대한 지식, 장르적 관습에 대한 지식 등 많은 전제 지식이 요청되는 것이 사실인 바, 이처럼 많은 지식의 도움을 받아야만 대상을 이해할 수 있다는 것은 대상에 대한 이해가 어려운 일이 되었음을 단적으로 보여준다.

이러한 어려움은 학습자에게 부담감을 줄 수밖에 없으며, 학습에 대한 부담감은 일시적으로 작은 패배감 내지 학습 자체에 대한 거부의 양상으로 나타날 수 있다. 그러나 우리는 적당한 부담감이나 작은 패배감이 교육적으로 볼 때 긍정적인 측면 또한 있음을 기억할 필요가 있다. 어느 정도의 부담감 내지 패배감이 있을 때 학습자의 도전의식 또한 활성화될 수 있으며, 학습자들의 도전의식 내지 학습 의욕이 활성화될 때 가르치고 배우는 과정이 보다 활기차고 즐겁게 될 것이기 때문이다. 그리고 어떤 교과의 내용이 어렵게 여겨진다는 사실은 어쩌면 학습에 임하기 전 학습자가 겪는 보편적 문제 상황일 수도 있다. 새로 제시되는 교육 내용은 언제나 낯설거나 어려운 것이고 그 어려움은 교수 학습을 통해 극복되어야 교육을 하는 이치에 맞는다. 어쩌면 처음에 어렵게 느낀 대상일수록 그것에 대한 학습 내지 이해가 결과적으로는 더 큰 만족

내지 앎의 즐거움을 줄 수도 있을 것이다.

이런 점을 생각해 볼 때 고전문학이 어렵다는 불평이나 기피의 대상으로 간주되는 것은 대상 자체의 고유한 본성에서 비롯된 것이라기보다는 고전문학을 배웠음에도 불구하고 처음 대했을 때의 어려움이 해소되지 않음으로써 생겨난 것이라고 할 수 있다. 문제의 진단이 그러하다면 우리가 해야 할 일이 분명해진다. 고전문학교육의 관점과 내용 및 방법을 마련하고 이를 제도화하려는 노력을 더욱 쏟아야 하며, 구체적으로는 초기의 어려움을 깨달음 혹은 앎의 즐거움으로 전환시켜 줄 수 있는 방법을 모색해야 할 것이다. 이 글이 그러한 노력의 첫걸음이 되었으면 한다.

구어 문화의 전통 안에서 고전시가의 '묘사' 읽기

학생들에게 어제 만난 사람 한 명을 말로 설명하도록 한다. 그러면 '키가 비교적 크고 얼굴은 예쁜 편인데……'로 시작하여 세부 묘사로 나아가며 나름대로 설명하고자 애를 쓴다. 그러나 그 노력의 결과는 만족스럽지 않다. 아무리 길게 설명을 해도 청중인 다른 학생들이 제멋대로 상상하는 통에 소통에 실패하는 경우가 대부분이다.

실패의 원인은 간단하다. 그 학생이 구어 소통의 상황에 적절한 묘사 전략을 가지고 있지 않기 때문이다. 지배적인 인상을 포착한 후, 전체에서 부분으로, 위에서 아래로, 혹은 오른쪽에서 왼쪽으로 설명해 나가라는 식의 묘사 전략은 구술 상황에서 힘을 발휘하지 못하는 전략이다. 문어적 전통 속에서 나온 표현 전략이기 때문이다. 따라서 이 학생은 구어 소통 상황에서의 묘사 전략에 대해 배울 필요가 있다.

고전문학, 특히 고전국문문학의 대부분은 구어적 전통 안에서 소통되던 것들이다. 따라서 우리의 구어 표현에 대한 이해를 돕게 해주는 자료일 수 있으며, 제대로 감상하기 위해서는 구어적 소통의 맥락을 고려하면서 접근해야 한다.

1. 시작하며

현행 교과서에서 고전문학을 다루는 방식은 대개 세 가지 정도로 나눌 수 있다. 고전문학이 하나의 실체로 이해·감상되기도 하고, 표현(말하기와 쓰기)과 이해(듣기와 읽기)의 원리 및 국어 문법을 잘 보여주는 텍스트로 다뤄지기도 하며, 그런가 하면 단순히 흥미를 끌기 위한 자료로 활용되기도 한다. 제도교육의 전 단계(全 段階)에서 이 세 가지 존재 양상을 모두 확인할 수 있는 바, 다만 발달단계에 따라 조금씩 다른 비중을 차지하고 있다. 입문기적 성격을 띠는 초등교육의 경우에는 동요나 전래동화를 중심으로 표현과 이해의 자료로 다뤄지는 경우가 많은 반면에, 중학교에 이르면 이른바 개화기 이전의 작품이 현대문학과 짝이 되어 가르쳐지기 시작하여 고등학교에 이르러서는 본격적인 고전문학교육이 진행된다. 따라서 초등학생을 대상으로 하는 고전문학교육 연구와 중학생 이상을 대상으로 하는 고전문학교육에 대한 논의 역시 별도의 장(場)에서 서로 다른 양상으로 전개되고 있는 것이 엄연한 현실이다. 고전문학교육의 연계성을 추구하지만, 여기서는 일단 중등 이상의 학생을 대상으로 하는 고전문학교육 및 고전문학교육 연구에 초점을 맞췄다.

논의에 앞서 분명히 해야 할 것이 또 하나 있다. 이 글을 통해 해결해야 할 문제의 성격을 확인하는 일이다. 이 글에서 우리는 먼저 고전문학 수업이 어떻게 진행되고 있는지, 왜 그와 같은 양상으로 진행되는지, 어떤 문제가 있는지, 그 해결책을 모색하려면 어떻게 해야 하는지 생각해보고 묘사 교육을 예로 들어 대안을 제시해보려 한다. 제1부에서 논의한 바 있는 문화론적 관점을 적용하여 대안 혹은 해결 방향을 모색해보겠다.

2. 고전문학교육의 실상

1) 고전문학교육의 전제와 문제

중등 이상의 국어과 교육과정에서 고전문학은 현대문학과 함께 '문학'이라는 단일 개념으로 묶여 있다. 그러나 교과연구자들과 교사 및 학생들이 교육과정에 명시된 대로 현대문학과 고전문학을 단일개념으로 인식하고 있는지는 의문이다. 고전문학과 현대문학을, 서로 다른 세부전공으로 구분하고, 교사들 역시 고전문학과 현대문학에 접근하는 방법을 달리 하고 있는 것이 엄연한 현실이기 때문이다. 시간적 거리에서 비롯된 인식의 거리가 존재하는 바, 이른바 개화기에 우리 것을 정리하지 못한 상황에서 성급하게 서구의 교육 제도와 문학관을 도입함에 따라 그 거리감이 생겨났다고 볼 수 있다. 그 결과 고전문학은 당위의 차원에서 한국문학의 특질을 보여주고 우리 언어 문화를 반영하고 있는 자료로 가정되며, 현대 문학과는 다른 방법으로 교수 학습되고 있다. 현대문학 수업과는 달리, 한 구절 한 구절 주석과 해설을 붙이는 것이 일반적이 수업 방식이다.

이렇게 달라야 할 이유는 무엇인가? 이 물음에 대한 답을 찾기 위하여 우리가 고전문학작품을 읽기 위해서, 다시 말해 이해·감상하기 위해서는 어떤 과정을 거쳐야 하는지 구체적으로 살펴보자. 기행가사를 배우는 상황이라고 가정하기로 한다.

고전문학을 이해하기 위해서는 우선 텍스트 자체를 해독할 수 있어야 한다. 학생들이 무슨 말인지 읽어내지 못한다면 작품에 대한 감상은 말할 것도 없고 최소한의 반응조차 형성되지 않을 것이기 때문이다. 가령, '千천尋심絕절壁벽을半반空공의세여두고銀은河하水슈한구비롤寸톤寸톤이버혀니여실ㄱ치풀처이서뵈ㄱ치거러시니圖도經경열두구비내보믹눈여러히라'라는 표현이 폭포의 모습을 형용한 것임을 알지 못한다면 이 표현에 전제되어 있는 대단한 상상력과 표현의 묘를 감상하는 것은 애초에 불가능해진다. '절벽을 세워 두고 은하수를 마디 마디 베어서 그 절벽 위에 걸었다'는 상상력의 활달함을 감상할 수 없게 되는 것이다. 교과서에 수록된 고전문학작품들에 많은 주석과 해석이 달려 있는 것이나 교사들이 작품 해석에 주력하는 것은 모두 이 때문이다. 이처럼 작품을 이해·감상하기 위해서는 글을 식별하여 읽어내는 능력인, 기능적 문식성(funtional literacy)이 전제되어야 한다. 그런데 불행히도 우리 학생들이 고전문학작품에 대한 기능적 문식성을 갖추지 못한 상황이다 보니 고전문학 수업의 초점이 어구 풀이에 놓이게 되고 학생들은 그 내용을 교과서 빈 칸에 빼곡히 받아 적은 후 외워야 하는 상황이 연출되는 것이다.

작품의 내용을 읽어낼 수 있게 되면, 비로소 작품에 대한 이해가 본격적으로 시도될 수 있다. 이때 우선적으로 요구되는 것이 작품이 속한 갈래와 표현 관습 등에 대한 이해일 것이다. 기행가사의 장르적 특성이 어떠했으며, 묘사의 관습은 어떠했는지를 아는 것은 작품에 대한 깊이 있는 이해를 위해 꼭 필요하다. 즉, 지어진 시대에 따라 조금씩 다른 양상을 보이기는 하지만 여정을 빠짐없이 기술해야 한다는 의식 때문에 여정을 죽 나열하다가 특별한 장면에 이르러 부풀려 묘사하는 것이 기행가사의 창작 원리임을 아는 것이나 우리식 묘사의 특징을 아는 것은 작품에 대한 이해를 심화해 줄 수 있다. 이를 굳이 이름 짓자면 장르적 문식성(genreic literacy)에 대한 교육이라 할 수 있겠다.

작품을 해독하고 장르적 관습에 대해 이해했다면 누가, 언제, 어떤 이유로 작품을 지었으며 지어진 작품이 당대에 어떤 의미작용을 일으키며 향유되었는지에 대한 이해로 나아가야 할 것이다. 고전문학을 가르치는 중요한 목표 중의 하나가 조상들의 삶과 문화를 이해하고 나아가 민족적 정체성을 형성하는 것이라는 상식적인 견해에 따르더라도 문화적 문식성(cultural literacy)의 차원은 자국어교육에서 중요하게 다뤄질 수밖에 없을 것이다.

결국 학생들에게 고전시가 표현의 묘미를 느끼게 하려면, 즉 고전문학을 읽고 감동을 받도록 하려면, 기능적 문식성과 장르적 문식성 및 문화적 문식성을 길러 주기 위한 교육의 과정이 필수적이라 하겠다. 교사들이 한 구절 한 구절을 풀이해 주고 기행가사라는 장르종에 대해 친절하게 설명하고 시대적 배경과 연행 상황에 대한 여러 지식들을 나열하는 식의, 흔히 볼 수 있는 고전문학 수업이 불가피한 측면이 있음을 알 수 있다. 즉 이러한 수업 양상은 고전문학교육이 처한 특수한 상황에서 기인한 것이며, 기능적 문식성 및 장르적 문식성과 문화적 문식성을 신장시키기 위한 교육적 접근이자 노력이었음을 알게 된다. 지금까지 우리는 수업을 할 때 기능적·장르적·문화적 문식성을 신장하기 위하여 국문학사적 지식을 활용했던 셈이다.

그러나 학생들의 고전문학교육에 대한 불만과 고전문학에 대한 외면이 대단하다는 점을 기억하면 그러한 교육적 노력이 고전문학에 대한 안목의 성장을 가져왔는지에 대해서는 회의적인 대답을 할 수밖에 없다. 어려워서 기피하고 기피해서 더 어렵게 되는 악순환이 심화되고 있음은 여러 번 보고된 바 있는, 공공연한 사실이다. 그렇다면 고전문학작품을 이해하고 감상하는 데 동원할 수 있는 정보 내지 문학사적 지식들을 모두 제공해주었음에도 불구하고 작품에 대한 이해가 깊어지지 않는 이유는 무엇인가. 왜 학생들은 고전문학을 발견하고 감상하는 즐거움을 느낄 수 없는 것일까. 악순환의 고리를 끊으려면 어떻게 해야 할까. 세 단계에 대한 이해가 필수적이라고 하여, 모든 작품을 똑같은 절차에 따라 가르치는 것, 즉 세 단계에 해당하는 각각의 문학적 혹은 국문학사적 지식을 모두 제공하는 방식에 문제가 있는 것은 아닐까.

2) 고전(苦戰)의 원인과 대안의 모색

필자는 고전문학에 대한 기피가 세 차원이 문식성을 신장시키겠다는 목표 아래 여러 지식들을 고립된 지식 혹은 정보로 다룸으로써 암기의 부담만을 주었기 때문에 생겨났다고 생각한다. 여러 연구자들이 오랜 기간 동안 하나씩 밝혀낸 결과인 국문학사적 지식을 '매번' '한꺼번에' '나열하듯이' 제시해 줌으로써 생겨난 문제라고 보는 것이다.

다양한 학습 목표를 설정하여 그에 따라 다양한 이본을 제공해 주는 한편, 그에 따라 다양한 수업 방법을 고안해 내야 학생들의 흥미를 끌 수 있다. 더욱 중요한 것은 그렇게 했을 때 고전문학에 대한 체계적인 이해도 가능해진다는 점이다. 가령, 학생들의 문식성의 정도를 조사하여 다양한 수준으로 변용한 텍스트들을 단계별로 제시하여 제도교육의 최종 단계에 이르렀을 때에는 원전을 감상할 수 있도록 하는 것이 필요할 것이다.

아울러 고전문학교육(연구)의 주체들이 부분의 합은 전체가 될 수 없다는 점을 분명히 인식할 필요가 있다. 부분을 통해 전체에 다가가되, 우선 고전문학이 우리에게 줄 수 있는 혜택이 무엇인지, 말을 바꾸면 왜 그런 비용을 들여가며 고전문학을 가르치고 배워야 하는지에 대한 뚜렷한 상위인지를 확립하고 있어야 한다. 막연히 우리 것이기 때문에 배워야 한다고 주장하거나 연구자가 오랜 학습의 결과로 체득하게 된 감동을 아무 준비가 되어 있지 않은 학습자에게 주장하는 수준을 넘어서는 차원에서, 가르치고 배우는 행위에 대한 상위 인지, 즉 교육적 전망을 마련하고 공유할 필요가 있다. 그 교육적 전망에 따라 가르칠 것의 우선순위를 정하고 고립된 지식들을 관계망 속에 묶어, 학생들이 고전문학에 대한 체험을 구성해갈 수 있도록 도와야 한다. 고전문학교육에 대한

연구가 고전문학에 대한 연구에 기초를 두되, 국문학사적 지식의 전수
에 머물 수 없는 이유가 여기에 있다. 국문학사적 지식의 습득이 고전문
학교육의 궁극적인 목표는 아닐 것이며, 지식을 활용하여 고전문학을
이해 감상하고 오늘의 표현 문화에 대한 인식력과 언어적 상황 대응력
을 높이려는 것이 고전문학교육의 목표이기 때문이다. 이를 위해서는
교육적 전망을 이론화하는 일, 교육적 필요와 발달단계를 고려하여 지
식을 재구성하는 일이 요청된다.

그런데 고전문학교육에 대한 논의는 매우 미흡한 상황[1]이다. 고전문
학교육 연구의 대부분이 고전문학작품의 교과서 분포 현황 및 경향을
살피거나 수록 작품을 분석하여 교수 학습의 방법을 제안하는 교재론
내지 교수·학습론에 집중되어 왔는데, 그나마 국어과의 여타 영역에
비해 양적으로 많지 않고 질적으로 볼 때도 국문학의 연구 성과를 소개
하는데 머물거나 교수·학습의 일반 모형을 그대로 적용하는 식의 연구
가 대부분이었다.

다행히 최근 들어 중세 시대 전통에 대한 사대부들의 인식과 전통교
육의 방법에 대한 논의[2]와 고전문학소설의 인문적 가치에 대한 논의[3]가
제기되었고, 고전문학작품의 표현자료로서의 가치를 명확히 하고 교육
내용을 추출하는 연구[4]가 자리를 잡아가고 있으며, 고전시가의 교육적

---

1 주로 국어교육연구사라는 큰 틀 안에서 함께 논의되었으며, 고전문학교육연구사로는 다
  음을 참조할 수 있다. 고전문학교육연구실, '古典文學敎育의 硏究成果', 『古典文學 어떻게
  가르칠 것인가』(이상익 외), 집문당, 1994, 75~90면 ; 박경주, '고전문학교육의 연구 현
  황과 전망', 「고전문학과 교육」 창간호, 청관문학회, 태학사, 1999 ; 한창훈, 『시가교육의
  가치론』, 월인, 2001, 19~26면.
2 김성룡, '고전문학교육의 이념과 범위', 「문학과 교육」 제7호, 1999 봄, 132~133면.
3 김종철, '「춘향전」 교육의 시각(1)', 「고전문학과 교육」 제1집, 청관고전문학회, 1999 ; 김
  종철, '고전문학소설의 이본과 창작 교육의 한 방향', 청관문학회 춘계 발표 요지, 1999.
4 김대행을 필두로 하여 서울대학교 국어교육과에서 나온 일련의 논문들이 여기에 해당한
  다. 김대행, 『국어교과학의 지평』, 서울대출판부, 1995 ; 졸저(2000), 특히 10~14면 연구

가치를 새롭게 제기하는 연구가 있기는 했지만, 이들 연구 모두 앞으로의 연구 과제를 던지는 시론(試論)의 성격이 강하다는 점에서 고전문학의 교육적 가치를 탐색하는 본격적이고 구체적인 논의는 지금 시작 단계에 있다고 할 수 있다.

고전문학교육의 원론에 대한 논의는 물론이고 개별 작품들에 대한 교육적 조망도 거의 이루어지지 않은 상황이고, 그나마 연구 성과들이 교육과정과 현장에 충분히 전달되지 않은 탓에, 고전문학교육은 그 필요성을 스스로 입증하지 못한 면이 있으며 학생들로부터 소외의 길을 자초한 측면이 없지 않았다. 7차에 이르기까지 가장 변화가 적은 수업이 고전문학수업이었다는 점은 필자의 이러한 진단과 관련하여 시사하는 바 크다. 현상적으로 보기에 수업 내용 및 방법에 문제가 있는 듯이 보이지만, 병 내지 징후의 근원을 추적해보면 이론 내지 논의의 빈곤 및 교육적 전망의 부재에서 모든 문제가 비롯되었다고 할 수 있다.

이런 상황에서 문화론적 접근[5]은 고전문학에 대한 접근을 달리 함으로써 새로운 교육 내용을 추출하려는 움직임이라 할 수 있다. 즉, 고전문학을 바라보는 우리의 문학관, 국어교육을 통해 재생산된 문학관에 대해 반성하고 고전문학의 존재 방식에 주목함으로써, 고전문학의 의미를 새롭게 발견하려는 접근 방법이다. 지금까지 국어교육의 장에서는 고전문학을 문어 텍스트 혹은 전문 작가의 작품을 보는 관점으로 바라봄으로써 의도하지는 않았지만 고전문학에 대한 접근을 어렵게 했으며, 오늘날 우리가 누릴 수 있는 이로움 또한 얻기 어려웠던 것이 사실이다. 이러한 문제를 해결하고자 고전문학을 하나의 문화 내지 문화 현상으로 보자는 것이 문화론적 접근의 출발이다. 작품으로 보게 되면 아무래도

사 정리 부분 참고.
5 이 책 제1부 첫 장을 참고하기 바란다.

작품을 분석하고 작품을 둘러싼 제반 맥락을 살피는 식의 정태적인 접근에 흐르기 쉬운 반면, 문화로 보게 되면 보다 역동적으로 작품의 존재 방식과 그것의 의미 작용에 대해 살피게 되고 역사적 실체로서의 고전문학에 대한 정당한 인식에 도달할 수 있기 때문이다. 하나의 문화 현상으로 보아 고전문학의 존재 방식에 주목할 때 구어문화의 기원으로서의 고전문학이 오늘날의 구어 현상을 이해하고 새로운 구어문화를 창달하는데 도움을 줄 수 있을 것이며 또한 생활문화의 복원에 매우 긴요한 역할을 하게 된다.

3. 문화론적 접근의 실제 : 구어문화로서의 고전문학

맥루한은 매체(media)가 곧 메시지이며 매체가 인간의 확장을 가능하게 한다고 말한다. 매체가 단순히 생각을 매개(mediate)하는 것이 아니라 인간의 지평을 확장해 준다는 말이다.[6] 맥루한의 이러한 생각은 오늘날 매체를 바라보는 여러 연구자들의 관점을 대변하는 것이다. 매체의 중요성을 간파한 연구자들은 매체가 인간의 표현을 구속할 뿐 아니라 그것을 사용하여 의사소통을 하는 인간의 사고 구조와 삶의 양식까지도 바꾼다고 주장한다. 가령, 월터 옹은 음성언어를 대표적인 매체로 사용하는 문화와 문자언어를 대표적인 매체로 사용하는 문화의 차이를 비교한 연구자로 유명한데, 그는 인간이 음성언어에 의존하는 시기에는 기억력이 사고의 중요한 범주로 간주되고 모든 표현상의 자질들은 기억에 용이한 구조―반복, 상투적 표현 등―를 취하는 반면, 문자언어를 사용

---

6 물론 매체의 변화는 새로운 감각의 습득과 기존 감각의 상실이라는 양면을 지닌다.

하게 되면서 분석력과 비판력이 중요한 사고 범주가 되었고 정치하고 논리적인 글쓰기가 가능해졌다고 주장한다.

이러한 매체 연구자들의 주장이 일반화된 것은 그들의 주장이 그만큼 설득력이 있기 때문일 것이다. 이들의 논의를 받아들인다면 고전국문문학의 대부분은 구어 문화의 산물이며 따라서 문어 문화의 관념과 관습으로 접근했을 때는 시원하게 이해될 수 없다는 결론에 도달하게 된다.

묘사 표현을 예로 삼아, 표현 및 작품에 대한 접근이 어떻게 달라져야 하며, 그 결과 우리가 무엇을 얻을 수 있을지 생각해 보기로 하자.

> 구만물(舊萬物) 신만물(新萬物)을 / 차례(次例)로 편람(便覽)하니
> 이 어찌 산(山)이리오 / 돌 안이면 옥(玉)이로다.
> 웃쑥 웃쑥 쑈죾 쑈죡 / 만물 형상(萬物形狀) 가졌으니
> 수정(水晶) 주옥(珠玉)으로 / 초목금슈(草木禽獸) 사겼는 듯
> 심산(深山)의 늙은 중이 / 능엄경서 외오노라
> 오백 나한(五百羅漢) 거느리고 / 불전(佛前)의 열좌(列座)한 듯
> 옥경(玉經)의 일천 선관(一千仙官) / 금포 옥대(錦袍玉帶) 성(盛)히 하고
> 상제(上帝)께 조회(朝會)하랴 / 홀(笏) 들고 시립(侍立)한 듯
> 초패왕(楚覇王) 거유전(去留殿)의 / 십이 제후(十二諸侯) 불러 볼 제
> 원문(轅門) 팔천 제자(八千弟子) / 황창(幌槍)하고 옹위(擁衛)한 듯
> 귀신(鬼神)인 듯 사람인 듯 / 물형(物形)인 듯 산형(山形)인 듯
> 양안(兩眼)이 현황(眩恍)하니 / 취향(醉鄕)이 바히 없다.[7]

위 대목은 <봉래청기(蓬萊淸奇)>에서 만물초를 묘사하는 대목이다. '만물형상을 다 가지고 있다'고 하면서 중이 오백나한을 거느리고 불전에 열좌한 듯도 하고, 선관들이 상제에게 조회하는 풍경과도 같다고 하며, 비유로 풍경에 대한 묘사를 대신하고 있다. 비유에 동원된 이미지는 당대에 매우 익숙한 관념들인데, 예를 들면 오백나한은 실재하지는 않

---

7 최강현, 『기행가사자료선집 1』, 국학자료원, 1996, 541면.

지만 여러 불화나 벽화를 통해 당시 사람들의 머리 속에 존재하던 관념이라 할 수 있다.

위와 같은 비유가 다른 금강산가사에서도 흔히 나타난다는 점에서 보면 위 묘사적 표현은 비유의 참신성이나 새로움 면에서는 다소 떨어진다고 할 수 있다. 또한 비유로 일관한데다가 과장하여 서술함으로써 실물을 있는 그대로 묘사한 것으로도 보기 어렵다. 따라서 참신한 비유와 사실적 묘사를 강조하는, 오늘날의 지배적인 문학관 내지 표현관으로 보면 접근하기 어렵거나 수준이 떨어지는 것으로 보일 소지가 있다.

그러나 잘 알려진 것처럼 이러한 장면 묘사는 독특한 기능을 하면서 조선 후기 인기 만점이었던 기행가사들에서 두루 나타나는 표현들이다. 이 사실은 참신성이나 새로움은 아니지만 다른 인기의 비결 내지 미덕이 있었음을 가정하게 한다. 여기서 기행가사의 존재 방식이 구어 문화의 전통 안에 있었고, 참신성이나 사실성이 사실은 작가성을 중시하는 문어 문화의 범주임을 기억할 필요가 있다. 그 범주로 말의 문학으로서의 속성을 지니며 음영(吟詠)이라는 소통 방식으로 인해 말을 하듯이 쓰여진 금강산가사를 모두 이해하기는 어렵기 때문이다. 즉, 구어 표현의 특성으로 파악했을 때 위 표현은 제대로 이해되고 정당하게 평가받을 수 있다. 우리가 우리의 이름을 걸고 작가로서 글을 쓸 때는 고쳐 쓰기를 반복하며 새롭고 참신한 표현을 추구하지만, 일상적으로 소통의 효율성을 도모하거나 공감을 목적으로 말을 할 때는 다른 양상의 표현을 추구한다는 점이 고려되어야 한다.

미팅에서 만난 사람의 얼굴을 묘사하라는 친구들의 요구를 받았다고 가정해 보자. 이러한 요구를 받았을 때 화자는 일단 머리 속에 그 사람의 상이나 그 사람에게 받았던 인상, 곧 지배적 인상을 떠올리게 된다. 그리고 이를 언어로 옮겨 놓는 일을 시작한다. 이때 언어 사용의 목적은 자신의 머리 속에 간직하고 있는 상을 언어로 구체화함으로써 청중에게 전달하는 일이 된다. 청중에게 구체적인 이미지를 그려줄 수 없는 묘사란 아무런 의미를 지니지 못하기 때문이다.

이러한 언어 사용의 목적상 공유할 수 있는 상을 그려내는 것이 묘사의 성패를 좌우하는 핵심 문제로 부각되는데, 이 문제를 해결할 수 있는 방법은 대개 두 가지가 있다. 대상의 물리적 속성에 주목하여 이를 감각어로 표현하는 방식과 청중들과 이미 공유하고 있는 공공의 이미지를 끌어다 사용하는 방식이 그것이다. '얼굴 색은 어떻고, 눈은 어떻고, 코는 어떻고…' 식의 묘사가 전자의 예라면, '얼굴형은 탤런트 누구 같고 눈은 누구의 눈과 비슷하고 또 코는 누구보다 좀 낮고…' 식의 묘사가 후자의 예가 된다. 전자와 같은 방식이 대상을 구체어로 표현하는 방식이라면 후자는 기존의 상을 이용하여 묘사하는 것이라고 볼 수 있다. 전자는 물리적인 특징을 일정한 순서에 따라 그려내는 방식으로, 묘사의 성패는 물리적 특성을 환기시킬 수 있는 구체어를 얼마나 적절하게 구사하느냐의 문제에 집중된다. 그러나 후자의 경우에는 묘사의 성패를 좌우하는 것은 새로운 대상을 설명하기 위해 끌어들여진 이미지에 대해 청중이 얼마나 동의하는지의 여부에 달려있게 된다. 따라서 후자와 같은 비유적 묘사에서의 전략은 당대에 널리 유행하고 있는 이미지를 활용하는 문제와 관련되며, 묘사의 효과 역시 언어 공동체가 공유하고 있는 상을 활용한 결과라 할 수 있다.

구어 소통의 상황에서는 후자와 같은 묘사가 선호된다. 그 이유는 생각할 시간을 오래 가질 수 없는 상황에서 청중들에게 효과적으로 이미지를 전달할 수 있어야 하기 때문이다. 상황 대응력이 중시되는 구어 소통의 과정에서는 참신하고 적실한 구체어를 찾고 질서를 갖추는 일이 쉽지 않기 때문이다.

<봉래청기(蓬萊淸奇)>는 기록되어 전하는 작품이지만, 음영을 염두에 두고 말하듯이 쓴 글이다. 새로운 정보를 제공하거나 새로운 표현을 시도해 보겠다는 작가 의식보다는, 머리 속으로 풍경을 상상하며 즐거워할 것을 바라는 작가의식에 의해 만들어진 텍스트인 것이다. 만물초의 야단스런 형상을 알고 있는 관념의 도움을 받아 머리 속에 그리며 즐거워하면 그만인 것이다. "높이가 어떠하고 색깔이 어떻고…" 하는 식으로 아무리 장황하게 표현해도 실경을 머리 속에 그릴 수 없는 반면, 이미 알고 있는 완전한 이미지에 비유하면 단번에 전체로서 인식되기 때문에, 참신하지 않은 비유를 적극 사용할 수밖에 없었던 것이다. '얼굴은 장동건에, 몸매는 강호동'이라고 말하면 어제 만난 사람의 모습을 분명하게 전달할 수 있지만, 선조적인 언어를 사용하여 그 사람의 상을 새롭게 창조해야 한다면 얼마나 힘들며 소득 또한 부실할 것인지 생각해 보라.

위와 같은 표현이 사용된 고전문학이 오늘날 우리에게 어려울 수밖에 없는 이유 또한 분명해진다. 기행가사들에는 당대에 소통되었던 관념 내지 이미지들이 대거 등장하는 바, 우리가 그 관념 내지 이미지들을 소유하고 있지 않기 때문이다. 가령, 100년 후 독자가 어느 글에서 "얼굴은 장동건에 몸매는 강호동"이라는 표현을 접한다면 매우 당혹스러워할 것이다. 장동건이나 강호동이 완전한 이미지로 머릿속에 떠오르지 않기 때문에 결국에는 대상이 어떻게 생겼다는 것인지 상상할 수 없게 될 것이 불 보듯 뻔하다. 현명한 독자라면 선생님께 장동건과 강호동이 어떤 사람인지 묻거나 직접 사진 등을 찾아 볼 지도 모른다.

결국 <봉래청기>의 상투적이고 비유적인 묘사는 당시의 언어 문화에 대한 이해에 바탕을 둘 때 제대로 이해될 수 있다는 결론이 가능해진다. 고전문학의 존재 방식에 주목하여 고전문학을 구어 문화의 기원으로 보게 되면, 우선 역사적 실체로서의 고전문학에 대한 이해가 깊어짐과 동시에 오늘날 구어 문화를 이해하는 데도 유용하게 사용할 수 있다. 고전문학을 구어문화로 파악하는 관점은, 묘사는 오로지 참신하고 사실적이어야 한다고 믿는 우리들에게, 고전문학 표현을 이해하게 해 주고 동시에 우리 자신의 구어 생활을 인식하게 하며 묘사의 또 다른 방법과 기능에 대해서도 알게 해 줄 것이다. 과거의 묘사 표현을 이해함으로써 오늘날 우리가 사용하는 묘사적 표현의 한 방법을 이해하게 되는 것이다.

구어문화의 기원으로서의 고전문학의 현재적 가치는 비단 묘사를 이해하는 일에 국한되는 것이 아니다. '2차적 구술성'이라는 말이 생겨났듯이 최근 말하듯이 글을 쓰는 인터넷 글쓰기가 일반화되고 있다. 이러한 2차적 구술성에 대한 인식력이나 대응 능력 역시 (1차적) 구술성에 대한 철저한 이해로부터 얻을 수 있을 것이다.

4. 고전시가를 가르칠 때는……

필자는 우리에게 고전문학은 "낯선 것"이고 타자이며 이 낯선 것 혹은 타자에 대해 얼마나 철저히 이해했느냐에 따라 고전문학이 우리에게 줄 수 있는 혜택이 달라진다고 생각한다. 그런 이유로 고전문학교육 연구의 출발은 고전문학작품의 특수성 내지 역사성에 대한 이해로부터 시작해야 한다고 생각한다. 그러나 동시에 특수성이나 역사성에 대한 인식이 나 혹은 우리 문화 안에 있는 타자성에 대한 인식으로 이어지고 그렇게 됨으로써 고전문학의 특수성이나 역사성이 보편성의 계기가 되어야 한다고 생각한다. 인문교육의 하나로서의 고전문학교육은 결국 나와 내가 사는 문제에 대한 인식을 덧보태 주는 것이어야 하기 때문이다.

가령, 구어 문화의 맥락 속에서 기행가사의 묘사 표현의 특질을 깊이 이해해야 하며, 그 이해의 정도가 깊으면 깊을수록 고전문학에 자주 나타나는 묘사적 표현이 함량이 좀 모자라고 어려우며 그래서 부담스러운 것이 아니라 우리가 이해하고 공감할 수 있는 표현 전략의 하나로 이해될 수 있어야 한다. 나아가 오늘날의 유사한 표현이나 표현 현상에 대한 이해를 넓혀 줄 수 있어야 한다.

현대문학은 문자문화의 산물이며 고전국문문학의 대부분은 구어문화의 산물이다. 문자 텍스트로서의 현대문학은 작가가 앉아서 자신의 글을 지우고 덧칠한 결과 창조해낸 예술품인 반면 고전문학은 연행의 장이나 열린 마당에서 즉석에서 불려지거나 암송되는 그런 것이었다. 현대문학이 매우 개성이 강한 엘리트문학의 속성을 지닌다면 고전문학은 보편적인 주제를 보편적인 방식으로 다루는 대중문학의 속성을 강하게 띤다. 그러니 엘리트 문학의 관점으로 보면 고전문학은 함량 미달의 어떤 것으로 비춰질 수밖에 없을 것이다. 그런 점을 고려해보면 현대문학의 기원 내지 뿌리를 고전문학에서 찾으려는 것이나 고전문학과 현대문학의 공통점을 찾으려는 노력은 생산적인 결과로 이어지기 어렵다. 오히려 고전문학은 엘리트 문학으로서의 현대문학을 형성한 저변으로서의, 우리의 구어문화 및 대중문화의 기원으로 다뤄져야 한다.[8] 이것이 이 책의 거듭된 주장인 셈이다. 다시 말해 고전국문문학의 전통성이란 우리의 구어문화 및 대중문화 일반에 널리 퍼져있는 한국적 특수성들을 의미하며, 따라서 고전문학에 대한 이해는 오늘날 구어문화와 대중문화에 대한 이해 또한 더욱 깊게 해 줄 것으로 기대된다.

---

8 이러한 고전문학의 존재론적 특징 때문에, 일상어와 문학어의 상관성을 주장하는 논의―대표논자가 바로 김대행이다―가 고전문학을 학문적 토대로 갖고 있는 연구자들에 의해 '먼저' 그리고 '지속적으로' 제기될 수밖에 없었으며, 그러한 주장을 구체화하는 것이 고전문학을 학문적 토대로 갖고 있는 연구자들이 해야 하는 기여 중의 하나라고 생각한다.

국어활동으로 〈한림별곡〉 읽기

. . . . . .

인간은 틈만 나면 꿈을 꾼다. '이렇게 된다면 얼마나 좋을까', '이럴 수만 있다면……', '만약에……' 하루에도 여러 번 이런 말을 하면서 살아간다. 이런 꿈이 없다면 세상살이가 얼마나 팍팍할까 생각해 본다. 13세기에도 꿈꾸는 사람들이 있었다. 한림제유. 그들은 전대와 당대에 둘째 가라면 서러워할 문인들이 모두 모여 시험을 보는 장면을 상상하고, 두껍고 외우기 힘든 책의 각주까지도 술술 외우는 장면을 상상했다. 〈한림별곡〉을 통해, 우리는 그 사람들, 대담하고 유쾌하고 흥이 난 한림제유를 만날 수 있다.

학생들이 이구동성으로 〈한림별곡〉을 가장 낯설고 어렵다고 말하는 것은, 우리의 잘못이 크다. 낯선 한자어나 단어를 뒤로 하고, 작품을 쓴 사람과 그 사람들의 꿈꾸기에 대해 먼저 소개했다면 〈한림별곡〉은 학생들에게 매우 매력적인 텍스트로 받아들여졌을지도 모른다. 낱낱의 글자나 어구 등에 붙잡아 두지 말고, 국어 선생님들이 모두 모여 수능 시험을 친다면 그 풍경이 어떠할지 상상하게 하고 나아가 학생들이 꿈꾸는 여러 풍경들을 형상화하는 놀이를 먼저 하게 한다면 교실 풍경이 어떻게 달라질까? 상상만으로도 유쾌해진다.

. . . . . .

1. 왜, 〈한림별곡〉인가

현장 교사들이나 학생들이 부담스러워 하는 고전문학 장르 혹은 작품군 중의 하나가 바로 경기체가라고 한다. 낯선 형식은 물론이고 시어의 해독 자체가 어렵다는 것을 그 이유로 꼽는다. 이는 비단 국어 수업에 임하는 교사·학생들만의 문제라고 하기 어려운 바, 경기체가 작품을 처음 대하는 사람이라면 누구나 겪게 되는 문제와 관련된다. 사실 경기체가의 한문구, 즉 '元淳文 仁老詩 公老四六 李正言 陳翰林 雙韻走筆~' 식의 표현을 보고 당황하지 않은 사람은 거의 없을 것이다. 우리 대부분이 한글 세대인데다가 설혹 한자에 대한 기초적인 문식성을 갖추고 있다 하더라도 사용된 고유명사와 압축된 문구를 이해하기 위해서는 상당 정도의 배경 지식을 아울러 갖추고 있어야 하기 때문이다.

때로 교사들과 학생들은 이처럼 접근이 용이하지 않다는 사실에 주목하여 거기서 비롯되는 어려움을 무릅쓰고 경기체가를 가르쳐야 하는 이유는 무엇인지 회의적으로 묻기도 한다. 이때 우리는 그러한 질문이 생겨난 근원을 성찰함으로써 생산적인 논의를 이끌어낼 수 있어야 한다. 이를 위해 우리는 먼저 접근 자체가 용이하지 않다 하더라도 그것이 지닌 고유한 가치가 있다면 가르쳐야 하는 것이 경제 논리로 설명될 수 없는 교육의 논리임을 확인할 필요가 있다. 또한 '쉽다 / 어렵다'는 판단이 그리 간단치 않은 문제임을 알아야 한다.

사실 1920년대 혹은 동시대 작품이라고 해서 그 작품이 쉽다고 말할 사람은 그리 많지 않을 것이다. 모든 텍스트들은 고유한 맥락을 지니고 있는 바 텍스트에 대한 이해 정도는 맥락에 대한 이해의 심급과 관련되기 때문이다. 따라서 맥락 내지 텍스트의 고유한 문법에 대한 이해가 부족할 때는 어느 시대 어느 작품이든지 간에 어렵게 여겨질 수밖에 없다. 그런가 하면 쓰여진 글자를 모두 읽을 줄 안다고 해서, 혹은 사용된 어휘가 우리가 즐겨 사용하는 것이라고 해서, 우리가 그 작품은 모두 이해할 수 있는 것도 아니다.[1] '쉽다 / 어렵다'의 판단이 매우 상대적인 문제

---

1 이해의 여러 심급 내지 수준에 대해서는 교육 내용의 위계화와 관련하여 논의된 바 있으며, '문자 해독→축자적 이해→함축적 이해→비판적 이해' 등 이해의 수준이 이미 교육과정에 전제되어 있다. 이에 대해 필자는 자국어교육으로서의 국어교육에서는 문화적 이해, 즉 문화적 문식성의 문제가 덧붙여 논의되어야 한다고 믿는다. 그러나 일단 그런 필자의 생각을 뒤로 하고 교육과정에 전제되어 있는 상식적인 견해를 받아들인다면, 축

이며 정도의 문제이기 때문이다.

물론 고전문학의 경우에는 거기에 덧붙여 해독의 어려움이 문제시될 수 있다. 그러나 그 어려움 역시 대상의 가치를 부정하거나 교육 행위를 의심하게 할만한 문제라고 보기는 어렵다. 가장 높은 수준의 학습 단계에서는 원문 해독의 문제를 본격적으로 다룰 수 있겠지만, 발달단계 및 학습자의 학습 수준에 따라 현대어로 번역하여 제시할 수도 있을 것이고, 자세한 주석을 참고로 제공하면서 동시에 원전을 제시할 수도 있을 것이기 때문이다.

해독의 문제가 학습 수준에 따라 다양한 방식으로 해결될 수 있는 것이라면, 경기체가— 경기체가는 고전문학의 대명사이다—를 어려워하고 나아가 기피하는 현상은 왜 생겨난 것일까. 또 그 현상은 고전문학교육의 어떤 문제를 반영하는 것이며 어떻게 해소되어야 하는가. 이러한 의문과 관련하여 필자는 아직까지 경기체가의 무엇을 가르쳐야 하고 어떻게 가르쳐야 하며 왜 가르쳐야 하는지에 대한 논의가 한번도 없었다는 사실에 주목하고자 한다. 개별 작품들에 대한 교육적 조망이 거의 이루어지지 않은 탓에, 또한 일반적인 차원에서 고전문학의 방향과 관점을 제안한 여러 연구 성과들이 교육 현장에 충분히 전달되지 않은 탓에, 시대적 변화에 걸맞은 교육적 가치를 창출해내지 못한 면이 없지 않았다.

7차에 이르기까지 가장 변화가 적은 수업이 고전문학수업이었다는 점은 필자의 이러한 진단과 관련하여 시사하는 바 크다. 단일 목표 아래 유기적으로 짜여진 교육 내용을 관계망 속에서 제시하기보다 국문학계의 여러 성과들을 진열하듯 제시함으로써 교수·학습의 목표 내지 구심점 또한 애매해졌으며,[2] 그 결과 교사와 학생들은 고전문학을 가르치고

자적 이해에 급급한 수준의 학생들에게 함축적 의미가 중시되는 텍스트는 당연히 어려운 것임을 짐작할 수 있다.

배우면서도 자신들이 왜 그와 같은 교육 활동을 수행해야 하는지 의심하게 되었고, 당연히 새로운 문학 관습 내지 표현 관습을 배우는 즐거움을 체험할 수 없게 되었다고 할 수 있다. 요약하면 교육 내용 및 방법상의 빈곤함이 문제로 지적될 수 있는데, 그 근원을 추적해보면 이를 뒷받침해줄 이론 내지 논의의 빈곤 및 개별 작품들에 대한 교육적 조망의 부재에서 모든 문제가 비롯되었다고 할 수 있다.

그렇다면 이제 우리가 우선적으로 고려해야 할 것은 경기체가의 '무엇'을 '왜', '어떻게' 가르칠 것인지를 분명히 하는 일일 것이다. 말을 바꾸면 우리 연구자들 및 실천가들 모두가 경기체가가 있어서 가르친다는 식의 안이한 발상을 버리고 국어교육이라는 범주 안에서 경기체가를 배워야 하는 이유를 분명히 하고 동시에 가르칠 내용과 방법에 대해서도 진지하게 성찰해 볼 필요가 있다. 이처럼 개별 작품들에 대한 교육적 조망이 광범위하게 이뤄질 때 해독 차원의 어려움이 문제시되지 않을 것임은 물론이고 고전문학교육이 보다 내실 있게 진행될 수 있을 것이다.

여기서는 경기체가가 매우 흥미 있는 텍스트임을 전제한 후, 경기체가의 재미를 느끼기 위해서는 어떤 관점에 따라 무엇을 어떻게 가르쳐야 할 것인지 구체적으로 논의하게 될 것이다. 이러한 논의는 궁극적으로 고전문학교육 연구 및 실천의 방법을 구체적으로 제시해보려는 의도와 관련되며, 경기체가는 그러한 의도를 보여주기 위해 전략적으로 선택된 대상에 해당한다. 경기체가에 대한 교육이 <한림별곡>이라는 특정 작품에만 국한하여 문학사의 구색을 맞추는 식으로 진행되고 있음은 익히 잘 알려진 사실이다. 또한 이와 같은 상황이 비단 경기체가만의 문

---

2 사실 교사들이나 학생들이 가장 어렵다고 하는 수업은 교수·학습의 목표가 분명하지 않은 수업이라고 한다. 교육 목표를 분명히 하고 그 목표를 수행하기 위한 교육 내용을 명확히 할 때 교수·학습의 초점이 분명해질 것이고 교육적 효과 또한 극대화될 것이기 때문이다.

제가 아님도 잘 알려진 사실이다. 따라서 경기체가를 논의의 대상으로 삼았지만, 여기서 지적하는 문제와 대안은 경기체가 교육에 국한된 것이 아님을 미리 밝혀 둔다.

논의의 순서는 경기체가 교육의 현실을 다시금 점검하고 필자의 생각을 새로운 대안으로 제안하는 형식으로 진행될 것이다.

2. 경기체가 교육의 현실

1) 수업 양상

경기체가로 분류되는 작품은 고종 3년(고려, 1216) 〈한림별곡〉으로부터 철종 11년(조선, 1860) 민규(閔圭)가 지은 〈忠孝歌〉에 이르기까지 총 25편 정도이지만,[3] 주된 향유 시기는 고려말에서 조선초에 해당하는 시기라고 할 수 있으며 주로 사대부 문인들에 의해 주도된 장르라고 규정할 수 있다.[4] 형식적 기준이 되는 대표적인 작품은 아무래도 고려말의 〈한림별곡〉이라고 할 수 있을 것이다. 경기체가의 형식적인 기준은 여러 가지가 있을 수 있으나, 크게 보아 율격과 형태 구조가 〈한림별곡〉

---

3 경기체가와 형식상의 특징을 공유한다는 점에서 민규의 작품을 경기체가의 작품 목록에서 제외할 수는 없을 것이다. 그러나 권호문의 〈독락팔곡〉 이후 300여 년 동안 민규의 〈충효가〉 한편만이 전해진다는 점을 생각해보면 경기체가가 활발하게 창작·향유된 시기는 고려말에서 선조 이전까지로 보는 것이 타당할 것으로 생각된다. 李明九, 『高麗歌謠의 研究』, 신아사, 1973 ; 林種旭, 『高麗時代 文學의 研究』, 태학사, 1998, 291면.

4 조동일의 경우, 경기체가가 고려 후기에 생겨났으나, 조선전기에 이르러서 본격적인 발전을 보이게 되었다고 하였으며, 조선 전기 작품 세계가 다양해지면서 장르 해체의 조짐을 보이기 시작했다고 보고 있다. 조동일, 『한국문학통사 2』, 지식산업사, 1992년 2판, 289면.

과 같은 것, 그리고 끝에 '…景 긔 엇더ᄒ니잇고' 따위의 여음이 붙은
것으로, 둘 중 어느 한 가지만 충족되면 경기체가로 보는 것이 현재 학
계의 통설이다.[5] 안확이 이러한 형식상의 특징에 주목하여 '경기체(景幾
體)'라고 이름 붙인 후, 별곡(別曲), 별곡체(別曲體), 별곡체가(別曲體歌), 경
기하여가(景幾何如歌), 경기하여체가(景幾何如體歌), 경기체가(景幾體歌) 등의
이름이 제안되었는 바, 이중 가장 널리 통용되는 개념은 경기체가이다.
여기서도 경기체가라는 용어를 사용하기로 하겠다.

경기체가는 주로 발달 단계가 비교적 높은 단계인 고등학교에 이르러
본격적으로 가르쳐진다고 할 수 있다. 고등학교 국어 교과서와 여러 문
학교과서들에서 형식적인 기준이 되는 <한림별곡>을 주 텍스트로 소개
하고 있으며 다른 작품들－고려말의 <관동별곡>, <죽계별곡>과, 조선
초의 <상대별곡>과 <화산별곡> 등에 국한되어 있다－에 대해서는 국
문학사를 기술하는 부분이나 <한림별곡>의 이어짐과 달라짐을 설명할
때 작품 내용을 소개하거나 제목 정도를 간략히 언급하는 차원에 머물
고 있다.

그렇다면 <한림별곡>에 대한 교육이 경기체가 교육의 대부분이라
할 수 있는 바, 그 실상을 자세히 살필 필요가 있을 것이다. 현실적으로
볼 때 교수·학습의 공적 준거가 되는 교과서 및 지도서나 참고서 내용
을 분석해 보면 <한림별곡>의 무엇이 가르쳐지고 있는지 분명하게 알
수 있으며, 개인적 경험과 여러 학생들[6]의 회상을 참조하여 그 내용들
이 어떻게 가르쳐지고 있는지 대강의 그림을 그릴 수 있다.

---

5 성호주, '경기체가', 『한국문학개론』, 혜진서관, 1991, 106면.
6 필자는 매년 대학 신입생을 대상으로 그들이 받은 국어교육, 특히 고전문학교육에 대해
  여러 정보를 얻곤 한다. 고전문학교육과 관련하여 그들이 받은 수업의 모습과 필자가 받
  은 수업의 모습이 거의 다르지 않다는 점에 번번이 놀라기도 하는데, 이 글에서의 현장
  진단은 그 정보에 힘입은 바 크다.

교육 내용과 관련하여 보면, 장르적 특성에 대한 논의와 향유 계층에 대한 정보, 〈한림별곡〉의 내용 파악에 소용되는 지식들, 〈한림별곡〉으로 대표되는 경기체가의 일생에 대한 설명 등이 주된 내용으로 가르쳐지고 있음을 알 수 있다. 그런가 하면 수업은 장르적 특이성을 설명하고 경기체가를 향유한 주된 계층이나 발생 배경을 설명하는 등 국문학계의 연구 결과를 전달함과 동시에, 〈한림별곡〉의 해독 내지 내용 풀이에 주력하는 방식으로 진행됨을 알 수 있다. 좀더 자세히 살피면, '위 ~景 긔 엇떠하니잇고'라는 독특한 표지를 갖는 장르로서의 특징을 설명한 후, '元淳文은 兪元淳의 문을 뜻하고 유원순(1168~1232)은 古文에 능한 사람이었다'는 식으로 한 구절 한 구절에 대해 주석을 달며 교과서에 수록된 전문을 해석해 가되[7] 그러한 해석의 전후에 '琴學士의 玉笋門生'으로 명명된 한림제유의 성격을 언급하는 식이다. 그리고 결론적으로 〈한림별곡〉이야말로 한림제유의 도도한 취흥 내지 자신감을 표현한 고려말의 새로운 시가임을 확인하고, 이때 마련된 전통이 조선초 〈상대별곡〉과 〈화산별곡〉으로 이어졌음을 안내하는 것으로 경기체가에 대한 수업을 마무리한다.

이상으로 볼 때 우리가 확인할 수 있는 것은 우리 교육의 초점이 〈한림별곡〉 혹은 경기체가를 하나의 문학사적 실체로 보고 그 실체에 대한 이해를 목적으로 하고 있다는 사실이다. 이를 위해 국문학계의 연구 성과들을 비중 있게 수용하고 있음을 또한 알 수 있다. 이와 관련하여 필자는 하나의 역사적 실체였던 〈한림별곡〉이라는 작품을 온전히 이해하는 것은 자국어 화자에게 매우 의미 있는 일임에 틀림이 없으며

---

[7] 여러 교과서들에서 작가층이 언급된 1연이 가장 비중 있게 다뤄지고 있는데, 이는 1연이 경기체가의 장르적 특성 및 향유 계층을 가장 잘 반영하고 있기 때문이다. 1연은 교사와 학생들 사이에도 가장 널리 알려진 대목이다.

아울러 국어교육의 기초학문으로서의 국문학이 차지하는 비중 역시 간
과할 수 없다고 믿는다. 그러나 아울러 어떤 것의 선택이 언제나 다른
것의 배제를 동반한다는 점을 고려하여 실체로 접근하는 방식이 갖는
제한적 의의를 분명히 인식할 수 있어야 하며, 그 방편으로 국문학사적
지식을 끌어오는 것이 지닌 한계 또한 간파할 수 있어야 한다고 생각한
다. 의의와 한계를 명확히 할 때 고전문학교육의 내용과 방법이 구체화
될 수 있다는 생각에 따라, 오늘날과 같은 방식의 경기체가 교육이 지닌
제한적 의의와 문제점을 살펴보기로 한다.

2) 문학관과 교육 내용

김대행은 문학교육에 영향을 미친 문학관을 두 가지로 개념화한 바
있다.[8] 실체 중심의 문학관과 속성 중심의 문학관이 바로 그것이다. 실
체 중심의 문학관이란 문학을 가시적인 어떤 대상, 즉 실체로 보는 관점
이며, 속성 중심의 문학관은 문학의 특수한 속성 내지 자질에 관심을 두
는 접근 방법인 바, 이러한 문학관의 차이에 따라 문학교육의 양상 또한
달라진다는 점에 주목하였다. 이러한 구분에 따르면, <한림별곡>에 대
한 교육은 철저히 실체 중심적 문학관에 기반을 두고 있다고 볼 수 있다.
  실체 중심의 문학관에 입각한 교육은 사실 자체를 아는 지식의 교육

---

8 김대행, '思考力을 위한 文學敎育의 設計', 「국어교육연구」 제5집, 서울대학교 교육종합연
  구원 국어교육연구소, 1998, 8~9면 참고. 김대행 외(2000)에 이르러 '활동 중심의 문학
  관'이 추가되었고 세 가지 관점을 포괄하고 통합하며 위계화함으로써 문학교육의 내용과
  방법을 구체화해야 한다는 주장이 제기되었다. 그러한 주장에 대해 필자는 분류의 기준
  이 단일하지 않아 분류된 항목들이 상호 배타적이지 않다는 점에서 문제가 없는 바는 아
  니지만, 문학교육 연구와 실천을 이끌어온 문학관을 객관화한 점과 문학관에 따라 내용
  을 위계화할 필요성을 제기한 점을 높이 사고 싶다. 이 셋의 관계에 대한 필자의 생각은
  이후 논의를 통해 드러나리라 믿는다(김대행 외, 『문학교육원론』, 서울대출판부, 2000).

에 중점을 두게 되며, 작품과 작가라는 실체와 관련된 문학사적 지식을 끌어올 수밖에 없게 된다.[9] 학생들은 이와 같은 교육을 통해 경기체가라는 장르가 있었고 <한림별곡>이라는 대표적인 작품이 있었으며 그 작품은 이러이러한 특징을 지닌다는 사실을 알게 된다. 동시에 고려말 신흥 계층들의 존재에 대해서도 알게 된다. 이러한 실체에 대한 지식은 자국어화자들에게 문화적 정체성을 공유하게 하는 가장 확실한 증거일 수 있으며, 모든 이해의 출발점이 된다는 점에서 중요한 가치를 지닌다.

여기 두 사람이 있다고 가정해 보자. 철수는 탁월한 기억력의 소유자로 경기체가에 대한 사실적 지식들을 아주 세세한 것까지 알고 있는 사람이고, 영희는 감수성이 뛰어난 사람으로 경기체가를 직관적으로 느끼고 그 느낌을 개념화하는 데 능한 사람이라고 하자. 이 둘이 어떤 사람—외국인이라면 더욱 좋을 것이다—에게 경기체가에 대해 설명하도록 요구받았다면 이들은 어떤 식으로 경기체가를 설명하고 또 어떤 어려움을 겪을 것인가. 철수는 작품에 대한 독자적인 논평을 제시하지는 못하지만 사실적인 지식들을 하나하나 말해줄 것이고 영희는 경기체가에 대한 사실적 지식을 언급하지는 못하지만 작품에 대한 논평을 시도할 것이다. 조작적으로 가정된 상황이기는 하지만, 선뜻 철수와 영희의 반응 중 어느 한 쪽이 좋다고 말하기는 어려울 것이다.

한때 암기식 교육이 실랄하게 비판을 받은 적이 있고 그러한 비판의 중심에 실체 중심의 문학관에 입각한 사실적 지식의 교육이 자리하고 있었던 것이 사실이다. 그 결과 알게 모르게 사실적 지식에 대한 폄하가 교육 연구의 장과 실천의 장에 자리하고 있는 것도 사실이며, 대학 입시 제도의 변화[10]와 관련하여 학생들의 사실적 지식의 습득 정도가 현저히

---

9 김대행 외(2000), 10~14면.
10 학력고사에서 수학능력 시험으로의 변화는 사실적 지식의 위상을 크게 바꿨다. 더 이상

낮아진 것도 사실이다.[11] 또한 오늘날이, 한때 가장 중요한 사고 범주의 하나였던 기억력이 중시되는 시대는 아닌 까닭에[12] 교육의 장에서 사실적 지식의 위상이 더욱 불안해졌다고도 할 수 있다. 그러나 이런 상황은 역설적이게도 앞서 간단히 언급한 것과 같은, 사실적 지식의 중요성 내지 사실적 지식이 지닌 가치를 부각시키는 측면 또한 없지 않다. 이러한 사실적 지식의 가치에 대해서는 "일천구백 몇 년, 어떤 자리에 있던, 누가, 어디에서, 누구에게, 어떤 말을 했는지" 낱낱이 꿸 수 있는 사람이 오늘날 몇이나 되며 그들의 이야기 내지 설명이 지닌 구체성 내지 확실성이 어떤 즐거움과 효용을 주는지 상상해보는 것으로 족할 것이다.

지금까지 <한림별곡>에 대한 교육이 실체 중심의 문학관에 입각하여 국문학사적 지식을 가르치는 것이었음을 지적하고 그것이 지닌 의의를 원론적인 차원에서 다소 장황하게 설명하였다. 이제 그와 같은 문학관에 따라 교육의 방향을 결정함으로써 소홀히 되었거나 문제시되었던 측면은 없는지 살펴볼 차례이다.

그와 관련하여 우선 작품 및 작가에 대한 지식을 아는 것이 곧 실체에 대한 이해와 직결되는 것인지 물을 수 있다. 그리고 우리가 사실적 지식을 어느 정도 알고 있을 때 그 대상에 대해 안다고 말할 수 있는지

사실적 지식의 습득 여부를 묻지 않게 됨으로써, 다시 말해 언어적 사고의 문제를 평가의 중심에 둠으로써 교육 현장에서 사실적 지식이 차지하는 중요성이 크게 줄 수밖에 없게 되었다.

11 그러나 그러한 비판의 결과 작품 자체의 이해와 감상만을 중시된다면 그것 역시 역편향이라는 점에서 문제가 아닐 수 없다. 우리는 비판의 초점이 암기식 교육 내지 사실적 지식에의 '편중', 말을 바꾸면 교육 내용의 획일성에 놓여 있었던 것임을 분명히 해야 하며, 사실적 지식의 암기 자체가 불필요하다는 논리로 받아들여서는 안된다.

12 기억력이 가장 중요한 사고 범주가 되는 상황은 오직 음성 언어에 의해 의사소통이 이뤄지는 상황이다. 문자 생활이 보편화되기 이전 시기에 기억력이 매우 중요한 사고 범주였고 표현상의 특징 또한 기억에 용이한 구조를 취했음은, 월터 옹을 인용하지 않더라도 이미 잘 알려진 사실이다.

도 아울러 의문을 제기할 수 있다. 사실 경기체가에 대한 여러 사실들을 안다고 해서 경기체가라는 실체에 대한 이해가 완결되는 것은 아닐 것이기 때문이다. 더 구체적으로 말하자면 사실적 지식들의 합이 입체적 대상이자 인문 활동의 결과인 경기체가에 대한 완전한 이해를 보장할 수는 없기 때문이다.

경기체가를 가르치고 배우는 행위는 분명 인문현상의 하나라 할 수 있으며, 특히 '의미 있는 타자', 즉 '오늘의 나로 이어지는 타자'에 대한 교수·학습이라는 점을 기억해보자. 그런 점에서 보면 지금과 같은 경기체가 교육의 한계는 명백해진다. 실체에 대한 사실적 지식의 습득이 인문교육의 성격을 띠지 못함으로써 지식을 위한 지식의 습득 혹은 암기에 그치고 말았는데, 이는 실체 중심의 문학교육이 진정으로 의도하는 바는 아닐 것이다. 이런 점에서 보면 경기체가에 대한 사실적 지식의 습득은 경기체가 교육의 한 가지 목표 내지 방향으로 국한되어야 하며, 경기체가에 대한 인문적 이해―우리의 조상들이 왜 그와 같은 표현을 했으며 그와 같은 표현은 어떤 의미 작용을 일으키며 당대에―를 위한 교육 내용과 방법이 아울러 모색되어야 할 것이다.

이러한 제안과 함께 지적할 것이 사실적 지식들이 핵심 개념을 중심으로 관계망을 구축하지 못함으로써 입체적 실체에 대한 이해로 나아가지 못한다는 점이다. 경기체가에 대한 여러 사실적 지식들이, 내적 연관성을 지니지 못한 채 고립된 정보로 다뤄지거나 전이력이 거의 없는 개별적인 사실로 학습자 앞에 던져짐으로써 학습에 대한 학습자들의 흥미가 떨어짐은 물론이고 학습의 결과 역시 학습자들의 삶에 큰 반향을 일으키지 못하고 있는 것이 문제인 것이다.

이를 해결하기 위해서는, 말을 바꿔 관계망 내지 내적 연관성의 구축을 위해서는 〈한림별곡〉이라는 텍스트를 보다 거시적인 맥락에서 파악하는 관점이 요청된다. <한림별곡>을 고정된 정태적 실체[13]가 아닌 역동적 활동으로 봄으로써 <한림별곡>의 의미 작용을 파악할 수 있을 때 개별적인 지식들이 의미망 안에 묶일 수 있을 것이며, 의미 작용을 살피는 과정에서 자연스럽게 여러 사실적 지식이나 정보가 동원되거나 그와 같은 교육활동의 결과로 사실적 지식들이 획득될 수도 있을 것이다.

그렇다면 <한림별곡>을 하나의 국어활동, 즉 역동적 실체로 보았을 때 수업의 방향 내지 내용은 어떻게 달라질 것인가 살펴보자.

3. 경기체가 교육의 방향과 실제

'사용'의 개념을 아무리 확장한다고 해도 '국어사용'을 표방할 때는 천박한 실용주의 내지 기능주의로 흐를 가능성이 있는 바, 이러한 문제를 지적하면서 등장한 개념이 바로 '국어활동'이다.[14] 국어교육의 대상으로서의 <한림별곡>은 한 편의 작품임과 동시에 국어활동의 한 결과라 할 수 있는데, 이처럼 대상을 국어활동으로 보는 관점은 국어교육의 기본 전제라 할 수 있으며 교육 방법을 결정짓는 중요한 인식이라 할 수 있다.

<한림별곡>을 국어활동으로 보게 되면 활동의 주체로서의 한림제유들이 왜 그와 같은 표현을 했으며, 그 표현은 왜 유행했고 하나의 장르로 남아 오늘에 전하게 되었는지에 대한 물음에서 출발하게 된다. 이 물

---

13 정태적 이해란 경기체가라는 역동적인 실체를 몇 개의 사실적 지식으로 평면화한다는 점에서 경기체가에 대한 감상으로 이어지기 어렵다고 하겠다.

14 이용주 외, '國語敎育學 硏究와 敎育의 構造', 「사대논총」 46, 서울대 사범대학, 1993, 1~38면.

음에 대해 국문학자들이 마련한 대답, 즉 국문학사적 지식(연구 결과로서의 지식)을 바로 끌어올 수도 있을 것이고 국어활동으로서의 특성과 의미를 따지는 가운데 학생들 스스로 대답을 마련하게 할 수도 있을 것이다. 능동적으로 참여한 수업의 결과가 삶에의 전이력이 높고 학습시 습득한 지식 또한 장기기억으로 저장될 가능성이 높다는 점에서 후자가 바람직한 방법임은 두말할 필요도 없을 것이다. 즉, 학생들이 텍스트 분석에서 나아가 스스로 장르적 특성을 간파하고 장르 발생의 필연적인 계기를 발견함으로써 언어활동의 한 양상 내지 특성을 이해하고 언어활동의 주체로서의 인간에 대해 이해할 수 있어야 하는 것이다.

국어활동으로 접근하기 위하여, 우선 〈한림별곡〉의 내용을 살펴보자.

元淳文 仁老詩 公老四六
李正言 陳翰林 雙韻走筆
冲基對策 光鈞經義 良鏡詩賦
위 試場 景 긔 엇떠하니잇고
琴學士의 玉笋門生 琴學士의 玉笋門生
위 날조차 몃 분이니잇고.

박노준의 지적[15]처럼 한문 투성이의 어휘들이 엄격한 틀 속에 갇혀 있어서 답답할 정도의 인상을 주고 있는 특이한 형식의 노래임에도 불구하고 그것대로 규격화된 질서 속에서 일정한 감흥과 미학을 유발시키고 있다. 전반부(1~4행)에서 당대 가장 문장에 능했던 사람들을 일정한 형식 안에서 반복적으로 거론하다가 그 사람들이 시험을 본다면 그 시험장의 풍경이 어떠할 것인지 묻고 있다. 그리고 후반부(5~6행)에 덧붙이기를, 금학사의 옥같은 문하생들이 자신을 포함하여 몇 명이나 되겠

---

15 박노준, 『高麗歌謠의 研究』, 새문社, 1990, 35면.

느냐고 호기 있게 말한다.

이처럼 대강의 내용을 파악했다면, 문구 하나 하나를 해석한 것이 아니라 한림제유들이 위와 같이 당대 유명한 문인들을 나열하고 있는 이유는 무엇인지 의문을 가질 수 있어야 한다. 사실 '원순'이 누구고 '인로'가 누군지에 대한 세세한 사실적 정보는 중요하지 않을 수 있으며[16] 전반부에 언급된 사람들이 당대 숭앙받던 문인들임을 언급하는 것으로 족할 것이다.

그와 관련하여 개별적으로 나열되던 항목들이 모여 한 장면, 즉 '景'으로 포괄된다[17]는 점에 주목할 필요가 있다. 널리 알려진 것처럼 시험 보는 풍경이 실제 상황이 아니라 이상 내지 관념을 구성한 장면이라는 점[18] 또한 주목할 사항이다. 언급된 문사들이 같은 자리에서 재주를 겨뤘을 가능성은 거의 없으며 한림제유가 아직까지 확고한 지위와 유족한 생활을 확보하지 못한 신흥계층이라는 점에서 작품에 제시된 생활상이 그들의 일상사일 수 없음은 이미 지적된 바[19] 있다.

그렇다면 전반부의 내용은 '언급된 당대 문사들이 재주를 겨룬다면

16 이 말이 '원순'이 누구고 '인로'가 누군지 알 필요가 없다는 말로 오해되어서는 곤란하다. 우선 전체적인 특징을 파악하게 하고 그 의미작용을 간파하게 하는 것이 요청된다는 점을 지적한 것일 뿐이다. 수업이 진행될 때나 종료될 시점쯤 언급된 문사들에 대한 관심이 자연스럽게 생겨나고 그럴 때 이들에 대해 알아보는 것이 좋을 것이다.
17 경으로 포괄되는 방식과 영탄이 이어지는 대목에 대해 많은 논의가 있었다. '개별화와 포괄화의 원리'라는 조동일의 대표적인 논의가 장르론으로 이어지면서 한동안 영향력을 끼쳤으며, 아직도 경기체가 교육에 영향력을 행사하고 있다. 이에 대한 비판도 제기되었는 바, 박일용의 경우 '서경적 대상화와 즉물적 반응으로서의 찬탄'임을 지적하면서 경기체가를 다시 서정 장르로 귀속시키고 있다. 조동일, '경기체가의 장르적 성격', 『고전시가론』, 새문社, 1984 ; 박일용, '경기체가의 장르적 성격과 그 변화', 「한국학보」 46, 일지사, 1986.
18 박노준은 이와 관련된 기존의 연구사를 자세히 정리하고(박노준, 위의 책 참고) 연속되는 논문에서 이를 '앞당긴 체험'이라고 이름 지은 바 있다. 박노준, '＜翰林別曲＞와 ＜關東別曲＞(겸 ＜竹溪別曲＞)의 거리', 『高麗歌謠硏究의 現況과 展望』(성균관대학교 인문과학연소 편), 집문당, 209~227면.
19 박노준, 위의 책(1990, 2000) 참고.

어떻게 될까' 하는 식의 발칙한(?) 상상에 기대고 있다고 볼 수 있다. 이는 학생들이 국어선생님의 이름과 특기를 일일이 언급한 후 국어선생님들을 모아 논술고사를 치게 하면 어떨까 하고 생각하는 것이나 장르별 유명가수들을 모두 모아 놓고 콘서트를 하게 하면 어떨까 하고 상상하는 것과 본질적으로 다르지 않은 발상이다. 이러한 발상은 권위의 전복 혹은 이상 내지 관념의 구상화하는 점에서 생각만으로도 재미를 줄 수 있다.

이러한 발상 내지 표현의 독특함이 바로 〈한림별곡〉 교육의 중요 내용이자 출발점이 되어야 한다. 출발점이 되어야 한다는 말은, 〈한림별곡〉을 가르치고 배우고자 할 때 이러한 내용이 핵심 지식이 되어야 함을 뜻하며, 이러한 핵심 지식의 하위 범주로 여러 구체적인 지식들이 자리 잡아야 함을 의미한다. 〈한림별곡〉의 독특한 발상을 출발점으로 삼았다면, 왜 그와 같은 발상을 했을까, 그와 같은 발상을 한 사람은 누구인가 등등의 물음을 제기해야 한다. 만약 다음 질문으로 넘어가기가 힘들다면 출발점이 되는 발상과 표현의 특징을 다시 한번 경험·이해할 수 있도록 해야 한다. 발상과 표현의 독특함을 경험하게 하기 위해서 〈한림별곡〉을 패러디한 작품을 먼저 제시하는 것도 좋은 방법이다.

일단 발상 및 표현의 재미를 느낄 수 있게 되면, 〈한림별곡〉에 대한 관심과 열정이 생겨나 다음 학습이 수월해진다. 형식적으로 볼 때 '3(a)-3(a)-4(b), 3(a)-3(a)-4(b), 4(b)-4(b)-4(b)' 식의 호흡이 짧은 시어들이 중첩되어 나열됨으로써 유쾌하고 생동감 넘치는 감흥을 불러일으키는 효과를 가지게 된다는 점[20]도 지적할 수 있고, 다음 구절 및 작품 전체에 대한 감상으로 나아갈 수도 있다.

---

20 임기중 외, 『경기체가 연구』, 태학사, 1997, 44면.

후반부에서는 이러한 발상 내지 도발적인 장면화에서 한걸음 더 나아가 금학사의 옥순문생으로서의 자신감을 당당히 표출하고 있다. 역시 반복어구를 통해 금학사의 옥순문생임을 강조하면서 자신감을 표방하고 있다. 국어 선생님들을 다 모아다 논술고사를 치게 하는 상황을 아주 경쾌하게 상상한 후 거기서 그치지 않고 나처럼 논술 능력이 촉망되는 인재가 몇이나 되겠느냐고 반문하는 형국이다.

그런데 전반부에 나타난 발상의 특성이나 후반부에서의 즉흥적인 자기 영탄은 때로 대상을 유희 혹은 조롱의 대상으로 여길 정도의, 자신감 내지 호기가 있을 때 비로소 가능한 표현들이다. 사실상 <한림별곡>은 문사들이 호기를 부리며 문화적 공감대를 형성하는 술자리에서 매우 인기 있는 레퍼토리였으며, 이에 대해 이황이 '문인의 입에서 나왔지만 <u>자긍심이 강하고</u> 지나치게 호방하며 방탕할 뿐만 아니라 외설스럽고 <u>건방지며 함부로 굴기도 해서</u> 더욱 군자가 마땅히 숭상할 바가 아니('陶山十二曲跋' : '出於文人之口 而矜豪放蕩 兼以褻慢戲狎 尤非君子所宜尚', 밑줄 — 필자)'라고 비판한 바도 있다.

이런 모든 상황을 고려해보면 <한림별곡> 내지 경기체가의 본질은 자랑의 문학이었다고 결론지을 수 있다. 그렇다면 고려말 자랑의 장르가 발생한 이유에 대한 의문도 갖지 않을 수 없다. 이처럼 의문이 꼬리에 꼬리를 물고 이어질 때 학습은 보다 흥미로워지고 깊이를 갖게 될 것이며 경기체가와 관련된 여러 개별적인 지식들이 관계망 안에서 논의될 수 있게 된다. 다시 의문으로 돌아가, 자랑의 장르가 이 시기 한림제유들에 의해 발생한 이유에 대해 답을 찾기로 하자. 한림제유가 무신정권의 등장과 함께 새로이 부상한 계층이라는 점과 무신정권기이기는 하지만 최우로 상징되는 문치(文治)의 조짐이 보이는 시기라는 점 등 사회역사적 맥락을 끌어들여 답을 마련할 수도 있을 것이고, 향유 상황에 주목하여 권위의 전복이 자주 일어나는 술자리의 성격과 그 자리를 주도하고 있는 떠오르는 계층의 특성을 언급할 수도 있을 것이다. 이때 여러 가지 국문학사적 지식이 동원될 것임은 물론이다.

이쯤에서 〈한림별곡〉 이후 경기체가의 항방에 대한 관심 및 궁금증 또한 생겨날 것이다. 그러한 관심 및 궁금증은 자랑의 문학이 가장 활발하게 생산·향유된 시기가 조선 전기라는 점에 주목할 때 해소될 수 있다. 조선 개국과 더불어 경기체가는 악장으로 활발히 창작·유통되었는데,[21] 조선조 작가들은 새 왕조의 기틀을 마련해가는 사람들로서, 자신감과 포부가 고려말 한림제유에 못지 않았을 것임을 짐작할 수 있다. 새로운 시대를 만들어가는 사람으로서의 포부와 자신감이 경기체가의 장르적 지향과 맞아떨어졌다고 할 수 있다.

여기까지 나아가면 〈한림별곡〉에 대한 교육이 어느 정도 끝나는 셈이다. 국문학계의 연구 성과를 바탕으로 하고 있기 때문에 가르쳐지는 내용이 기왕의 교육과 별반 다르지 않게 느껴질 수도 있을 것이다. 그러나 이 수업은 학습 목표가 분명해졌다는 점과 그에 따라 모든 국문학사적 지식들이 국어활동을 설명하기 위한 것으로 묶여, 관계망 안에서 제시된다는 점이 기존의 교육과 구별된다. 이를 통해 학생들은 〈한림별곡〉이라는 작품의 내적 특질은 물론이고 당대적 의미작용에 대해 깊이 있게 인식하게 될 것이며, 특정한 상황에서 〈한림별곡〉식 표현을 활용하여 자신의 감정이나 생각을 표현할 수도 있게 될 것이기 때문이다. 전

---

21 권근의 〈상대별곡〉 한 대목을 예로 제시하면 다음과 같다. "華山南 漢水北 千年勝地 /廣通橋 雲鐘街 건나드러 / 落落長松 亭亭古栢 秋霜烏府 / 위 萬古淸風人 景 긔 엇더ᄒ니잇고 / 英雄豪傑 一時人才 英雄豪傑 一時人才 / 위 날조차 몃부니잇고." 철저히 〈한림별곡〉의 체제를 따르고 있음을 확인할 수 있는데, 서릿발 같은 기세로 새 왕조에 반대하는 세력을 규찰하고 엄격한 질서를 수립하는 중대한 임무를 맡은 사헌부 관원들의 위의와 자부심이 잘 드러나 있다.

자가 역사적 상상력을 발휘하여 과거의 문학을 이해하는 일과 관련된다면, 후자는 거기서 더 나아가 <한림별곡>이 주는 오늘날의 의미를 적극적으로 받아들이는 일과 관련된다고 할 수 있다. 전자에 기초하여 후자에까지 나아갈 수 있을 때 <한림별곡>에 대한 교육은 인문교육으로서의 궁극적인 목표에 도달할 수 있게 된다.

이렇게 볼 때 문학작품을 실체로 보고 접근하든 속성으로 보고 접근하든 간에 문학작품이 인간 행위의 하나, 특히 국어 활동의 하나라는 점을 내세우는 것이 필요하다는 결론에 도달하게 된다. 국어교육의 대상이 되는 문학작품이 고정된 정태적 실체라기보다는 역동적 실체이기 때문에 역동적 실체로서의 측면을 파악하기 위해서는 활동으로 보는 관점이 수반되어야 하며, 그와 같은 문학 활동의 의미 작용을 파악한 결과로서 작품에 대한 개념화, 즉 사실적 지식에 대한 이해가 자연스럽게 뒤따라야 한다는 생각이다.

4. 학습 방법에 대한 성찰의 필요성

훈고·주석에 매달리고 경기체가라는 장르종에 대해 친절하게 설명하고 시대적 배경과 연행 상황에 대한 여러 지식들을 나열하는 식의, 흔히 볼 수 있는 고전문학 수업은 사실 기능적 문식성과 장르적 문식성, 문화적 문식성을 신장시키기 위한 교육적 접근이자 노력이라고 할 수 있다. 그러나 그러한 교육적 노력이 고전문학에 대한 정당한 인식을 가져왔는지에 대해서는 매우 회의적일 수밖에 없다. 그렇다면 <한림별곡>을 이해하고 감상하는 데 동원할 수 있는 정보 내지 문학사적 지식들을 모두 제공해주었음에도 불구하고 〈한림별곡〉에 대한 이해가 깊어지지 않는 이유는 무엇인가. 왜 학생들은 고전문학을 발견하고 감상하는 즐거움을 느낄 수 없는 것일까.

이와 관련하여 필자는 지식 위주의 수업이 고전문학에 대한 흥미를 떨어뜨렸다는 항간의 말에 동의하지는 않는다. 오히려 문학사적 지식은 작품 이해의 중요한 출발점이자 도착점이라고 생각한다. 독자는 문학사적 지식의 안내를 받아 작품의 신비를 하나하나 벗겨나갈 수 있으며-이것이 바로 인식의 과정인데, 이 과정에 학생들은 인식의 즐거움, 발견의 즐거움을 느낄 수 있다-, 작품 이해의 결과로 그 지식을 보다 강화하거나 구체화하게 된다는 점에서 볼 때 지식은 이해와 감상의 수단이자 결과인 것이다.

문제는 지식을 다루는 방식에 있으며, 지식을 가르칠 것인가 말 것인가의 차원에 있는 것이 아니다. 꼬집어 말한다면 많은 지식 내지 사실들을 정보 차원에서 고립적으로 다룸으로써 암기의 부담만을 주었을 뿐 작품 이해로 나아가지 못한 점이 우리 고전문학교육의 문제이다. 핵심 개념을 중심으로 묶이지 않은 개별적인 지식들이 다량으로 제시되면 누구나 그 정보들을 처리하기 위해 인지적 부담을 느낄 수밖에 없게 된다. 그렇게 되면 어느새 본말이 전도되고 목표의식이 사라지면서 지식을 학습하기 위해 작품이 존재하는 그런 상황이 연출될 수 있는 것이다.

그렇다면 고전문학을 이해, 감상하기 위하여 문학사적 지식들을 어떻게 제시해야 하는가. 문학사적 지식들을 고립된 정보들이 아닌 내적 연관을 지닌 관계망으로 엮는 것은 어떻게 가능한가. 이를 위해서는 고전문학을 보는 관점의 변화가 우선적으로 필요하다는 것이 필자의 생각이다. 문학사적 지식들을 개별적인 정보의 차원에서 다루는 기존의 교육은 고전문학을 고정적인 실체로 보는 관점에 위에 서 있는 바, 이에 대한 반성에서 고전문학교육이 시작되어야 한다고 보는 것이다. 고전문학, 구체적으로 말해 <한림별곡>은 그 당대 나름의 의미작용을 일으키며 존재했던 문학현상 혹은 문학활동이라 할 수 있다. 그 현상 내지 활동을 상상적으로 '재연(再演, re-enactment)'[22]할 수 있을 때 고전문학의 의미는 살아날 것이다. 이 재연을 위해서는 고전문학작품을 문학활동 내지 행위로 보고, 그 활동 내지 행위를 설명하기 위해 문학사적 지식을 동원하는 것이 바람직할 것이다. 바꿔 말하면, <한림별곡>의 생산 및 향유 맥락을 재연하기 위해 필요한 재료들이 바로 문학사적 지식들이며, 그 지식들을 서로 엮어주고 관계망으로 묶는 활동이 곧 <한림별곡>에 대한 수업내용이 되어야 할 것이다. 이를 위해 교과서는 <한림별곡>이라는 문학활동을 이해하기 위한 활동들로 구성되는 것이 바람직하며, 교사는 끊임없이 여러 자극－질문－을 줌으로써 학생들이 작품에 대한 총체적 이해를 위해 문학사적 지식을 동원할 수 있도록 안내해야 할 것이다.

---

22 이 말은 콜링우드가 역사와 관련하여 제기한 개념이다.

미래의 화두話頭, 경험의 위계화

대학원 시절, 아주 힘들게 들었던 수업이 있다. 수업을 하루 앞둔 날에는 가슴이 답답했고, 수업이 진행되는 동안에는 불안과 긴장에 휩싸였으며, 수업이 끝나면 일주일이 다 지난 듯한 홀가분함을 느꼈다. 그때의 감정을 풀어서 서술하려니, 그것도 몇 개의 단어 속에 가둬 두자니, 언어의 불완전함을 다시금 느끼게 된다. 10년이 지난 지금도 그때의 감정들이 생생하게 살아난다고 하면 누가 믿어 줄까.

그 수업은 담당 선생님과 학생들 간의 활발한(?) 상호작용을 바탕으로 진행되었다. 선생님께서는 수강생들에게 끊임없이 질문을 던지셨고, 우리는 그 질문에 꼭 맞는 대답을 찾아야 한다는 강박을 가지고 대답할 말을 찾느라 초조했다. 어려워하며 답하면 선생님께선 그 답과 관련된 다른 질문을 던지시고 그러면 우리들은 또 답하고 선생님께선 또 질문을 던지시고…… 이 과정을 여러 번 거듭한 후에야 당신의 설명을 덧붙이신다. 그러나 그때도 방심할 수는 없다. 언제든 질문을 던지고 답하는 과정이 다시 시작될 수 있으니까. 그때나 지금이나 수업이란, 아니 공부란 모름지기 묻고 답하는 과정이라고 생각하지만, 그 수업은 문답의 결과 면에서도 그리 만족스럽지 않았다.

문제는 어떤 질문을 하느냐와 관련된다. 선생님께서는 문학교육을 하겠다고 대학원에 진학한 우리들에게 매우 곤란한 질문을 하셨다. 자명한 듯하지만 쉽사리 정의되지 않는 개념에 대한 물음, 흔히 사용하면서도 그 의미역이 방대하고 모호한 개념에 대한 물음, 가령, "염 선생, 문학이 뭔가?"라는 식의 질문을 던지셨는데, '언어예술이 어쩌고저쩌고' 대답하면, 어김없이 "그럼, 그때의 언어는 뭔가?"라든가 "예술이란 또 뭔가?"라는 식의 질문을 다시 던지셨다. 누가 문학이나 언어, 예술을 한마디 말로 정의할 수 있을까? 그러나 문학교육을 공부한답시고 앉아 있는 나는 '문학'이 뭔지도 모른다는 사실 때문에 부끄럽고 초조해지곤 했다. 나중에서야 나는 그와 같은 물음이, 정답이 너무나 많을 수 있고 그래서 정답이 없을 수밖에 없는, 원천적으로 대답 불가능한 물음이라는 것을 알았다. '문학이란 무엇인가'라는 제목의 책이 계속해서 출간될 수밖에 없는 이유를 늦게서야 알게 된 것이다. 더 한참이 지난 후 나는 정답은 없지만, 누구나 자신의 말로 정의하고 체험할 수 있는 것이 문학임도 알게 되었다.

학생들이 와서 나에게 '사랑'에 대한 글을 써 달라고 요청한 적이 있다. 사랑이란 뭘까? 문학이 뭐냐는 질문을 받았을 때만큼이나 어떤 내용의 글을 써야 할지 애매했다. 인류가 시작된 이래 사랑에 대한 정의가 무수히 시도되었고, '사랑이 뭐길래'라고 노골적으로 묻는 드라마가 있었는가 하면, 학교 어딘가에선 지금도 '사랑을 하느니, 마느니'의 입씨름이 진행되고 있을지도 모르며, 나 역시 매일 아침, 아니 하루에도 여러 번 사랑한다는 고백의 말을 하며 살고 있기 때문이었다. 이렇듯 흔한데, 어떤 내용을 써야 할지 결정하기가 쉽지 않았다. 사실 나는 그 학생들에게 수업 시간에 종종 이야기하곤 했었다. 문학이란 단어처럼, '사랑'은 추상화의 수준이 높은 말이라, 의사소통의 어려움을 동반할 수밖에 없는 단어라고. 여러 구체적인 행위나 사건, 감정 등을 추상하여 붙인 이름이기에, 사랑이란 이름 아래 떠올릴 수 있는 것이 각기 다를 수 있다고. 살아온 삶의 다양성만큼이나 사랑에 대한 생각도 다양하다고. 그래서 사랑에 대해 다른 생각을 가지고 있는 사람들이 만나면 당연히 사랑하느니 안 하느니 싸우게 되고, 그 싸움을 통해 각자 살아온 삶을 이해하게 되면 그들만이 사랑을 찾게 된다고. 문학이란 이런 것이라고 자신 있게 말할 수 없을 때도 문학을 즐기고 문학에 대한 이해를 목표로 삼을 수 있는 것처럼, 사랑이 무엇이라고 자신 있게 말할 수 없어도 누구나 지금 이 순간 다른 누구를 사랑하며 또 언제나 사랑하며 살고자 노력할 수 있는 것이라고.

고심의 결과, 나는 말랑말랑한 연애 이야기를 기대했던 학생들에게 실망감을 안겨 주었다. 추상화의 레벨이니 언어의 본질이니, 소통의 가능성이니 하는 어려운 내용들로 지면을 채워, 학생들에게 공부할 문제를 던졌다.

언어란 그리 정직한 기호가 아니다. 오랜 세월 살아가면서 여러 가지 색깔이 더해지고, 사용하는 사람들의 경험 속에서 다시 채색되어 존재하는 그런 기호이다. 정직하고 투명한 기호라고 착각하는 순간, 우리는 더욱 소통의 어려움을 경험하게 된다. 소통의 성공을 위해서는 언어의 여러 빛깔을 인정하고 즐길 수 있어야 하는데, 이는 그 말에 담겨 있는 말 주인(표현 주체)의 경험까지 고려했을 때 가능하다. '사랑'이라고 묶일 수 있는 여러 구체적인 감정이나 행위 등에 대한 경험의 역사가 내가 사용하는 '사랑'이라는 말의 의미를 구성하고, '문학'이라 불리는 여러 구체적인 텍스트와 현상들에 대한 경험의 역사가 내가 사용하는 '문학'이라는 말의 의미를 구성하는 것이기 때문이다.

가르치는 일은 본질적으로 소통하는 일이기도 하다. 그런데 학습자와의 소통을 위해서는 학습자들의 경험의 역사에 대해 성찰할 필요가 있다. 사실 특정 학습자에게 더 잘 이해되는 작품이 있는가 하면 이해되기 어려운 작품이 있다. 또 먼저 이해되어야 할 작품이 있고, 또 모든 학습자들이 함께 경험해야 할 작품도 있다. 어떤 학습자가 어떤 시기에 어떤 작품을 경험했는지는, 이후 소통에도 영향을 미친다.

제3부는 고전문학에 대한 감수성과 안목을 길러주려면, 학습자의 경험에 대해 성찰함으로써 학습자의 발달단계에 부합하는 교육 내용을 제공해야 한다는 생각에서 쓴 글들을 모았다. 국어교육 연구 및 실천의 장

에서 학습자의 발달단계에 대한 고려가 어떠했는지를 살피고 그와 관련된 과제를 확인하는 글을 먼저 실었다. 그리고 시조와 설화를 대상으로 삼아 교육 내용의 위계화를 시도해보았다. 아직은 가설 차원에 머물고 있는 주장이라 그 가설을 검증하기 위해 여전히 노력하고 있다. 또 발달단계가 낮은 수준의 학습자들을 우선적으로 고려하고 있어서 점차 높은 수준의 학습자들을 고려한 논의로 확대시킬 계획을 가지고 있다.

경험의 위계화…… 고전문학교육의 여러 문제들이 이 과제를 수행하지 않음으로써 생겨났다는 점과, 따라서 이 과제가 우리가 해야 할 중요한 일임을 공유할 수 있었으면 좋겠다.

문학교육과 학습자의 발달단계

고전문학의 교육적 가치와 교육 내용을 제안하는 논문들이 제법 많아졌다. 그러나 고전문학을 가르치려고 할 때는 여전히 참조할 만한 자료가 없어서 허둥거리는 것이 현실이다. 일반적–원론적 차원의 지식이나 교육 내용을 학생들에게 구체적으로 적용하기가 어려운 까닭이다. 이러한 간극을 메우기 위하여 이제 그간의 연구 성과를 토대로 구체적이고 실질적인 진단과 처방을 시도할 필요가 있다. 논리적 선후를 고려하는 한편 학습자들의 발달적 필요와 연결하여 교육 내용의 위계를 정하고 교육 내용을 보다 구체화해야 하며, 그에 따라 교육 방법도 구체화–다양화해야 할 시점에 와 있는 것이다. 그 결과 어떤 시기 혹은 어떤 특성의 학생들에게는 이런 작품의 이런 내용을 가르치고, 이 작품을 먼저 배우게 한 후 저 작품을 나중에 배우게 하는 것이 좋다는 식의 보다 구체적인 처방을 할 수 있어야 한다.

이러한 생각에서 학습자의 발달단계나 교육 내용의 위계화에 대한 현재의 인식 수준을 우선적으로 확인해 보기로 하였다. 교육과정 분석을 통해 우리가 명시적 혹은 암시적으로 가정하고 있는 발달에 대한 생각과 현실적인 반영 및 고려 정도 등에 대해 살펴보았다. 학습자의 발달단계에 대한 고려와 교육 내용 혹은 경험 내용의 위계화가 시급한 과제임을 공유할 수 있었으면 좋겠다.

1. 서론

최근 우리는 학습의 주체이면서도 정작 크게 고려하지 않았던, '학습자'를 새롭게 발견하고 인식하기 시작했다.[1] 이러한 발견의 여정은 국어

---

1 문학교육의 장에서 '학습자'를 중시하게 된 이론적 배경에 대해서는 다음을 참고할 수 있다. 김중신, '학습자 중심의 문학교육과정 내용 체계', 『문학교육과정론』(우한용 외), 삼지원, 1997, 164~169면.

교과학의 태동 및 전개 과정과도 어느 정도 궤를 같이 한다고 할 수 있다. 추상적 존재로서의 학습자를 상정하고 그 학습자에게 국가적 필요의 차원에서 설정된 내용이나 연구자의 학문적 관심으로부터 이끌어낸 여러 지식을 공급해오다가, 불과 2~30년 전부터 구체적인 인간으로서의 학습자가 무엇을 원하는지, 어떤 발달 특성을 보이는지 등을 고려하게 된 것이다. 문학교육의 장에서 문학교육의 목표 내지 의의는 무엇이고 문학능력이란 또 무엇인지, 그리고 무엇을 가르쳐야 하는지에 대해 새삼 논의하게 된 것도, 결국에는 공급자의 논리가 아니라 교육 수혜자로서의 학습자의 입장에서 문학교육과정을 재구성하기 위한 물음이었다고 볼 수 있다.[2]

교육이 배우는 주체인 학습자 중심이어야 한다는 명제가 '상식 중의 상식'[3]임에도 불구하고 오랫동안 잊혀졌다는 것은 일견 놀라운 일이 아닐 수 없다. 그런데 이와 함께 우리가 기억해야 할 것은 이러한 상식이 지켜지기 위해서는 학습자에 대한 충분한 이해가 전제되어야 한다는 점이다. 또 이를 위해서 투자해야 할 우리의 시간과 노력이 적지 않다는 사실이다. 이것 역시 상식 중의 상식일 것이다. 그런데 이 상식 역시 잊혀졌거나 간과되고 있는 듯하다. 지금까지도 학습자 중심의 교육을 실현하기 위하여 꼭 수행해야 할 이론 및 경험 연구에는 게으르고, 소리 높여 학습자 중심으로 나아가야 한다고 주장하고 있으니 말이다.[4]

---

2 물론 이러한 '학습자 중심'의 지향점을 더욱 구체화한 것은 7차교육과정이다.
3 허경철, '수준별 교육과정의 필요성과 개발 방향', 「교육과정연구」 14권 2호, 한국교육학회 교육과정연구회, 1996, 18면.
4 이와 관련하여 필자는 '학습자 중심'이라는 말이 남용되는 양상이나, 아직까지도 부정의 용어 내지 무기로 사용되는 것에 큰 불만을 가지고 있다. 가령, 아직도 이 말이 열린 교육이나 수요자 중심 교육 등의 개념과 연관되어 '교사 중심의 교육', '주입식 교육', '암기식 교육' 등 기존의 교육을 비판하고 부정하는 슬로건으로 사용되는데, 주지하듯 '학습자 중심'의 대립항은 '교사 중심'이 아니다. 학습자 중심이라는 용어가 경우에 따라 교사가 주도권을 갖는 수업의 국면과 대응되는 개념으로, 즉 학습자가 주도권을 갖는 수업의

국가 역시 기초 연구를 지속적으로 수행할 수 있도록 독려하고 지원하는 것에는 민첩하지 않은 상태에서, 기존의 교육과 차별화하기 위한 슬로건으로 '학습자 중심'을 내세우고, 각급 학교에 이를 실천하도록 강요하고 있는 상황이다. 현장과의 활발한 소통을 통해 학습자에 대한 이해가 깊어지고 그 이해 내용이 교육과정에 반영되었을 때 각급 학교 교사들이 학습자 중심의 교육을 실현할 수 있음에도 말이다.

문학교육에서의 발달 단계에 대한 논의 역시 아직은 매우 미흡한 수준이라 할 수 있다. 교육학 분야로부터 학생들의 발달단계에 대해 많은 이해를 얻은 것이 사실이지만, 이를 학습자의 문학 능력의 발달단계로 구체화하고, 문학교육의 내용 항목을 추출하여 위계화를 시도하는 연구는 턱없이 부족하다.[5] 이 글은 기초 연구의 하나로, 아니 좀더 솔직하게 말하자면, 기초 연구를 시작하기 위하여, 우선 현재 국어교육 실천과 연구의 장에서 학생들의 발단 단계를 어떻게 이해하고 있는지 살펴보고자 한다. 나아가 문학교육의 장에서 학습자의 발달단계에 대한 논의가 더 상세화되고 다양화되기를 희망하며, 그 구체적인 논의의 하나로 아동의 발달 특성을 고려하여 서사적 글쓰기의 위계를 탐구해 보고자 한다.

국면을 칭하는 말로 사용될 수는 있다. 그러나 '학습자 중심으로 교육해야 한다'는 명제는 우리 교육이 지향해야 할 이념이자 모든 교육 행위의 출발점으로 이해해야 한다. 따라서 부정 내지 비판의 용어가 아니라 건설 내지 구성의 용어가 되어야 하며, '학습자 중심'을 표방하지 않았더라도, 가령 문학작품의 소통 구조를 밝힌다거나 문학 지식을 추출하는 논의나 문학 능력 자체의 위계를 정하는 논의도 학습자 중심의 문학교육을 실현하기 위한 작고, 소중한 기초 연구임을 인정할 수 있어야 한다.

5 위계화와 관련된, 다음 논의들의 의의가 더 크게 느껴지는 것도 이러한 상황과 관련된다. 김대행, '國語科敎育의 目標와 領域', 「先淸語文」 25집, 서울대학교 사범대학 국어교육과, 1997 ; 김대행, 『문학교육 틀짜기』, 역락, 2000 ; 김대행, '내용론을 위하여', 「국어교육연구」 제10집, 서울대학교 교육종합연구원 국어교육연구소, 2003 ; 김상욱, '초등학교 아동문학 제재의 위계화 연구', 「國語敎育學硏究」 제12집, 2001 ; 김중신, 『소설 감상 방법론 연구』, 서울대출판부, 1995 ; 박인기, 『문학교육과정의 구조와 이론』, 서울대출판부, 1996 ; 우한용, '문학교육론서설', 『난대 이응백 박사 회갑기념 논문집』, 보진재, 1983, 620~627면.

2. '수준별'과 발달 단계

논의를 시작하면서 수준별 교육과정에서 말하는 '수준별'이 지닌 의미에 대해 짚어볼 필요가 있다. 이는 지금 시행되고 있는 교육과정을 살펴보는 일이기도 하려니와, 우리의 논의와 관련하여 볼 때, '수준' 혹은 '수준별 계열화' 내지 '위계화'의 이면에 자리하고 있는, 발달단계에 대한 현재의 인식 수준 및 논의 수준을 확인하는 일이 될 것이다.

1) 수준 구분의 기준

7차 교육과정을 일컬어 수준별 교육과정이라고 부른다. 7차 교육과정에서는 학습자의 성장 단계에 따라 교육 내용을 체계화하는 '종적 체계화'와 학습자의 개인별 수준차에 따라 교육 내용을 체계화하는 '횡적 체계화'를 시도하고 있다.[6] 전자가 1학년부터 10학년에 이르기까지 학습할 내용을 위계화하여 제시하는 단계형 교육과정에 해당한다면, 후자는 학습자의 개인차를 고려하여 선택하도록 되어 있는 보충·심화형 교육과정 및 선택형 교육과정에 해당한다고 할 수 있다. 후자는 종적으로 체계화되고 위계화된 내용을 개별 학습자의 수준에 맞게 선택하거나 재구성하는 차원이라, 교수·학습의 차원에서 실현되거나 혹은 현실적으로 볼 때 제도나 교과 운영의 문제와 더욱 관련되는 것이기 때문에, 교육 내용을 문제 삼는 이 글에서는 다루지 않기로 한다. 대신 우리는 종적 체계화, 즉 단계형 수준별 교육과정에 국한하여 논의하기로 한다.

7차의 단계형 수준별 교육과정은, 학습내용 전체를 학습 영역에 따라

---

6 김중신, 앞의 논문, 164면.

나누고, 동일한 학습 영역에 속한 학습 내용을 다시 위계에 따라 분류한 체계를 가지고 있다.[7] 또 학습 내용 구성 단위를 위계에 따라 단계(또는 하위 단계)로 서열화하였는데, 이 각각의 단계를 수준(level)[8]이라고 부를 수 있다. 그런데 학습 내용을 위계에 따라 분류하다 보면, 자연스럽게 학습자의 통시적 변화를 전제하거나 적극 참조할 수밖에 없게 된다. 따라서 발달을 '연령 증가에 따라 일어나는 신체, 행동, 인지, 정서 및 성격상에 나타나는 여러 변화'[9]로 정의할 때, 수준별 교육과정은 '발달' 및 '발달의 단계'를 염두에 둔 교육과정이라 하겠다.

그렇다면 이제 7차 문학교육과정에 전제되어 있는 발달에 대한 이해 정도를 점검해 볼 차례이다. 교육과정에는 위계화의 기준으로 '학습 속도 및 능력에 따른 학습 성취도뿐만 아니라 흥미, 적성, 진로 등'[10]이 언급되어 있다. '진로'는 학습자의 내적 발달보다는 현실적인 필요와 더욱 관련된다는 점에서 논외로 하면, 연령대별 학업 성취도는 물론이고 흥미와 적성 등이 달라짐을 인정하고 이를 고려하여 위계화를 시도했다는 말이 된다. 그런데 교육과정을 살펴보면 과연 학습자의 이러한 특성을 얼마나 반영하고 있는가 하는 의문이 생길 수 있다. 이 의문은 성취도나 흥미, 적성 등에 대한 명확한 개념 규정이나[11] 연령별 특성 등이 제대로 구명되지 않음으로써, 따라서 그 개념들이 여전히 상식의 영역, 주관성의 영역에 머물러 있음으로써 더욱 증대된다.[12] 이 의문은, 또한

---

7 교육인적자원부, 『수준별 교육과정 편성·운영의 실제』, (주)신영프린팅, 2001, 7면.
8 교육과정에서는 '수준'을 다음과 같이 정의하고 있다. "수준별 교육과정에서 '수준'의 개념은 1) 학생의 학습 능력과 관련된 '수준'과, 2) 내용과 관련된 '수준', 그리고 3) 학습 능력과 관련된 것으로 학습한 결과로 성취한 정도와 관련된 '수준'으로 나눌 수 있다." 교육부, 『초등학교 교육 과정 해설(Ⅲ)』, 대한교과서(주), (1998), 23면.
9 교육학연구소, 『교육학 대사전』, 하우, 1996, 1234면.
10 교육인적자원부, 앞의 책(2001) ; 교육부, 앞의 책(1995) 참고.
11 각각의 용어에 대해 설명한 내용을 보면, 개념에 대한 이해 정도가 상식적인 차원에 머물고 있음을 알 수 있다. 교육인적자원부, 앞의 책(2001), 6면.

문학교육에서 가르쳐야 할 내용을 위계화할 때 학습자의 특성을 고려하는 것이 얼마만큼 가능한가 하는, 아주 본질적인 차원의 물음과도 관련된다. 앞서 지적한 것처럼, 각각의 개념에 대한 명확한 규정이 없고, 또 문학교육과 관련하여 학습자가 어느 시기에 어떤 장르에 흥미를 보이고 어느 만큼의 성취도를 나타내는지 등에 대한 구체적인 자료도 없는 상황에서 이 의문에 대한 답은 회의적일 수밖에 없다.[13]

사실 학습자들의 학업 성취도와 흥미, 적성 등을 따르는 것이 바람직한가, 혹은 얼마나 받아들여야 하는가 하는 문제는 뒤로 하더라도, 현실적으로 볼 때 교육 내용을 구성하는 차원에서 학습자의 학습 속도 및 능력에 따른 학습 성취도 및 흥미와 적성 등을 고려하는 것에는 일정한 한계가 있다. 7차교육과정에서는 교사가 학습자의 특성을 간파하여, 이미 제시되어 있는 교육 내용 목록 중에서 적절한 것을 선택하고, 적절한 경험 내용으로 재구성하여 운영하도록 권고하고 있다.[14] '교육의 질이 교사의 질을 넘지 못한다'는 말을 기억하지 않더라도 교사의 역할이 얼마나 중요한지에 대해 이견을 달 사람은 없을 줄 안다. 필자 역시 학습

---

12 가장 이상적인 상황은 학생 한 사람 한 사람의 발달단계를 고려하고 발달상의 차이를 염두에 두어 가르칠 내용을 체계화해야 하겠지만, 이는 현실적으로 불가능하다. 불특정한 여러 학습자들을 대상으로 하는 교육이다 보니 어느 정도의 추상화는 필수적이다. 경험을 추상하는 과정에서 연구자들은 끊임없이 구체적인 학습자의 특성에서 벗어나지 않으려는 자세를 유지해야 할 것이다.
13 수준별 교육과정이 교과 외적 필요에 의해 매우 성급하게 추진되고 있고 많은 선결 문제를 안고 있다고 지적한, 김대행의 논의는 아직도 유효하다. 그 선결 문제가 조금도 해결되지 않은 채, 아직도 우리의 숙제로 남아 있기 때문이다. 또 실제 7차교육과정 해설서의 여러 곳에서도 경험 연구의 부족과 그로 인한 어려움을 토로하고 있기 때문이다. 김대행, '국어과 교육과정의 분석과 수준별 교육과정 개발', 「교육과정연구」 14권 2호, 한국교육학회 교육과정연구회, 1996 ; 교육부, 앞의 책(1998), 4면과 11면 참고.
14 교육인적자원부, 앞의 책(2001), 6면. 관련 내용을 그대로 옮기면 다음과 같다. "수준별 교육과정은 획일적인 수업에서 탈피하여 학생들의 수준에 맞는 내용을 학습할 수 있도록 하자는 것이다. 따라서 수준을 결정하는 절대적 기준은 없으며 가장 중요한 판단 기준은 교사가 결정하는 기준일 것이다."

자 중심의 교육을 실현함에 있어서 교사의 역할이 얼마나 중요한지 잘 알고 있다. 그러나 학습자 중심을 표방한 교육과정이라면, 개별 학습자에 대한 관찰로부터 추상한, 학습자의 특성이 교육 내용의 선정에 반영되어 있어야 하고(1차 고려), 이를 바탕으로 교사가 개별 수업에서 학습자의 구체적인 특성을 다시 한번 고려(2차 고려)할 수 있도록 구조화되어야 한다. 지금처럼 이념 차원에서만 학습자 중심을 주장하게 되면 교사에게 너무 많은 짐을 지워주는 꼴이 된다. 물론 누구나 인정하듯이 7차 교육과정은, 수준별 단계를 설정하면서 가르칠 내용 항목을 구체화·상세화하였고 이로 인해 교사가 무엇을 가르쳐야 하는지 보다 분명히 알 수 있게 하였다. 이는 분명 이전의 교육과정에 비해 진일보한 면이다.[15] 그러나 학습자의 여러 특성들을 반영하는 문제를, 수업에 임하는 교사 개인의 능력과 열정 등에 맡긴 것은 문제가 아닐 수 없다. 더욱 문제인 것은 능력과 열정을 지닌 교사라 하더라도 학생들의 특성에 대해 참고할 다른 자료를 얻기 어렵다는 점이다.

그러나 7차 교육과정이 발달 특성에 대한 면밀한 조사나 연구에 기초하여 만들어지지 않았다 하더라도 수준별을 표방함으로써 문학교육의 장에서 발단 단계에 대한 논의를 크게 진전시킨 것은 사실이다. 또 엄밀히 따져보면 발달단계에 대한 이해가 전무한 상태에서 이루어진 것도 아니다.

---

15 가르칠 내용 내지 목표를 구체화하고 상세화한 점은 성과일 수 있다. 그러나 가르칠 내용 내지 목표를 학년별로 구획함으로써, 즉, 기계적으로 분절함으로써 여러 문제가 생겨난 것도 사실이다.

2) 단계별 수준 구분의 근거

① 경험치에 의한 단계 설정

7차 교육과정에서 수준별 내용 제시의 중요한 근거가 되는 것은 경험치[16]이다. 연구자들은 물론이고 교사의 경험치가 위계 판단의 중요한 근거가 되고 있음을 알 수 있다. 문학교육 내용 항목을 추출하는 연구자들 각각 고유한 문학 체험을 가지고 있고 그 경험이 어떤 방식으로든 간에 항목 선정 및 배열의 과정에 반영될 수밖에 없을 것임은 쉽게 짐작할 수 있다. 또 교사들을 대상으로 설문 조사나 검토 작업 등을 시행하는 까닭도 학생들을 여러 해 동안 직접 만난 경험과 그 경험으로부터 추상한 학생들에게 대한 이해를 높이 산 결과로 볼 수 있다. 실제로 사전에 의사교환의 기회가 없었음에도 불구하고 연구자들이나 교사들의 판단이 상당히 일치한다는 사실은, 경험치가 중요한 판단 근거가 될 수 있음을 입증하는 것으로도 해석할 수 있다.

그러나 우리가 체험의 보편성을 인정한다면, 체험의 특수성 내지 개별성 또한 인정하지 않을 수 없다. 경험치는 다양한 경험으로부터 형성한 지식과 감각(sense)으로, 구체적인 상황에 직면했을 때 연구자나 교사의 중요한 판단 준거가 되겠지만, 때로 연구자나 교사 개인의 성향이나 독특한 체험과 결합하여 편견으로 작용할 수 있다. 그래서 언제나 신뢰할 수 있는 것은 아니다. 7차 교육과정에서는 이러한 가능성을 줄이고자 광범위한 표본 조사를 수행한 바 있다.[17] 그러나 여전히 문제는 남는

---

16 여기서 경험치란 전문성과 윤리의식 지닌 연구자나 교사가 교육 사태에 직면하여 사용하는 판단의 준거를 말한다. 경험에서 얻은 판단의 준거로, 눈에 보이는 것이 아니기 때문에 실체 자체를 인정하기가 쉽지 않아 한동안 그 중요성이 간과되어 왔다. 그러나 최근 암묵지(tacit knowledge)의 중요성이 부각되면서 경험치의 가치 또한 인정받기 시작했다.

17 7차 교육과정을 개발하기 위하여 한국교육개발원 국어교육 연구실에서 수행한 설문의 조

다. 가령, 설문이나 검토 작업을 통해 경험치를 제공한 교사들만 보더라도 문학교육에 대해 보다 많은 관심과 열정을 지닌 교사일 가능성이 높다고 봐야 한다. 자율 회수 방식을 취한 것이나 대도시 교사들의 응답율이 높은 것으로 보아, 보다 적극적인 교사들이 참여했을 가능성이 높기 때문이다. 따라서 경험치에 의존하는 위계화는 표본 집단의 크기나 포함된 사람들의 대표성, 경험치를 끌어내기 위해 사용한 설문의 내용 등 여러 가지 측면에서 객관성을 확보하기 위한 노력이 전제되지 않는다면 -때로 그와 같은 노력이 경주된다 하더라도-, 엉뚱한 결론을 지지하게 될 수도 있다.

그럼에도 불구하고 학습자의 학습 능력과 성취 수준을 정할 수 있는 객관적 자료가 충분치 못한 상황에서 현재 각급 학교에서 사용하는 교과서를 정치하게 분석한 자료와 전문가의 전문적 식견과 건전한 상식으로 접근하는 것이 하나의 대안이 될 수밖에 없다.[18] 따라서 연구자 자신은 물론이고 교사들의 경험치를 수집하여 기술함으로써 객관적 자료로 활용하는 방안을 적극 고려해 볼 수밖에 없다. 사실 자료가 충분히 쌓이지 않는 지금의 상황에서 이러한 경험치의 가치는 크다고 할 수 있으며, 학습자의 발달적 특성에 대한 파악이 단시일 내에 완결되는 것이 아니라는 점을 생각하면 경험치에 의존하는 지금과 같은 상황은 한동안 지속될 것으로 보인다.

보다 광범위한 범위에서 경험치를 기술하는 일이, 학습자의 문학 능력 발달을 기술하는 경험 연구와 병행될 필요가 있다.

사 대상과 방법 및 그 결과를 보면 짐작할 수 있다. 교육부, 앞의 책(2001), 79~119면.
[18] 이인제, '제7차 국어과 교육과정의 구성 방향과 과제', 열린 교육과 수준별 교육과정 정책 세미나, 덕성여대 열린교육연구소, 1997, 99면 ; 김창원, '문학 능력의 발달 구조와 문학교육의 통합성'『문학교육의 인식과 실천』(문학과문학교육연구소 편), 국학자료원, 2000, 99면 재인용.

② 논리적 단계 설정

논리적 단계 설정이란, 논리적으로 선후 관계를 따져 배열하는 것을 일컫는다.

'체험적 구체성에서 개념적 추상성으로', '평면적 혹은 선조적 단순성에서 입체적 복합성으로' 진행되어야 한다거나,[19] '쉬운 것에서 어려운 것으로', '개인적인 것에서 사회적인 것으로', '흥미 유발에서 지식의 인식→지식의 조절' 순으로 학습해야 한다[20]는 문학 학습의 대원칙이 논리적 단계 설정의 예가 된다. 이러한 논리적 단계 설정 역시 엄밀히 따지면 문학 감상 체험을 포함하여 삶 전반의 경험에서 추상된 결과라 할 수 있다.[21] 그러나 경험으로부터 추상하기는 했지만, 삶 전반에 관여하는 원리 내지 지식을, 문학 교육의 순서 내지 단계를 추출하는데 적용했다는 점에서, 다시 말해 문학 체험을 포함하여 여러 체험들로부터 추상한 원리가 학습자의 문학 체험에도 유사하게 적용될 것이라고 추리했다는 점에서 '논리적'이라는 수식어를 붙일 만하다.

문학 학습의 일반적 순서뿐만 아니라 구체적인 내용 항목을 배열할 때도 연구자의 경험뿐 아니라 내용 항목들 간의 논리적 선후 관계를 고려하게 된다. 사실 교과교육연구자들이 A, B 두 항목을 앞에 두고 'A는 B 다음에 와야 자연스럽지'라고 판단했다면 여기에는 경험으로부터 형성한 감도 작용했겠지만, 두 항목 간의 논리적 선후 또한 고려된 것으로

---

19 김대행, 앞의 논문(1997), 43면.
20 교육부, 앞의 책(1998), 23면.
21 경험치에 의한 단계 설정이나 논리적 단계 설정은, 모두 궁극에 가면 구체적인 경험에 근거한 것으로도 볼 수 있다. 다만, 구체적인 경험으로부터 얼마나 멀어졌는가, 다시 말해 얼마나 추상화되었는가 하는 정도의 차이가 존재한다고 할 수 있다. 이를 시각화하면 다음과 같다.

보아야 한다. 가령, 작품에 표현된 말에서 재미를 느낀 다음(1학년), 재미 있는 말이나 반복되는 말을 넣어서 글을 쓰도록(2학년) 단계 설정이 되어 있는데, 여기에는 문학감상 체험에서 나온 판단 준거도 작용했겠지만 재미를 느낄 수 있어야 재미를 준 요소를 활용하여 표현하는 단계로 나 아갈 수 있다는 논리 또한 전제된 것으로 볼 수 있다. 하나 더 예를 들 자면, '인물'에 대한 학습의 위계는, '등장인물의 모습이나 성격을 상상 하기(1학년)', '작품에 나오는 인물이 되어 보기(3학년)', '등장인물의 사고 방식 이해하기(4학년)', '사건 전개 과정과 인물의 관계를 이해하기와 등 장인물들의 다양한 삶을 이해하기(5학년)'의 순으로 위계화되어 있다. 먼 저 인물을 떠올려보고, 인물과 동일시 한 후, 그 인물에 대해 이해하고, 나아가 그 인물이 놓인 관계들을 파악하고 다른 인물들에 대한 이해로 나아가도록 배치되어 있는데, 여기서 체험적 구체성에서 개념적 추상성 으로, 단순성에서 복잡성으로 나아가야 한다는 논리가 구체화되고 있음 을 알 수 있다.

이러한 논리적 선후 관계를 고려한 흔적은 국어과 교육과정 곳곳에서 확인할 수 있다. 그런데 이러한 논리적 위계화에 대해 크게 의문을 제기 하는 사람이 없고 현실적으로 통용되고 있다는 점에서 우리는 이러한 논리가 그럴듯하게 여겨지는 면이 있음을 인정하지 않을 수 없다. 이러 한 논리의 타당성은 인간 마음의 움직임에는 일정한 경향성 내지 일반 적 순서가 있다는 주장에 의해서도 뒷받침될 수 있다. 하나의 자극에 대 해 여러 가지 반응이 있을 수 있고 따라서 예측하기 어려운 것이 인간 의 마음 내지 마음의 변화이기는 하지만, 그럼에도 불구하고 우리가 어 떤 마음의 변화에 대해 추리하고 또 그 추리가 적중하는 것을 보면, 일 정한 질서가 있음을 어렵지 않게 인정할 수 있다.[22]

그러나 이러한 논리적 순서가 언제나 현실에 꼭 들어맞지는 않는다.

현실로부터 구성되는 것이기에 현실에 부딪쳐 수정되거나 폐기 처분될 수도 있는 것이다. 가령, 가까운 것에서 먼 것으로 나아가야 한다는 원칙에 따르면 '나'에 대한 이해를 '너'나 '우리', '우리 사회'에 대한 이해로 확장하는 것이 수월할 것 같다. 그러나 현장 교사들 중에는 나에 대한 이해를 확장하여 남을 이해하는 것보다, 남을 이해하고 그 체험을 확장하여 나를 이해는 것이 수월하다고 말하는 사람들이 있다. 사실 과거에는 '나'로부터 '세계'에 대한 인식으로 나아가지 않고 '세계'로부터 '나'에 대한 이해로 나아가는, 지금과는 정반대의 방향을 보인 적도 있다. 그런가 하면 '인물 상상하기'가 '인물이 되어보기'보다 선행해야 할 이유가 무엇이냐고 물을 때, 시원하게 답하기 어려운 것도 사실이다. 이런 점을 생각하면 논리적 단계 설정이 학습자의 발달 순서에 부합한다고 자신 있게 말할 수는 없다. 이런 이유로 교육 내용을 논리적으로 위계화한 다음에는, 그에 대한 학습자들의 반응을 확인하여 내용 항목을 조정하는 일을 수행해야 한다. 이를 위해서도 광범위하고 지속적인 현장에 대한 기술이 요구된다.

또 하나 지적할 것은 이러한 논리적 단계 설정이 매우 성긴 그물망이라는 점이다. '인물'에 대한 교육 내용이 상세화되어 수준별로 제시되기는 하였으나, 정작 교과서를 만들거나 가르치려할 때는 어느 주제의, 어느 작품 내지 장르를, 어떤 방식으로 제공해야 하는지에 대해서는 추가 정보를 얻을 수 없다. 보다 구체화된 수준의 정보가 필요한데 이 정보를

---

22 이러한 질서를 지니게 된 이유는 여러 가지일 것이다. 물질 세계 운행의 질서 내지 원리가 마음 안에 각인되어 그러하다는 주장으로부터 사회·문화적 맥락이 작용하여 해당 공동체에 속한 사람들이 일정한 경향성을 보인다는 입장까지 다양하다. 사회·문화적 맥락에 따라 각인된 보편성은 상대적으로 가변적인데 반해, 물질 세계 운행의 질서로부터 추상한 순서 개념은 비교적 가변성이 낮다고 할 수 있다. 이 글에서는 어느 한 입장을 지지하거나 선택하기보다는 그러한 여러 이유들로 인해 보편적 순서 개념을 구체적인 판단 사태에서 활용하는 것이 가능하다는 점만 지적하고자 한다.

추출하기 위하여 우리는 다시 한번 발달적 특성에 따라 주제 내지 장르, 교육 방법 등을 위계화할 필요가 있다. 가령, 1학년에서 '작품의 재미를 느끼게 하려'고 할 때도 말놀이를 경험하게 할 것인가, 동시 한 편을 읽게 할 것인가 등 구체적인 경험 자료를 선정해야 하기 때문이다. 이렇게 연구의 주제를 상세화하고 구체화해야 하기 때문에, 발달단계에 대한 논의는 아직은 시작 단계에 있다고 하겠다.

3) 수준별 교육과정이 던져준 과제

수준별 교육과정에 대해 논의하는 가운데, 문학교육 연구자들이 논의해야 할 발달단계론의 과제가 어느 정도 드러났을 줄 안다. 그러나 이후 우리가 할 일을 보다 분명히 하기 위하여, 지금까지의 논의를 정리하면서 다시 한번 발달론의 과제를 확인할 필요가 있다. 다음에 제시되는 두 과제는 별개의 것이 아니라 상호 조회하면서 동시에 진행되어야 한다는 점도 미리 밝혀둔다.

첫째, 조사 연구를 통해 구체적인 학습자에 대한 정보를 축적할 필요가 있다. 그런데 학습자를 질적으로 기술하는 문제가 엄청난 양의 시간과 노력이 필요하다는 점에서, 우선적으로 착수해야 할 조사 연구의 방향을 설정하는 것도 좋을 듯하다. 먼저, 교육과정에 제시된 내용 항목들이 각 학년 학습자들에게 적절한지에 대한 검증이 필요한데, 이를 위해 교육과정에 제시된 내용 항목들에 대한 학습자의 반응을 기술하는 일이 필요하다. 이는 현장과의 소통을 전제로 하는바, 수업 시간에 각각의 내용 항목에 대해 학습자들이 느끼는 어려움의 정도나 반응의 정도 등을 파악하고, 이 결과 여부에 따라 경험치와 논리에 의해 위계화된 내용 항목들을 확정하거나 조정하는 일을 수행해야 한다. 다음으로 문학교육의

기초 연구로서 학습자의 어휘 수준 등을 포함하여 여러 차원의 문식성
－기능적 문식성 및 문화적 문식성－이 조사될 필요가 있다. 아동문학
제재의 위계를 설정하려 할 때 제재의 내용 못지않게 텍스트의 길이나
어휘가 중요한 변인이었다는 보고는[23] 이러한 기초 연구의 필요성을 지
지해 준다. 마지막으로, 문학교육의 장에서 우리가 암암리에 전제하고
있는 여러 상식들이나 연구자들이 제기하는 가설을 검증하는 차원에서
의 조사 연구도 필요하다.

둘째, 앞서 간단히 지적한 것처럼 연구 주제를 작은 문제로 세분하는
것이 필요하다. 문학교육에서 가르쳐지고 있는 지식의 양이나 활동의
양이 적지 않은데, 이 각각을 학습자의 발달 특성에 맞게 재구성하는 일
이 진행되어야 한다. 가령, 문학교육의 내용을 크게 지식, 경험, 수행,
태도로 나누었다면,[24] 가르칠 지식 항목을 추출하여 각 항목들 간의 위
계를 정하는 것도 과제려니와, 경험의 목록을 정하고[25] 수행과 태도의
위계를 정하는 것 역시 필요한 일이라 할 수 있다. '인물'(지식)에 대해
가르치는 것이 필요하다고 결정했더라도, 그와 관련하여 어떤 활동을
수행하게 할 것인지, 어떤 자료를 어떻게 경험하게 할 것인지, 또 이때

---

23 김상욱, 앞의 논문(2001), 171면.
24 김대행은 국어의 본질과 기능에 주목하여 국어교육의 영역은 '체계'와 '행위', '문화',
    '사고', '소통', '예술'로 구분한 바 있다. 나아가 '국어'교육임에 주목하여 국어교육에
    서 가르칠 내용을 위와 같은 범주화하여, 각 내용 범주가 상위의 영역과 각각 어떻게
    관련되는지 살핌으로써 입체적인 국어 현상을 포착하고자 하였으며, 내용 체계론과 관
    련하여 거시적 틀에 입각해 있으면서도 구체적인 국면을 포괄하는 미덕을 보여준다.
    김대행, '국어교과학을 위한 언어 재개념화', 「선청어문」 제30집, 서울대학교 사범대학
    국어교육과, 2002, 29~53면 ; 김대행, 앞의 논문(2003).
25 국어교육의 내용을 연구하는 데 경험 요소에 대한 고려가 부족하다는 지적은 이성영과
    김대행의 주장을 참고할 수 있다. 특히 김대행은 경험 요소를 고려하여 국어교육의 위
    계화를 시도해야 한다고 주장해 왔으며, 필자 역시 이러한 문제의식에 공감하여 우선적
    으로 경험 요소가 다른 국어교육의 내용 요소들과 맺는 관련성을 파악하고자 시도한 바
    있다. 이성영, '국어교육 내용 연구의 현황과 과제', 「국어교육학연구」 제14집, 2002, 86
    면 ; 김대행, 앞의 글(2003) 참고.

태도 항목은 어떻게 위계화할 수 있는지에 대한 구체적인 상을 그리고 있어야 한다. 이때도 학습자의 발달 특성에 대한 이해가 필요함은 물론이다. 이를 위해 문학교육을 통해 의도하는 '발달'의 내용을 구체화하는 방법이 유용할 수 있다. 발달이라는 개념이 지나치게 포괄적이고 여러 국면의 변화를 포괄하는 개념이기 때문에, 문학교육 관련하여 발달의 어느 국면을 다룰 것인지 구체화할 때, 지식은 물론이고 경험이나 수행, 태도의 목록이 구체화될 수 있다. 그런 점에서 볼 때 콜버그의 도덕성 발달 이론에 근거하여 소설 주제의 위계화를 시도한 연구나[26] 정신분석학과 인지심리학을 비판적으로 재구성하여 가설을 세우고 이러한 가설에 따라 아동문학 제재의 위계화를 시도한 연구[27]는 좀더 구체화된 발달론의 모습을 보여준다고 하겠다.

3. 문학교육 내용의 위계화를 위한 가설

이제 발달단계에 대한 이해를 바탕으로 문학교육 내용의 위계화를 시도해볼 차례이다. 여기서 필자는 위계화를 위한 가설을 제안할 터인데, 그야말로 하나의 설일 뿐 문학교육의 장에서 어떤 의미가 있을지 아직 검토된 바 없다. 그러나 가설을 제기하는 이 글이 이론 소개를 목적으로 삼고 있는 것은 아니다. 그렇게 받아들였다면 그것은 전적으로 필자의 설명이 부족한 탓이다. '발달'의 국면들을 구체화·다양화하여 문학교육

---

26 소설 감상의 기제에 대해 끊임없는 관심을 보이던 김중신이 주제론적 위계화의 가능성과 해석 위계화의 가능성을 제시한 것은 소중한 성과라 할 수 있다. 김중신, 앞의 책(1995) 참고.
27 김상욱은 경험 연구까지 시도하고 있어 우리의 주목을 끈다. 김상욱, 앞의 논문(2001) 참고.

과 관련하여 여러 가설을 세우고 이 가설을 현장에 조회함으로써 수정하고 구체화하여 교육 내용으로 위계화해야 한다는 생각에서, 우리가 함께 생각해 봐야 할 과제를 제안하는 것으로 이해되었으면 한다.

　인간의 성장 내지 발달을 설명하는 이론과 주장은 실로 다양한데, 그 중의 하나가 인간의 발생이 인류의 진화 과정을 되풀이 하는 면이 있다고 보는 관점이다.[28] 이러한 생물학적 인식은 생물학계 보다 교육계에 더 큰 영향을 미쳤다고 할 수 있다. 역사 전개 및 개인 발달의 복잡함과 풍부함, 미묘함 등을 지나치게 단순화하는 면이 있지만, 그럼에도 불구하고 인간의 발달을 설명하는 논리의 '하나로' 자리하고 있음은 사실이다. 특히 교과교육과 관련해서는 시사하는 바 크다. 사실 피아제가 수학사나 과학사에 주목한 것도 이러한 인식과 무관하지 않은데, 가령 과학적 인식의 변화 내지 발달 과정이 과학사의 전개 과정과 흡사하다고 본 것이다.[29] 따라서 과학사에서 극복된 관점 내지 이론이라도 과학교육에서는 과학적 사실 혹은 개념을 획득하기 위한 과정적 의미를 지닌다고 할 수 있다. 이러한 통찰은 우선적으로 과학교육의 내용을 위계화하는

---

[28] 필자는 발달단계가 낮은 학생들에게 고전문학이 어떤 의미가 있을까 고심하던 중 발달 단계를 설명하는 이론을 공부할 기회가 있었다. 계통 발생설과 발생적 인식론이 그것인데, 이 이론에 입각하여 고전문학의 국어교육적 의의에 대해 살펴본 바도 있다. 초등 학교 3학년 이하의 학생들을 대상으로 하여, 그 시기 아동들이 어떤 발달적 특성을 보이는지, 따라서 어떤 고전문학작품 내지 내용을, 어떻게 경험하게 하는 것이 좋을지 논의하였는 바, 이미 문학교육 내용의 위계화에 대한 논의를 시작한 셈이다. 이 책의 제 1부에서도 이에 대해 언급한 바 있다. 그러나 시작할 때의 의욕과 기대와는 달리, 이를 검증하기 위한 경험 연구의 진척이 더뎌, 현재 어려움을 겪고 있다. 이러한 가설을 수정하거나 상세화하는 일이 아직 진행 중이라고 할 수 있는데, 그 결과에 대해서도 알릴 수 있기를 희망한다. 졸고, '고전문학교육과 '전통'－초등학교에서 '과거의 문학'이 지니는 의미', 초등교육연구 11집, 청주교대 초등교육연구소, 2001.

[29] 피아제의 이론에 등장하는 개념들이 생물학적 관찰의 결과 얻어진 것이라는 점만 보아도 피아제 이론과 생물학과의 관련성을 짐작할 수 있다. 그리고 계통 발생설을 표나게 주장하지는 않았지만, 그의 철학을 발생적 인식론이라 부르는 이유도 이와 무관하지 않다.

데 시사하는 바 있겠지만, 나아가 국어교육의 내용을 위계화하려는 우리에게도 시사하는 바 있다. 이 글에서는 이러한 계통 발생설로부터 얻은 통찰력을 바탕으로 서사적 글쓰기를 위한 경험 내용의 위계화를 시도해 보려 한다.

초등학교 단계에서 경험한 것을 표현하는 쓰기 교육은 매우 강조되고 있는 반면 문학적 글쓰기와 관련된 내용은 거의 다뤄지지 않고 있다. 동시 쓰기가 있기는 하지만, 생활문이 아닌 문학적 글쓰기로서의 서사적 글쓰기에 대해서는 단계별로 학습 내용이 제시되어 있지 않다. 동시나 동화, 이야기 등이 감상 자료로 등장하기는 하지만, 이 감상 체험을 발전시켜 표현하게 하는 교육은 거의 이뤄지지 않고 있는 것이다. 물론 일부를 바꿔 쓰는 활동이나 이어 쓰는 활동 등이 제시되어 있기는 하지만, 온전한 한 편의 서사물 쓰기를 의도하는 활동은 찾아보기 어렵다. 문학교육연구자들은 물론이고 실천가들이 대체적으로 초등학교 아동들에게 서사물 쓰기를 가르치는 것이 무리라고 생각하고 있는 듯하다.

그러나 아동들은 완성도가 떨어지기는 하지만, 나름대로 다양한 형태로 서사적 글쓰기를 시도하고 있다.[30] <지각대장 존>을 연상하게 하는 판타지 계열의 이야기를 쓰는가 하면, 지략담이나 소담(笑談)의 성격을 지니는 일상담을 즐겨 쓰고 있음을 알 수 있다. 이러한 시도가 초등학교 고학년이 될수록 줄어든다는 사실도 의미심장하다. 때로 이야기가 황당하게 전개되기도 하지만 아동들에게 서사적 글쓰기에 대한 욕망이 있음을 알 수 있으며, 우리에겐 이러한 욕망을 여러 수준의 혹은 여러 장르의 글쓰기 능력으로 자연스럽게 전환시킬 의무가 있음을 말해주기 때문

---

30 교대에 재직하면서 여러 대학원 선생님들로부터 초등학교 학생들의 글을 얻어 볼 수 있었고, 그에 대해 토론할 기회가 여러 번 있었다. 이러한 경험을 통해 알게 된 것은 진지함이 좀 떨어지기는 하지만, 초등학생들이 저학년 때부터 경험 서사가 아닌, 서사물 쓰기에 많은 관심과 재주를 지니고 있음을 알게 되었다.

이다.

왜 아동들은 다양한 서사적 글쓰기를 시도하는가. 아동들이 즐겨 읽는 이야기의 종류도 이러한 글쓰기에 대한 욕구에 부합하는 면이 있다는 점을 생각하면, 이러한 아동들의 시도가 그들의 발달 특성과 관련되는 것은 아닌가 하는 의문이 생겨난다.

이러한 의문에 대한 대답은 이야기 형식이 학습자들의 '교육적 발달'의 필요에 부합한다는 교육학자의 말에 주목할 때 어느 정도 해결될 수 있다.[31] 교육적 발달이란, 기왕의 발달 이론이 애초에 배우고 가르치는 행위에 초점을 두어 실험하고 관찰한 결과가 아니라 인간 행동이나 사고 특성을 기술하고 범주화한 것이라, 구체적인 교육의 현상을 파악하기에는 무리가 있다고 판단하여,[32] 배우는 주체로서의 학습자의 인식적 필요를 위계화할 필요가 있다고 주장하며 제기된 개념이다. 배움이란 학습자들의 세상 배우기에 다름 아닌데, 세상 배우기의 방식이 몇 단계로 구분되고 각각의 시기에 고유한 인식적 필요가 있으며, 이야기가 그 인식적 필요에 부응한다는 것이다. 각 발달단계에서의 인식적 필요는 학습자들의 경험과 경험으로부터 추상한 지식의 정도에 따라 결정된다.[33]

---

31 Kieran Egan, *Educational Development*, Oxford Uni. Press, 1979 ; *Teaching as Story Telling*, Routledge, 1988. 책의 제목을 보면 짐작할 수 있겠지만, 에간은 교육적 발달에 부합하는, 대안적인 교육과정을 구상하면서 이야기의 중요성에 크게 주목하였다.

32 발달이론을 비롯한 교육학의 하위 학문들이 '교육'이라는 현상 자체를 설명하기 위해 생겨난 이론이 아니라 '교육'이라는 이름 아래 묶여져 있는 이질적인 학문들의 모임이라고 실랄하게 비판하고, '교육'의 본질을 탐색함으로써 새로운 교육학 이론을 정립하려는 연구자들의 입장도 이러한 문제를 인식했기 때문이다. 장상호, 『학문과 교육』 상, 서울대출판부, 1997.

33 에간은 경험의 양과 질, 지식의 체계에 따라 인식의 발달의 수준을 신화적 단계와 낭만적 단계, 철학적 단계, 반어적 단계로 구분하고 각각의 시기에 해당하는 연령대를 적시하였다. 여기서는 초등학교 단계에 해당하는 앞의 두 단계에 대해서만 살펴보고자 한다. 이 각각의 단계마다, 교육적 필요가 달라지는데, 이에 부응하여 효과적인 역할을

이에 따르면 경험이 부족하고 경험으로부터 추상한 인식의 틀이 미흡한 아동들이 세계 인식을 할 때 우선적으로 활용될 수 있는 것이 이야기[34]라고 한다. 이야기로 인식하고 이야기를 통해 세상에 대해 배운다는 것이다. 아동은 무심한 것에 대해서는 아주 무심하지만, 일단 호기심을 보인 것에 대해서는 어른에게서 볼 수 없는 집중력과 관심의 강도를 보여준다. 그러나 이 호기심을 풀어주기 위해 사실적 설명으로 일관할 수는 없으며 그렇게 설명하는 것이 효과적이지 않을 때도 있다. 아이들의 천진한 질문에 대해 우리가 어른에게 설명하듯이 답하지 않고 적절한 비유나 비유적인 이야기로 답하는 경우가 많다는 점을 생각해 보면, 이야기의 설명 효과에 대해서는 충분히 공감할 수 있을 것이다. 가령, 아동들은 해와 달은 어떻게 생겨났는지, 왜 우리 동네 산은 저런 모양인지 등 주변 사물들에 대해 궁금증을 느끼지만, 정작 이에 대해 과학적으로 설명을 했을 때는 이해하지 못할 수도 있다. 이때 관련 기원설화나 유래담 등을 이용하여 이야기로 비유적인 방식으로 설명하는 것이 효과적이다. 이처럼 아동들이 자신들의 궁금증을 해소하기 위해서 설화를 이용하기도 하지만,[35] 나름대로 인식한 내용을 표현하고 싶어할 때도 설화의 형식을 이용할 수 있다.

수행할 수 있는 것이 이야기의 내용이자 형식이라고 했다. 물론 인간의 인식적 발달은 동일한 크기의 계단을 오르는 일이 아니라, 때로 과거의 인식 체계와의 단절을 통해 가능하기도 하고 그 계단의 폭이 넓을 수도 좁을 수도 있다. 그럼에도 불구하고 발달적 필요를 여러 단계로 구획하여 각 단계의 특징을 살펴 보는 것은, 아동들에게 가르칠 내용을 위계화하여 제시하기 위해 불가피한 것이다.

34 이야기(story)라고 하였지만, 에간이 이 시기와 관련하여 언급한 이야기의 개념은 사실 설화에 가깝다. 설화의 아동문학적 의의에 대해서는 앞서 제1부에서 논의한 바 있다.

35 이러한 설화적 이해는 곧 사실적 이해로 대체되지만, 사실적 이해로 나아가기 위해서도 이러한 단계는 불가피하게 필요하다. 막바로 사실적 설명을 받아들이는 것보다 이전의 설화에서 얻은 가설을 수정하고 구체화하는 방식으로 새로운 지식을 획득하는 것이 바람직하다고 한다. 사실적 설명에서는 느낄 수 없는, 설명 대상에 대한 생동감이나 친근감 등 정서적인 면까지 학습할 수 있기 때문이다.

이는 설화가 가장 이른 시기에 출현하여 가장 대중적으로 향유되던 서사물이라는 점과도 무관하지 않다. 설화는 인간의 이야기에 대한 원초적인 욕구에서 출발한 것으로,[36] 누구나 향유할 수 있는 세상 그리기 혹은 세상 이해 방법이다.[37] 민담의 세계는 '어린이'라는 존재 자체에서 비롯되는 현실적인 한계를 상상적으로 뛰어넘는 이야기의 세계로 치환될 수 있고, 전설은 주변에서 흔히 볼 수 있는 특징적인 사물이나 현상, 자주 접하는 지명 등의 유래에 대해 그럴듯한 설명을 붙이는 이야기로 흥미를 끌 수 있으며, 인물을 신비화하거나 특별한 영웅으로 만드는 신화적 글쓰기 역시 아동들의 표현 욕구를 충족시키기에 충분하다. 따라서 아동들의 민담적 욕구나 유래에 대한 궁금증, 동경의 대상이 되는 것 등을 구체화하여, 글쓰기의 수사적 상황으로 설정하고, 서사적 흐름의 글을 써보게 하는 것이 효과적이다. 물론, 이때 작품의 완성도는 일단 고려하지 않는 것이 좋다.

설화를 통해 세상을 배우고 세상에 대해 표현하는 것은, 세상에 대한 자기 해석 붙이기에 해당하며, 그런 이유로 자기 중심적인 행위라고 볼 수 있다. 따라서 비교적 이른 시기인 초등학교 저학년에 적합하다고 할 수 있다.

이러한 설화 쓰기의 단계가 지나면 입전(立傳) 대상을 다양화하여 '전'을 써 보게 할 수 있다. 아동들이 세상사를 낭만적 영웅의 이야기로 인

---

36 설화의 모티프와 유형이 범세계적 보편성을 보임으로써 분류가 가능한 이유가 설화의 형식적 단순함과 무관하지 않다. 이 형식적 단순함은 가장 기초적이고 본질적 이야기 형식이라는 의미를 지닌다.

37 설화의 역사성이나 이데올로기성에 대해서는 간과하는 면이 있지만, 설화를 이야기에 대한 원초적 욕구로 보는 것은 아주 본질적인 개념 설정에 해당하며 초등 단계의 아동에게 매우 유용하다. 설화를 이야기에 대한 근본적인 욕구와 직결된 것으로 보고, 일상에서 설화의 존재태를 확인하는 한편, 설화 향유를 일상화하고 있는 연구자로는 신동흔을 들 수 있다. 신동흔의 홈페이지(http://kkucc.konkuk.ac.kr/~shindh)를 방문해 볼 것을 권한다.

식하려는 경향을 보일 때 전을 쓰게 하는 것이 효과적이다. 아동들이 설화적 인식의 단계를 지나면, 모방 대상을 설정하여 이 대상에 감정이입을 함으로써 세상을 낭만적으로 인식하는 단계가 있다고 한다. 가령, 조선의 건국에 대한 이야기를 들려주면, 대부분의 아동들이 이성계 등 특별한 인물에 동일시되어 그 시대를 낭만적으로 인식한다는 것이다. 이를 아동의 비판의식의 결여로 해석하는 것은 잘못이다. 아동이 자기 중심적 세계 해석의 단계를 넘어서 영웅의 눈을 통해, 즉 '남'의 눈을 통해서 세상을 배우는 단계로 이해해야 한다는 것이다.

이러한 단계의 아동에게는 전(傳) 형식이 적절할 수 있다. 모방의 대상이 되는 사람이 특별한 인물이어도 좋지만 부모님이나 친구 등 주변에 있는 사람이어도 상관없다. 또 입전 대상이 사람이 아니라 사물이어도 무방하다. 사실 아동들이 사물, 가령, '강아지똥'이나 '연필'의 입장에서 세상 보기를 얼마나 즐기는지, 그리고 얼마나 감동 받는지에 대해서는 새삼 지적할 필요가 없을 줄 안다.[38]

결론적으로 말하면 입전 대상이 누구든 간에 아동들은 그 대상의 시각으로 세상 보기 내지 배우기를 시도할 수 있다. 입전 대상이 되는 사람이나 사물에 대해 예리하게 관찰하고 충분히 이해해야 하기 때문에, 이 과정에서 인식의 지평이 넓어질 수밖에 없을 것이다. 또 전은 소설의 전(前) 형식으로서의 의미를 지니는 바, 전의 창작은 문학 형식에의 입문으로서의 의미도 지닌다. 입전 대상을 설정하고 그 대상에 대해 관찰·연구하게 한 연후에 시간적 순서를 따라 '그럴듯함'이 느껴지도록, 또 감동이 느껴지도록 전을 쓰게 하는 것이 필요하다.

물론 설화나 전을 직접 써보는 경험은 본격적인 서사물 쓰기를 위한

---

38 이른바 가전(假傳)의 교육적 가치에 대해서도 진지하게 논구해 볼 필요가 있다.

과정적 성격을 지닌다. 설화의 감상과 창작이 비교적 초등학교 저학년에 해당한다면 전의 창작은 초등학교 고학년에 해당하고, 중학교 단계에 이르러서는 본격적인 서사물 쓰기를 부분적으로나마 시도해 볼 수 있다. 즉, 소설과 같은 허구적 글을 쓰게 하는 것을 궁극적인 목표로 삼는다면, 우선 설화를 써보게 하고 다양한 전(傳)을 지어보게 한 후, 사실을 허구화하게 하고, 소설을 쓰게 하는 순으로 나아가는 것이 유용하다는 말이다. 물론 소설사의 전개가 대체의 역사가 아니라는 점에 주목하면, 학습자들의 서사 표현 교육 역시 설화 향유에서 시작하여 전과 소설의 향유로 나아가되, 소설을 지을 수 있는 수준에서는 설화와 전도 아울러 향유할 수 있어야 한다.

4. 다시, 학습자 중심의 교육을 위하여

이제 우리는 발달 단계에 대한 논의를 마무리해야 할 시점에 이르렀다. 그런데 '발달'이라는 개념의 실체가 분명하게 모습을 드러내는 것이 아니라, 오히려 높이와 깊이를 짐작하기 어려운 거대한 산이나 바다처럼 여겨지니 큰일이다. 이는 우리가 행하는 모든 논의들이, 즉 문학교육 목표론은 물론이고 내용론, 방법론, 평가론 등이 어찌 보면 학습자의 발달 특성을 고려한 교육 내용의 위계화로 수렴되거나 관련을 맺고 있기 때문일 것이다.

물론 발달 특성에 대해 본격적으로 다룬 논의가 양적으로 매우 드물다는 사실, 특히 경험 연구가 절대적으로 부족하다는 사실은 다시 한 번 강조할 사항이다. 그러나 희망적인 것은 아직 크게 나아가지는 못했지만, 우리 연구자들이 학습자를 중심에 둔 교육을 위한 항해를 시작하기 위해 일단 배에 올랐다는 점이다.[39] 이를 낙관적으로 해석하면, 사실 학습자 중심이니 발달이니 하는 개념을 내세우지 않더라도 수업의 상황이나 구체적인 학습자를 염두에 두지 않고 진행되는 연구가 이제는 없다는 점에서 어떤 측면에서는 학습자 중심의 패러다임이 자리를 잡았다고도 볼 수 있다. 우리도 모르는 사이, 학습자의 발달적 특성 내지 학습자 중심이라는 화두(話頭)가 우리 연구자 및 실천가들의 의식 한 가운데 자리를 잡은 것이다. 이러한 의식이 곧 구체적인 성과로 속속 나타나기를 희망한다.

---

[39] 학습자 중심의 교육과정에 대해 논의하면서 다음과 같은 말로 결말을 삼은 것은 의미심장하다. "학습자 중심의 문학교육과정의 앞날이 폭풍우가 몰아치는 험한 바다가 될지, 전도양양한 바다가 될지는 모르지만, 어쨌든 배는 떠나고 있다. 중요한 것은 그 배에 오를 것인지를 결정을 내려야 할 시점이라는 인식이다." 김중신, 앞의 논문(1997), 193면.

시조교육의 위계화를 위한 방향 탐색

−시조 형식을 중심으로−

학교나 학년이 달라짐에 따라 교육 내용이 달라져야 한다는 너무도 당연한 상식에 기초하여 시조교육의 내용과 방법에 대해 살펴본 적이 있다. 초중고 교과서 분석과 대학에 진학한 1학년 학생들과의 인터뷰를 통해, 초등학생, 중학생, 고등학생, 심지어 대학 초년생이 배우는 시조교육의 내용과 작품이 크게 다르지 않다는 사실을 발견하고 놀랐다. 특히 시조의 형식에 대한 교육 내용과 방법이 달라지지 않는 것을 확인할 수 있었다.

그래서 시조 형식에 초점을 맞춰 시조교육의 위계화를 시도해보았다. 초등학생이든 중학생이든 성인이든 간에 시조 형식을 처음 배울 때는 음수율에 근거한 내용을 배우는 것이 효과적임을 주장하였고, 음수율의 극복 및 형식에 대한 미학적 발견의 역사가 시조 형식의 연구사라는 점에 주목하여 시조 형식에 대한 교육 역시 그와 같은 단계로 위계화할 수 있음을 주장하였다. 아직은 제안의 수준에 머물고 있으며, 지금도 이론적 근거와 경험적 사례를 보강하는 중이다. 가설을 검증하고 상위 위계에 대한 논의를 보충하여, 조만간 시조 형식 교육의 위계화를 일단락 지을 수 있었으면 좋겠다.

1. 서론

오늘날 우리 학생들에게 고시조의 무엇을 어떻게 경험하게 할 것인가는 매우 어렵고도 중요한 문제다. 가창되었던 맥락을 존중하여 노래로 듣게 할 것인가, 아니면 현대시조처럼 '시'로 읽고 즐길 수 있도록 해야 하는가.[1] 이에 대한 대답은 학생들의 수준이 어떠한가에 따라, 또 교육의 목표가 무엇인가에 따라 달라질 수 있다. 물론 어느 단계에 이르러서는 시조창이나 가곡창으로 들려줌으로써 역사적 실체로서의 고시조에 대한 이해를 돕는 것이 마땅할 것이다. 그런데 오늘날 초·중·고등학교에서는 가창의 관습 아래 지어진 시조 작품이라도 읽혀질 대상으로 제시되고 있다. 이러한 현상은 심지어 대학에 이르기까지 이어지기도 한다. 학교에서는 현대시조나 고시조가 대개의 경우 '시'로서 이해되고 감상된다고 볼 수 있다.

작품이란 언제나 독자에 의해 재해석되고 재창조되어야할 숙명을 지니고 있고, 본질적으로는 고시조나 현대시조 모두 서정시로서의 면모를 아울러 지니고 있기 때문에, 향유 당시의 맥락을 강조하며 읽혀질 작품으로 제시하는 것에 대해 비판할 수만은 없을 것이다. 고시조라는 역사적 실체에 대한 이해를 위해서라도 이러한 접근은 어느 수준에서 불가피한 측면조차 있다. 그러나 우리는 그 어떤 경우라도 시조의 서정시로서의 성취, 다시 말해 시조의 문학성이나 미학이 제대로 가르쳐지고 있는지에 대해서는 끊임없이 의문을 제기해야 한다. 나아가 시조를 가르침으로써 시조에 대한 이해와 감상의 깊이가 더해졌는지, 또 시조에 대한 태도가 긍정적으로 바뀌었는지 쉬지 않고 물어야 한다.

---

1 교육의 장에서도 시조의 음악적 측면에 대한 논의가 진행되고 있다. 시조창이나 가곡창에 대해 소개하는 책들이 여러 권 나와 있고, 나아가 '가창 지도'와 관련된 논문들도 찾아볼 수 있다(정대순, '시조창에 관한 여구―시조창의 중학교 음악교육 응용에 대하여', 연세대학교 석사논문, 1986 ; 김민수, '초등학생을 위한 시조 가창 지도에 관한 연구', 한국교원대학교 석사논문, 2000). 시조의 연행 관습과 존재 방식에 대한 이해가 필수적이라는 점에서 이러한 논문들은 관심을 갖고 지켜볼 필요가 있을 것이다.
시조의 형식을 논할 때도 그 음악적 기원이나 관습(김대행, 『시조유형론』, 이대출판부, 1986, 50~97면 참고)에 대해 언급해야겠지만, 여기서는 달라진 향유 관습을 핑계 삼아, 우선적으로 문학적 측면에 국한하여 논의할 것이다. 물론 시로만 받아들여지는 것은 역사적 장르종으로서의 시조에 대한 온전한 이해라고 할 수 없다. 그러나 우리가 가창의 관습에 대해 이해하고 연행의 상황에서 시조가 어떤 의미를 지녔는지를 제대로 알기 위해서는, 먼저 시로서의 가치를 발견하고 거기에 역사적 이해를 더하는 것이 전략적이라고 생각한다.

이 글에서는 시조의 '형식'에 대한 교육이 어떻게 이뤄지고 있는지 살핌으로써, 궁극적으로 시조의 미학을 가르치기 위해서는 시조 형식의 무엇을 어떻게 가르쳐야 할 것인지에 대해 생각해 볼 것이다. 시조에 주로 나타나는 비유나 이미지, 상징은 물론이고, 주제나 작가의식, 향유 관습이나 맥락 등 다양한 내용들이 중요하게 가르쳐져야 하고 그 하위 내용과 구체적인 교육 방법에 대해서도 고민해야겠지만, 이에 대해서는 다음 기회를 기약하기로 한다. 이 글에서는 우선적으로 시조 특유의 '형식'에 대한 교육론에만 초점을 두기로 한다.

'내용의 형식으로서의 전화'[2]가 매우 중요한 미학적 테제임을 생각할 때 시조의 형식에 대한 이해는 시조의 문학성 내지 미학을 교육하는데 중요한 문제라고 할 수 있다. 또 형식적 특질에 대한 논의는 작시론이자 감상론의 성격을 지니며 그 형식의 음성적·심리적 실현이 바로 율격이라는 점에서 율격론까지 아우르는 포괄성과 중요성을 지닌다. 이것이 시조 형식에 대한 교육론을 펴는 첫 번째 까닭이다. 사실, 시조 향유의 관습이 달라지기는 하였지만, 시조가 시가 아닌 시조로 불리는 까닭은 아무래도 시조만의 독특한 형식에 있다고 볼 수 있다.[3] 시조를 가장 시조답게 하는 것, 말을 바꿔 다른 서정시(가)와 구분해주는 가장 확실한 표지는 바로 시조의 형식 및 그 형식의 음성적 실현이라고 할 수 있다.

실제로 사람들에게 '시조'하면 연상되는 내용이 무엇인지 물었을 때, 열의 하나는 자연스럽게 시조의 형식적 제약을 떠올리는 것을 어렵지 않게 접할 수 있다. 필자는 지난 몇 년 동안 고전시가, 나아가 고전문학에 대한 학생들의 인식을 조사하였다.[4] '시조'에 대한 반응 역시 조사하

---

2 염무웅, '시와 리얼리즘에 대하여', 「창작과 비평」, 1992년 봄호, 117면 ; 국어국문학학회 편, 『고시조 연구』, 태학사, 1997, 374면에서 재인용.
3 현대시조가 현대시라는 상위 범주에 포함되면서도 여전히 '현대시조'라는 다른 이름으로 불리는 까닭도 이와 무관하지 않다.

였는데, 시조하면 사육신 등 내용이나 주제와 관련된 것을 연상하는 학생들이 더러 있기는 했지만, 거의 대부분의 학생들은 시조의 형식과 관련된 내용을 떠올렸다. 시조의 형식에 대한 고정된 관념이 깊이 자리하고 있음을 알 수 있었다. 이러한 경험을 일반화할 수는 없겠지만, 정형의 틀 혹은 규칙에 대한 인식이 시조 이해의 중요한 부분을 차지하고 있는 것만은 분명히 확인할 수 있었다. 이러한 반응이 학교 교육의 결과임은 물론이다. 경험적으로 우리는 제도교육의 장에서 시조의 형식에 대한 교육이 어떤 식으로든 이루어지고 있고 그 내용이 시조에 대한 인식에 매우 중요하게 관여하고 있음을 알게 된다.

그런데 또 하나 간과할 수 없는 것은 학교에서의 형식에 대한 이해가 매우 도식적이고 피상적인 차원에 머물고 있다는 점이다. 이것이 시조의 형식에 대한 교육론이 필요한 다른 이유가 된다. 시조를 틀에 박힌 정형시가로 인식하거나 지나간 시대의 유물이라고 생각하는 학생들의 대부분이 시조의 정형시가로서의 형식적인 구속력을 강하게 의식하고 있는데, 이는 형식에 대한 오해나 이해 부족이 시조에 대한 부정적인 가치 평가나 왜곡된 인식으로 이어진 것으로 볼 수 있을 것이다.[5]

이쯤에서 우리는 시조의 형식이 어떻게 교육되고 있는지 살펴볼 필요가 있다. 어떤 이론적 배경에 따라 무엇을 가르치고 있으며, 그 결과 시조에 대한 학생들의 이해가 얼마나 그리고 어떻게 증진되는지 살펴볼 일이다.

---

4 총 430여 명의 학생들을 대상으로 자료를 수집하였는데, 대개는 필자의 강의를 수강한 수강생들이다.
5 이런 부정적인 가치 평가나 왜곡된 인식을 가지고 대학에 들어온 학생들이, 시조의 형식이 지닌 긍정적 기능과 의미론적 긴장감을 공부함으로써 시조의 형식, 나아가 시조에 대한 생각을 수정하고 이해를 깊게 해나가는 과정을 지켜보는 것은 매우 흥미로운 일이다. 시조의 형식이 지닌 연행론적 의미나 긍정적 기능에 대해서 제2부에서 언급한 바 있다.

2. 시조 형식 교육 어떻게 되고 있나

시조의 형식에 대한 최초의 언급은 초등학교 6학년 때 등장한다.[6] 시조를 '우리 민족의 얼과 정서가 담겨 있는 고유의 시가'라고 소개하면서 '시조가 초장, 중장, 종장의 3장으로 되어 있으며, 각 장은 3~4자 정도로 된 네 개의 마디로 이루어져 있다'고 언급하고 있다. 이에 따라 '태산이 높다 하되~'로 시작하는 시조를 3장으로 나누고 각 장을 네 마디로 구분하고 있다. 통사적 휴지에 주목하여 각 장을 네 마디로 분절하였으나 분리된 마디 간의 의미론적 관계나 관련성에 대해 언급하지 않음으로써 각 마디의 글자 수에 주목하게 하고 있다. 글자 수에 대한 주목은 수업의 실제에서 더욱 두드러지게 나타난다.

이러한 형식에 대한 이해는 초등학교 교사들의 시조에 대한 인식에서도 여실히 확인된다. 시조교육과 관련하여 제출된 논문들에서 시조에 대한 교사들의 인식을 확인할 수 있는데, 통사적 휴지나 글자수의 제약을 매우 중요하게 생각하고 있음을 알 수 있다.[7] 연구사를 정리하는 첫 부분에서는 의미의 문제나 보다 단위가 큰 구성상의 문제 등에 대해 언급하고 있지만, 정작 시조에 대한 인식을 확인하는 설문 문항[8]이나 시

---

6 교육인적자원부, 『읽기 6-2』, (주) 대한교과서, 2002, 44~45면. 시조에 대한 설명은 이때 등장하지만 5학년 교과서(읽기 5-2, 132~133면)에도 시조 작품이 실려 있고, 그 이전에도 초등학생들은 학교 안팎에서 시조 작품을 보고 감상할 기회를 접하는 것이 일반적이다.

7 시조 창작의 문제를 다루고 있는 논문에서 시조 형식에 대한 인식을 더욱 확인할 수 있다. 형식에 대한 직접적인 언급이 있기 때문이다. 내용이나 주제적 측면에 주목한 논문의 경우에는 시조의 형식에 대해 크게 주목하지 않는 것이 일반적인데, 주목하지 않기 때문에 더욱 시조의 형식에 대한 진전된 인식이나 생각을 엿보기 어렵다. 전국교대 대학원에서 나온 논문들을 보면 이에 대해 잘 알 수 있다. 장향순, '초등학교 시조의 효율적인 지도방안 연구', 대구교대 석사논문, 2001 ; 정경동, '시조교육의 수용론적 방법 연구', 인천교대 석사논문, 1998 ; 박현동, '의미 구조 유형을 활용한 시조 창작 지도 연구', 한국교원대 석사논문, 2001.

8 정경동, 위의 논문, 43면, 46면 설문 문항 참고.

조를 분석하는 대목에서는 교과서에 제시된 것처럼 시조의 형식에 대해 지극히 피상적 차원의 이해에 머물고 있음을 확인할 수 있다.

초등학교가 이러한 실정인데 비해, 중·고등학교에서는 시조의 형식에 대한 교육이 그리 중요하게 다뤄지지 않는다. 시조의 형식보다는 시조의 내용과 주제, 창작 맥락, 이미지, 비유 등이 중요하게 다뤄지고 있는 바, 먼저 '3장 6구 45자 안팎'이라거나 '4음보, 3·4조'의 특징을 지닌다고 고지한 후 바로 내용 분석으로 들어가는 것이 수업의 관행이다. 물론 여기에 종장 첫 마디가 3자로 고정되어 있고 둘째 마디가 확장되는 것이 일반적이라는 내용이 첨언된다. 전반적으로 볼 때 초등학교 때의 교육 경험을 고려하여 보다 심화된 내용을 제시하기보다는 내용 분석이나 주제 파악 전에 배경지식을 확인하는 차원에서 시조의 형식에 대해 언급하는 정도이다. 이는 초등학교에 비해 중·고등학교에서 창작보다는 감상 교육을 강조하는 현상과도 무관하지 않을 것이다. 시조 짓기나 시조식의 시 짓기가 시도되는 초등학교 단계에서는 작법의 차원에서 형식에 더욱 주목할 수밖에 없지만, 형식을 의식적으로 인지하지 않더라도 주제나 내용, 이미지 등 여러 차원에서의 감상이 가능하기 때문에 중·고등학교 단계에서는 형식에 대한 고민이 간과될 수 있는 것이다. 이러한 차이를 감안하더라도 중·고등학교에서 시조의 형식에 대한 교육이 중요하게 다뤄지지 않는다는 것은 사실이다.

중·고등학교 교육은 음절수가 아니라 네 마디로 분절됨으로써 율성이 생겨난다고 보는 음보율에 입각해 있으며,[9] 특히 고등학교에서는 3장 구성의 원리나 종장 첫 구의 미학적 기능에 대해서도 언급하고 있다. 각

---

[9] 교육인적자원부에서 나온 중학교 국어 책이나 교과서용 지도서(중학교 『국어1-1 교사용 지도서』, (주)대한교과서, 1998, 28면)에 잘 나타나 있고, 시중의 여러 참고서들에서 음보율에 입각한 이해를 찾아볼 수 있다.

장을 2개의 구로, 그 구를 다시 2개의 음보로 나누고 있다는 점에서 음절수를 헤아리는 차원을 넘어 음보로 인식하고 있으며 의미를 고려하여 각 장의 구조를 분절하고 있는 듯이 보인다. 그러나 조금 자세히 들여다보면 마디가 음보로 달라졌을 뿐 초등학교에서의 교육 내용과 크게 다르지 않음을 확인할 수 있다. 음보나 마디라는 개념이 매우 모호하다는 점은 차치하고서라도, '왜', '어떤 원리'로 그와 같이 분절되는지 묻지 않음으로써 통사적 휴지에 따라 기계적으로 나누는 차원을 넘어서지 못하고 있고, '3·4조'를 강조함으로써 여전히 음보를 구성하는 음절의 수를 헤아리도록 만들기 때문이다. 음보 구분이 통사적 휴지와 크게 다르지 않기 때문에 별도의 노력이 없이도 파악된다는 점에서, 음보율에 입각했다고는 하지만 분석의 실제에서는 여전히 글자 수를 헤아리는 차원에 집중하게 되는 것이다. 따라서 수업을 통해 초등학교 때 배운 규칙을 수정하거나 심화하거나 대체하는 수준까지는 나아가지 못하고 있다고 볼 수 있다. 이는 수업에 대한 학생과 교사들의 경험담을 통해 어렵지 않게 확인할 수 있다.

결국 초등학교나 중·고등학교에서 시조 형식에 대한 교육은 시조 작품을 통사적 휴지에 따라 분절하고 음보나 음절수를 헤아리는, 매우 가시적이고 규범적인 차원에서 이루어지고 있다고 하겠다. 나선형 교육과정을 표방하였고 또 학습 내용의 수준별 위계화를 강조하고 있음에도 불구하고, 학습 내용의 심화나 위계화가 제대로 이루어지지 않고 있는 것이다.

음절이나 음보의 수를 확인하는 식의 형식 교육이 제도교육의 장에서 이루어지고 있는 까닭은 무엇일까. 이러한 교육 내용이나 인식은 어떤 이론적 배경 내지 연구 결과를 반영한 것일까. 여기서 우리는 오래 전 조윤제[10]에 의해 제기된 음수율에 입각한 형식론을 떠올리지 않을 수 없다. 연구사의 초창기, 시조 작법을 염두에 두고 규범적 도식화를 시도하던 시기에, 조윤제는 시조의 기본형을 추상해낸 바 있다. 조윤제는 41~50자의 신축성을 허락하면서 '3 / 4 / 3(4) / 4, 3 / 4 / 3(4) / 4, 3 / 5 / 4 / 3'의 분포를 보이는 것이 시조의 기본형이라고 하였다. 3장으로 나눈 뒤, 각 장을 네 개의 마디로 나누고 음절수를 헤아리고 있는데, 이는 오늘날 교실에서 가르쳐지고 있는 내용과 조금도 다르지 않다. 음보율에 입각해 있음에도 불구하고, 조윤제가 설정한 음수율에 기초한 기본형이 제도교육의 장에서 정형시가인 시조를 설명해주는 형식 내지 고정된 틀로 자리하고 있는 것이다.

시조가 자수의 제약으로부터 완전히 자유로울 수는 없지만, 그럼에도 불구하고 음절수에 의한 시조의 형식 규정은 지극히 피상적이고 기계적인 접근이라는 비판을 피할 수 없다. 이는 시조의 형식 내지 율격에 대한 이해의 역사, 즉 연구사에서도 분명하게 지적된 사항이다. 50년대에 이미 '이른바 음수율 혹은 자수율이라는 음절수에 따르는 시가 운율의 구성 원리를 지양하고 어떤 음군의 시간적 등장성의 반복에서 시가 운율의 기본 단위를 추구해 보자는 데 합의'한 바[11] 있다. 그 결과 음보수는 고정적이면서 행을 이루는 음절수는 가변적인 것을 한국시의 규칙[12]으로 보자는 제안도 있었다. 이미 여러 논자들이 지적한 것처럼[13] 음수율에 입각한 이해가 우리 고유의 미학적 필요에 따라 제기된 것이 아니라 일본의 영향을 강하게 받은 결과일 뿐 아니라, 무엇보다도 그 기본형에 속하는 작품이 전체 시조 작품의 4% 정도에 불과해 시조의 실상에

---

10 조윤제, '時調字數考', 「新興」 4號, 1931. 1. 15.
11 정병욱, '古詩歌 律格論 序說', 『律格』(김대행 편, 문학과 지성사, 1990 2쇄), 41면 재인용
12 조동일, '현대시에 나타난, 전통적 율격의 계승', 위의 책, 119면 재인용.
13 김대행 편, 위 책 참고. 김대행, '시낭송의 고민과 그 해법', 『노래와 시의 세계』, 역락, 1999, 268~270면 참고.

대한 오해를 불러올 수 있고 또 이러한 형식적 규칙이 시조 감상 및 창작시 자유로운 사고를 억압하는 틀로 기능할 수 있다는 사실은 분명해 보인다.[14]

이처럼 문제가 있음에도 불구하고, 또 시조의 형식에 대한 접근 방식이 다양해지고 그 이해 역시 깊어졌음에도 불구하고, 교실에서는 여전히 그 먼 과거의 연구 성과에 기초하여 시조를 가르치고 있는 상황이라고 요약할 수 있겠다.

3. 음수율에 입각한 형식 교육, 어떤 의의와 문제가 있나

통사 구조를 분절하여 나누고 그 분절된 단위의 음절수를 헤아리며 시조의 형식을 배우거나 암기하는 것이 어떤 의미를 지닐까? 국어교육의 장에서는 시조와 관련하여 왜 낡은 지식을 가르쳐 왔을까? 이를 교육 연구자들 및 실천가들의 무지와 게으름으로 탓할 수 있을까? 아니면 연구의 장에서 극복된 관점 내지 이론도 교육의 장에서는 다른 의미를 획득할 수 있다고 볼 수 있을까? 만약 그러하다면 연구의 장과 교육의 장에서 특정한 지식이 지닌 의미와 의의는 어떻게 다른 것일까?

꼬리에 꼬리를 무는 물음들에 대해 답을 찾기 위해 현재 초·중·고등학교에서 가르쳐지고 있는 시조의 형식과 관련된 내용을 다시 한번 정리해 보자.

---

14 김대행은 공식화의 타당성을 인정하기는 어렵다고 하면서도 기본형이 장의 개념을 확정하고 일반화하는 데는 기여한 바 있다고 하였다. 김대행, 앞의 책(1986), 141면.

가. 시조는 초장, 중장, 종장의 총 3장으로 구성되어 있다.
나. 각 장은 두 개의 구로, 각각의 구는 두 개의 마디 혹은 음보로 구성
　되어 있다.
다. 한 마디 혹은 음보는 대체로 3/4음절로 구성되어 있다.
라. 종장의 첫 마디는 고정되어 있고, 둘째 마디는 확장되는 것이 일반
　적이다.

'가'~'라'는 시조 작품의 외형을 관찰함으로써 쉽게 확인할 수 있는 지식들이다. 작품의 통사 구조를 분석함으로써 위와 같은 내용을 쉽게 알아낼 수 있다. 시조 형식에 대한 최초의 인식은 이러한 외형에 대한 인지로부터 시작될 수밖에 없다. 이러한 외형적 특징들이 시각적으로 쉽게 확인 가능할 뿐 아니라, 서정시가인 시조의 정체성을 확연하게 보여주는 장르적 표지가 되기도 하기 때문이다. 물론 '가'~'라'의 외형적 특징과 관련된 지식을 가르치는 방법은 다양할 수 있는 바, 시조 작품을 앞에 두고 통사 구조에 입각하여 나눠 보게 할 수도 있고 '가'~'라'를 외워야 할 지식으로 미리 제공해 주고 작품을 통해 확인하게 할 수도 있다. 그 방법이 어떠하든 간에 시조의 외형을 살피는 과정, 그리고 그 과정을 통해 시조가 그 나름의 독특한 정형성을 지닌다는 점을 확인하는 과정은 필요하다.

외형적 접근이 필요한 이유는 특정 대상에 대한 인간의 인지 과정 내지 이해 과정을 고려할 때 설명될 수 있다. 어떤 대상을 처음 접했을 때와 마찬가지로, 시조를 처음 배울 때도 우리는 시조다운 특징을 찾아내려고 하는데 그 탐색은 우선 가시적인 차원에서 이루어질 수밖에 없다. 피상적인 이해이기는 하지만 그 이해를 통해 머리 속에 특정한 인상이나 관념을 형성하게 되고, 그 인상이나 관념의 도움을 받아 후 더 많은 경험 내지 학습의 과정을 성공적으로 수행하게 되며, 그 결과 최초의 인

상이나 관념 등이 정교해지고 부분적으로 수정되고 다른 관념이나 이미지들과 복잡한 연결망을 구축하면서 대상에 대한 이해가 깊어진다.[15] 말을 바꾸면 이는 이해의 심화 과정이자 개념의 발달 과정이요, 이상적인 학습의 과정이라 할 수 있다. 이러한 인지 및 이해의 과정으로 볼 때 '가'~'라'는 앞서 말한 것처럼 시조에 대한 최초의 인식 내지 경험과 관련된 지식이라는 의미를 지닌다. 곧 수정되거나 대체되거나 다른 지식과 연결되어야 하지만, 그 자체로도 잠정적인 의미를 지니는 거점 지식으로서의 위상을 차지한다고 할 수 있다. 이는 시조에 대한 이해의 역사에서 음수율이 차지했던 위상 및 기능과 흡사하다. 사실 음수율에 대한 비판의 역사가 바로 시조 율격론 내지 형식론의 역사에 다름 아닌데, 우리는 이를 통해 시조의 율성 및 형식에 대한 이해가 깊어졌다는 사실에 주목해야 할 필요가 있다.

그런데 내용과의 역동적인 관계나 미학적 의미와 효과, 역사적 맥락 등에 대한 이해를 동반하고 있지 않다는 점에서 시조의 외형에 대한 이해는 '개괄' 정도의 의미를 지닌다. 시조가 정형시가인 까닭에 그 '개괄'은 매우 규범적이고 고정적인 규칙의 인지라는 특징을 지닌다. 이렇게 규칙으로 인지하는 수준에서는 역사적 맥락이나 의미의 문제가 후면으로 밀려나기 때문에, 이 인지의 과정이 역사적 실체로서의 시조에 대한 이해를 깊어지게 하기보다는 일종의 언어 놀이를 수행하는 듯한 즐거움을 제공해준다. 초등학교 단계에서 '가'~'라'와 같은 규칙에 맞춰 시조를 지어보거나 시조 작품을 패러디하며 유희하는 것은 모두 이런 맥락에서 이해할 수 있다. '가'~'라'와 같은 틀 안에 생각과 감정을 담아냈

---

15 '개념의 생태' 혹은 '개념의 생태계'를 주장하는 논자들의 생각이 이와 관련된다. 이에 대해서는 다음 논문, 특히 각주 9번을 참고할 수 있다. 졸고, '글쓰기 개념 생태계 기술을 위한 시론', 「한국초등학교육」 제22집, 한국초등국어교육학회, 2003.

을 때 기대의 충족에서 오는 즐거움을 느끼게 되는데, 이는 형식 창안의 고통 없이 생각을 특정한 형식으로 물질화했을 때의 성취감에 다름 아니다.

그 즐거움이나 성취감이 크면 클수록 그 형식이 지닌 의미나 내적 원리 등에 대한 학습 욕구가 일어날 것은 자명하다. 또한 비록 연구사에서 지적된 것처럼 '가'~'라'가 매우 경직된 틀임에는 분명하지만, 그 경직성을 비판하고 극복하는 과정이 곧 역사적 실체로서의 시조의 다양성을 발견하는 과정일 수 있다는 점에서 먼저 그 틀을 익히는 것은 그 자체로 교육적 의미를 지닌다. 이러한 이유 때문에 시조에 대한 초기 학습에서는 정형의 틀을 익히고 틀에 맞추며 놀이하는 즐거움과 성취감을 느낄 수 있도록 가르치는 것이 매우 중요한 교육 내용이자 방법이 된다. 사실 우리의 사유 방식이나 우리말 통사 구조 및 단어 길이 등에서 어렵지 않게 추상할 수 있고, 또 초등학생들이 4음보, 3·4조의 민요나 동시를 이미 배운 상태에서 시조의 형식을 학습하기 때문에 시조의 규칙을 학습하고 그 규칙에 맞춰 표현하는 활동은 그렇게 어려운 일이 아닐 수 있다. 또한 그리 어렵지 않게 시조 형식에 대한 이해를 시(가) 일반의 형식에 대한 이해로 전이시킬 수도 있게 된다. 초등학생들이 시조의 형식에 대해 보다 흥미를 느끼는 것은 이런 맥락에서 이해될 수 있다.

그러나 여기서 기억해야 할 것은 '가'~'라'가 시조 이해의 출발점이 될 뿐이라는 점이다. 우리는 지적하였듯이 조윤제의 기본형에 속하는 작품이 전체 시조 작품의 4%에 불과하다는 사실을 기억해야 한다. 기본형은 일탈과 변주를 이해하기 위해 추상된 거점 지식일 뿐이며, 따라서 시조의 실상을 모두 담아낼 수 없는 제한된 이해에 언제까지나 매달려 있을 수만은 없다. 기본형이 지닌 한계를 발견하는 과정이 뒤따라야 하는데, 이는 내재적 원리의 발견이나 형식의 일탈로부터 파생되는 미학적 효과를 발견하는 과정에 다름 아닐 것이며, 그 결과로 형식에 대한 이해가 확장된다. 즉, 다양한 시조 작품을 접하고 배우면서 '가'~'라'의 지식이 수정되거나 보다 심화된 내용을 대체되어야 한다.

만약 음수율에 입각한 이해의 단계에서 학습이 종결된다면 이는 매우 불행한 일이다. 그럴 경우 시조는 매우 규범적인 장르로 인식되고 말 것이며, 역사적 실체로서의 시조에 대한 흥미진진한 탐구 활동이 이어지기 어렵기 때문이다. 지금처럼 중학교, 고등학교의 단계에서도 시조의 형식에 대해 가르칠 때 '가'~'라'와 같은 내용이 반복되고 있는 것은 그런 점에서 볼 때 문제라고 할 수 있다. 교육 내용의 위계화가 전혀 이루어지지 않음으로써 다시 말해 시조 형식에 관한 개념의 진화가 거의 이루어지지 않음으로써, 학생들이 새로 학습한 개념과 기존의 개념간의 갈등에서 오는 긴장감이나 개념 확장의 즐거움을 느낄 수 없을 뿐 아니라, 시조에 대한 고정관념이나 편견을 갖게 될 수도 있기 때문이다. 이렇게 되면 시조의 다양한 작품 세계와 시조 작가들의 세계관 및 당대 현실에 대한 이해 역시 어려워진다. 이와 관련하여 초등학생들이 시조의 완고한 틀, 나아가 시조에 대해 매력을 느끼고 더 배우고 싶어 하는데 반해, 중·고등학생들이나 성인들이 시조, 특히 시조의 형식에 대해 식상해 한다는 사실은 시사하는 바 크다.[16]

사실 여기서 위계화의 필요성을 강조하는 까닭은 시조에 대해 배우고 나면 시조에 대한 흥미와 관심이 증대되고 시조 학습의 내적 동기가 형성되어야 한다는 지극히 상식적인 생각 때문이다. 내적 동기 혹은 자발적인 동기가 없다면, 학생들이 작품을 더 찾아 감상하거나 제시된 작품에 대해 적극적으로 이해하려고 하지 않을 것이기 때문이다. 학습의 주

---

16 시조에 대한 초등학생들의 흥미와 학습 동기 등은 교육대학교 석사논문에서 어렵지 않게 확인할 수 있다.

체는 결국 학습독자 개인이고 작품의 이해와 감상이란 결국 독자와 작품간의 내밀한 소통이라고 할 수 있는데, 내적 동기가 없거나 대상에 대한 부정적인 인식이 갖고 있는 독자에게 작품에 대한 이해 및 향유를 강요할 수는 없는 노릇이다. 이런 점에서 초·중·고등학교에서의 교육 내용이 동일한 것은, 학생들에게 지적 도전이나 발견의 체험을 제공해 주지 않음으로써, 시조에 대한 피상적인 이해에 머물게 하고 이후 학습에 대한 동기마저 박탈한다는 점에서 문제라고 할 수 있다.

결국 음수율로 대표되는 형식적 접근은 시조 학습의 초기 단계에는 그 의미가 있지만, 곧 다른 개념으로 확장되거나 수정되어야 한다고 결론지을 수 있겠다. 연구사에서는 더 이상 음수율에 대한 논의가 전개되지 않지만, 국어교육의 장에서는 다음 단계의 탐색이 뒤따른다는 전제하에, 음수율에 입각한 이해가 나름의 교육적 의미를 지닌다고 하겠다.

4. 시조 형식 교육의 위계화, 어떤 방향으로 나아가야 할까

그렇다면 글자 수에 입각하여 시조의 형식을 이해하고 난 다음 어떤 내용을 어떻게 가르쳐야 할까. 학교 교육이 어떻게 달라져야 할까. 한편으로는 음수율에 입각한 형식 구분의 문제점을 비판하면서 전개된 율격론이나 구성론 등을 참고하고, 다른 한편으로 인지 발달의 과정을 살펴보면 그 해답의 실마리를 찾을 수 있다.

앞서 여러 번 말한 것처럼 시조의 정형화된 틀에 대한 인식이 수정되고 확대되는 과정이 뒤따라야 한다. 규칙의 인지는 일탈과 변용으로까지 나아갈 때 더욱 의미를 지니게 되기 때문이다. 이를 위해 우선 평시조의 여러 작품을 접하며, 형식적 틀을 크게 벗어나지 않으면서도 음절 수를 가감함으로써 긴장감이 유발되고 즐거움이 생겨난다는 점을 경험하게 해야 한다. 이를 통해 '가'~'라'의 규칙에, 기본형은 기본형일 뿐 '글자의 수가 엄밀하게 정해져 있지는 않다'는 정보나 '글자수의 가감이 표현의 다채로움을 느끼게 한다'는 내용을 첨가해야 한다. 이처럼 정보를 더하거나 수정하는 것은 글자의 수가 엄밀하게 정해져 있지 않다고 처음부터 가르치는 것보다 훨씬 효과적일 수 있다. 글자 수의 제약에 충실한 작품을 접하면서 각각의 마디를 등장성을 지니는 단위로 인식하는 과정이 먼저 있어야 글자 수가 적거나 많을 때 같은 길이로 발음하려는 성향을 지니게 되고, 이러한 성향이 전제되어야 기본형에서 가감이 된 부분을 읽을 때 낭독의 유연성을 경험할 수 있기 때문이다. 2자로 줄거나 5자로 늘어나는 대목을 접했을 때 자연스럽게 길게 읽거나 빨리 읽음으로써 의미의 강조나 비약 등을 효과적으로 느낄 수 있게 되기 때문이다.[17]

평시조의 여러 작품을 접하면서 음절수의 제약을 넘어섰다면, 다양한 형식을 실험하고 있는 현대시조나 사설시조를 경험하게 함으로써 형식의 유연성에 대한 이해를 더욱 증진시킬 수 있다. 현대시조에서 이루어지고 있는 형식의 파격과 변형 역시 어디까지나 시조의 형식적 구조 안에서의 파격이고 변형이기 때문에,[18] 다양한 시행 배열이나 글자 수의 파격을 보여주는 현대시조를 학습함으로써 다양한 내용 표현과 형식의 변형이 가능함을 학습할 수 있다. 사설시조의 형식에 대한 학습 또한 같은 의미를 지닐 수 있다. 사설시조는 "평시조의 거대 틀만은 엄격하게 준수하고 미세 틀인 음보수는 상당 정도 일탈하고 자유롭게 늘여 사설

---

17 김대행, 앞의 책(1999), 271~272면.
18 박현동, 앞의 논문, 14면 ; 김제현, 『현대시 작법』, 새문사, 1999.

을 많이 주어 섬기고 소재들을 많이 엮어 짬으로써 텍스트 자체의 재미를 느끼도록 하는 확장 발화에 해당한다."[19]라고 볼 수 있다. 사설시조가 억제 속의 확장 발화라고 할 때, 이런 사설시조의 형식을 이해하기 위해서는 평시조의 고정된 틀에 대한 확장이 불가피하게 된다. 이러한 일련의 과정을 통해 시조 형식에 대한 외형적·기계적 인식이 보다 유연한 인식으로 수정되고 시조에 대한 이해가 깊어짐은 물론이다.

이러한 형식의 확장과 동시에 형식과 내용의 이분법을 넘어서는 단계로 나아가는 것도 뒤따라야 하는데, 이는 시조의 미학을 경험하는 단계라고도 할 수 있다. 이와 관련된 교육 내용으로는 많은 것이 검토의 대상이 될 수 있으며, 구체적인 교육의 장에서는 관련된 여러 이론이나 지식들의 안내를 받으며 시조의 다양한 작품 세계를 발견하도록 가르치는 것이 필요하다. 시조는 초·중장이 종장과 크게 양분되고, 초·중장이 병렬 관계를 보이다가 종장에 이르러 의미의 비약이 일어나는데, 이러한 의미 구조 혹은 시상의 흐름을 객관화와 합일화의 지향으로 설명하는가 하면,[20] ORM 구조로 보기도 하였고,[21] 3장 앞부분에 주목하여 기승전결의 구조로 보았는가 하면 한시와의 유사성에 주목하기도 하였다.[22] 그런가 하면 논리적 접근을 시도하여, 삼단논법에 기초하여 이해하려는 시도[23]도 있어 왔다. 이러한 논의들의 공통점은 각 장과 구, 음보 사이에 존재하는 의미의 긴장에 주목했다는 점이다. 이 긴장 관계에

---

19 김학성, '辭說時調의 형식과 美學的 특징', sijo44.hihome.com. 형식 확장의 다양한 스펙트럼에 대해서는 다음 논문을 참고할 수 있다. 고미숙, '사설시조 율격의 미적 특질(1)', 국어국문학회 편(1997), 373~399면.
20 김대행, 『韓國詩歌構造研究』, 삼영사, 1976.
21 김대행, '時調 形式의 意味', 「時調學論叢」 제11집, 한국시조학회, 1995.
22 김대행, 앞의 책(1986), '구성론' 참고.
23 김동준, '시조문학의 구조 연구', 동국대학교 박사논문, 1980 ; 원용문, 『시조문학원론』, 백산출판사, 1999.

대한 주목은 시상을 전개해 나가는 작가의 발상이나 사고의 독특함 혹은 탁월함 등에 대한 이해를 동반할 수밖에 없는데, 이 단계에서 학생들은 내용의 형식으로서의 전화를 체험할 수 있어야 한다. 이러한 체험 이후에 개별 시조 작품이나 작품군의 역사성과 특수성을 이해하기 위한 미세한 읽기가 시도될 수 있다.

여기서 덧붙일 것은 이러한 위계화는 나이나 학교급에 따른 구분이라기보다는 학습의 순서에 가까운 것이라는 점이다. 성인이라도 시조를 처음 접했을 때는 음수율에 입각한 이해를 시도할 수 있고, 한 수업 시간 안에도 음수율로 시작하여 내용과 형식간의 긴장감을 발견하는 데까지 나아갈 수도 있다. 중요한 점은 각각의 단계를 따라가면서 연구자들이나 시조 작가들이 그러했던 것처럼 학생들 역시 놀이의 즐거움이나 발견의 즐거움, 이해가 깊어지는 즐거움 등을 느낄 수 있어야 하며, 그 즐거움이 이후 학습에 대한 추동력이 되어야 한다는 점이다.

5. 결론

논의를 마무리하면서 본질적인 물음을 던져본다. 시조가 오늘날 우리에게 어떤 의미를 지니는가. 오늘날 시조를 배운다는 것이 우리에게 어떤 의미를 지니는가. 이 물음은 시조 혹은 시조교육의 연구 성과나 시조교육 및 향유의 실태를 제대로 파악하지 못한, 다소 악의에 찬 것으로 보일 수 있다. 제도교육의 장에서 시조를 가르쳐온 역사가 짧지 않은데, 이는 시조 및 시조교육의 의의에 대해 어느 정도의 사회적 합의가 전제된 것으로 볼 수 있기 때문이다. 또 오늘도 왕성한 활동을 하고 있는 시조 시인들이 있으며 이들을 중심으로 한 시조 창작 교실이 호황을 이루고 있고, 시조에 대한 다양한 실험이 행해지는가 하면 시조에 대한 논의가 질적인 깊이를 더해가고 있으며, 시조의 교육적 의의에 대해 주장하고 교육내용 및 방법까지 제안하는 논문까지 쏟아져 나오고 있기 때문이다. 이런 상황을 감안하면 시조는 여전히 살아있는 문학으로 오늘날 우리들의 삶에서 중요한 기능을 담담하고 있는 것처럼 보인다. 그러나 문제는 시조의 의미에 대한 합의나 시조 생활화가 특정한 공동체, 즉 시조 연구나 창작의 장에 국한된 현상이라는 점이다. 시조의 매력 혹은 가치에 대해 주장하는 한편에는 시조가 흘러간 시대의 문학으로 우리들의 다양한 생각과 감정을 담아내기는 어렵다고 말하는 사람들이 존재한다. 이들에겐 시조를 배워야 하는 이유가 여전히 납득되지 않을 수 있다.

시조 연구자들이나 시조 작가들은 그 동기가 어찌되었든 간에 시조 작품을 더 많이 접하고 그 경험 속에서 각자 어느 정도 인식의 수준에 도달한 사람들일 가능성이 높다. 반면에 대개의 일상인들은 시조를 자주 접하지 못할 뿐 아니라, 시조 연구자들이나 작가들이 도달한 인식의 수준에 도달하지 못한 채 그들이 제시하는 시조에 대한 지식을 받아들여야 하는 상황이다. 이러한 상황의 차이 때문에 두 집단간의 의사소통이 원활할 수 없고 시조가 지닌 의미 또한 공유하기 어렵게 된다. 시조 교육 연구자나 실천가는 이 점을 분명하게 인식해야 한다. 물론 이러한 상황 자체가 문제가 되거나 걱정할 사태는 아니다. 이러한 인식의 차이 내지 간극이 교육의 출발선이 되기 때문이다. 교육이란 먼저 도달한 자가 설득에의 열정을 지니고, 그렇지 못한 자를 가르치는 행위라고 볼 수 있기 때문이다. 가르침의 내용이나 방법 등은 이러한 차이를 어떻게 메울 것인가에 대한 고민의 결과라고도 볼 수 있기 때문이다. 그렇다면 우리의 물음은 이렇게 달라져야 한다. 어떤 내용을 어떻게 가르쳐야만 일반 독자들이 보다 수월하게 연구자나 작가들이 도달한 인식의 수준에 도달할 수 있을까. 시조 연구자나 작가들이 도달한 수준에 도달하게 하기 위해서는 어떤 단계적 절차가 필요하지는 않을까.[24]

필자는 이 문제를 풀기 위해 시조 연구자나 작가들의 시조 이해 과정과 시조 연구사를 통해 확인할 수 있는 시조에 대한 이해의 역사에 주목하였다. 특정 개념이나 장르에 대한 이해 역시 체험의 과정, 특히 학습 체험을 통해 단계적으로 달라진다는 점에 주목한 것이다. 시조에 대한 깊은 이해나 창작에 이르기까지 제도교육 안에서든 밖에서든 간에 시조를 여러 번 접하면서 시조 장르에 대한 개념이 확충되고 깊어지는 과정이 존재한다고 보고 그 과정에 대한 통찰을 통해 시조교육의 위계화에 대해 시사점을 발견할 수 있으리라 가정하였다. 이는 새로운 사실의 발견이나 대상에 대한 깊이 있는 이해가, 더러는 단 시간 안에 직관적으로 이루어지기도 하지만 대개의 경우는 기존의 지식이나 경험 체계를 조정하는 과정을 여러 번 거치면서 조금씩 진전된다는 생각에 다름 아니다. 시조교육 역시 학습의 경험이 누적되면서 기존의 개념이 달라지거나 대체되거나 다른 개념과 연결되기도 하고 개념 생태계 전반이 조정되기도 하면서 인식의 확장 혹은 성장이 이루어지도록 설계되어야 한다.

이러한 관점에 따라 이 글에서는 시조에 대한 초기 학습시 형식에 대한 외형적인 인식—특히 음수율에 입각한 인식—이 나름의 교육적 의미

---

24 쉽게 생각할 수 있는 것은 시조에 대해 깊이 이해하고 있는 사람을 직접 만나는 것이 가장 교육적일 수 있다. 시조에 대해 잘 아는 사람에게서 시조에 대해 감동적인 설명을 들었을 때 시조를 좋아하게 되고 이해하게 될 가능성은 매우 높다. 다만 설명하는 자가 자신의 이해 정도를 말하는 데도 소질이 있는 사람이어야 한다는 조건이 전제되기는 한다. 그러나 이런 행운을 모든 사람들이 누릴 수 있는 것은 아니다. 제도교육의 장에서는 특정한 단계를 밟아 일정한 수준에 도달하도록 교육 내용을 제시하는 방법을 취할 수밖에 없다.

를 지닌다고 주장하였고, 동시에 형식에 대한 초기 인식이 보다 심화된 경험으로 이어져야 하며 그렇지 못했을 때 시조에 대한 고정관념이 생겨날 수 있음을 경고하였고, 이후 간단히 형식 교육의 위계화 방향에 대해 생각해 보았다. 그런데 논의를 마무리하자니 수집한 경험적 자료를 적극 활용하지 못함으로써 충분히 논증하지 못했다는 아쉬움이 남는다. 의미역이 모호한 '형식'을 문제 삼음으로써 논의의 초점과 층위가 여러 번 흔들렸다는 점도 고백해야겠다. 이러한 한계에도 불구하고 분명한 것은 우리 연구자나 작가들이 시조에 대한 이해를 깊게 한 것처럼 학생들 역시 시조에 대한 이해를 깊게 할 수 있다는 점이다. 우리가 피상적인 이해를 극복하며 조금씩 시조에 대한 이해를 깊게 해 온 것처럼, 학생들 역시 외부로부터 내부로, 보편성에서 특수성으로 나아가는 학습의 과정을 거치며 시조에 대한 이해를 깊게 하고 발견의 즐거움을 느낄 수 있다는 점이다.

서사교육의 위계화에 대한 방향 탐색

─설화의 범교과적 활용 및 변용 가능성을 모색하며─

교육 내용의 위계화를 시도할 때 우리는 발달 이론에 근거한 교육 내용의 설계가 '학생들을 발달단계에 가둘 수 있다'는 경고에도 귀를 기울여야 한다. 구체적 조작기에 해당한다고 해서 구체적 조작 활동만을 강조하는 것은 위험할 수 있기 때문이다. 또 잘 알려진 발달 이론들이 학생들의 교육적 필요의 발달에 대해 설명해주는 이론들이 아니라 일반적인 사고 및 행동의 변화 양상이나 특성들을 기술하는 이론들이라는 점에서 교육 내용을 위계화하기 위한 참고 자료로서의 의의만을 지니기 때문이다.

이런 이유로 학습자들의 교육적 필요의 발달에 주목할 필요가 있다고 보았다. 그리고 교육적 필요와 그 필요의 변화에 주목함으로써 설화가 특정 시기의 학습자들에게 세계 인식에 유용한 하나의 수단이 될 수 있음을 밝혔다. 잘 모르거나 낯선 세계에 대해 최초로 접근할 때는 설화와 같은 이야기가 효과적일 수 있음을 주장하였는데, 이러한 주장은 서사교육의 위계화를 위해 내딛는 첫 발걸음에 해당한다. 아직은 목적지가 멀리 있지만, 가는 길에서 새로 배우고 느끼는 것들이 많이 있었으면 좋겠다.

1. 서론

문학교육의 장에서 '무엇을 가르칠 것인가' 하는 물음은 진부한 것처럼 보인다. 이제 이 화두─'어떻게 가르칠 것인가'의 문제와 더불어─를 정면에 내세우는 논의는 찾아보기 어렵다. 문학교육 연구의 방향이 달라졌다고도 볼 수 있는데, 이와 같은 변화가 의미하는 바에 대해 살펴보면, 오늘날 우리가 서 있는 자리, 혹은 우리가 지금 해야 할 일이 명확해질 수 있다.

이러한 변화는 우선 문학교육 연구의 질적·양적 발달을 증거하는 것으로 해석할 수 있다. 근원적이고 본질적이면서도 추상화의 수준이 매우 높은 차원의 물음이 제기되는 것은 연구의 초창기에 흔히 있는 경향인 바, 이와 같은 물음이 숨어버린 것은 문학교육 연구가 슬로건 차원을 넘어서 그 '무엇'을 구체화하는 일에 들어섰음을 의미한다고도 볼 수 있기 때문이다. 그러나 구체화의 결과가 학계에 속속 보고되고 활발한 의사교환을 통해 보다 구조화되고 체계화되어 교육 현장에 전달되고 있지 않다는 점을 기억한다면, 이와 같은 낙관이 매우 피상적인 판단임을 알게 된다. 즉, 그 '무엇'을 구체화하는 일에 있어서도 큰 성과를 내지 못하고 있는 상황임을 알게 된다.[1] 그 원인이 하나일 리 없고 또 여러 요인들이 복합적으로 작용했겠지만, 우리는 혹여 가르칠 '무엇'을 추출하기 위한 기왕의 접근 방법에 문제가 있는 것은 아닌가 스스로 물을 필요가 있다. 동시에 연구 방법의 다양화에 대해서도 진지하게 고민해야 한다.

문학교육연구자가 문학교육의 '무엇', 즉 가르칠 내용을 추출하거나 구조화하기 위해서는 다음과 같이 두 가지 방향에서 접근할 수 있다.

우선 '문학'에 방점을 두고 접근하는 방법이 있을 수 있다. 우리에게 매우 익숙한 방법으로, 문학작품이라는 실체 자체에 주목하는 접근과 문학의 여러 속성 내지 요소들에 주목하여 그것의 교육적 가치 혹은 현재적 의미에 주목하는 속성 중심적 접근이 여기에 해당한다.[2] 문화적

---

1 이와 관련하여 국어교육연구자들이 지녔던 열정과 공동체적 정체감이 구체적인 작업의 밑거름으로 승화되지 못한 채 그마저도 사라져 버린 것이 아닌가 하는 의구심마저 들 때가 있다.

2 실체 중심의 접근과 속성 중심의 접근이 지니는 의의와 한계를 명확히 한 것은 김대행 외(2000)에 이르러서이다. 작품 자체의 교재론적 의의나 교육 방법에 대한 연구 등이 전

정체성을 공고히 하고, 우리의 언어문화에 대해 이해하는 한편 그 이해를 기반으로 새로운 언어문화를 창출해야 하는 것이 자국어교육이라는 점과 이러한 자국어교육의 목표를 달성함에 있어서 자국어 문학이 차지하는 중요성을 감안한다면, 이러한 접근 방법은 꼭 필요하며 앞으로도 지속적으로 시도되어야 할 것이다. 그러나 '문학'에만 방점을 두게 되면 문학에 대해 연구하는 것이 곧 문학교육연구라는 논리로 나아가게 되어, 교육 주체인 학습자가 소외되는 본말전도의 현상이 발생할 수 있으며, 달라진 세상의 새로운 요구들을 시의적절하게 고려할 수 없을 가능성도 있다. 사실 '학교문법'이라는 개념이 시사하는 것처럼 학문적 담론과 교육적 담론은 엄연히 구분된다. 따라서 국문학사에서 비중 있게 다뤄지는 작품이나 문학 연구에서 매우 중요한 개념이나 지식이라 하더라도, '학교문학'의 관점에서 이를 재해석하는 작업, 즉 학습자의 발달적 필요에 맞춰 재해석하거나 재개념화하는 일을 수행한 이후에 비로소 문학교육의 장에서 그 개념이나 지식이 차지하는 위상과 비중이 결정된다.

여기서 우리는 '교육'에 방점을 두어 교육주체로서의 학습자에 주목하는 두 번째 접근 방법을 상정할 필요를 느낀다. '문학'을 가르친다는 사실에 주목하는 것이 아니라, 학습자의 배움, 나아가 배움을 통한 자아

자와 관련된다면, 문학작품을 국어활동의 효과적인 자료로 보고 국어활동의 원리와 기제 등을 추출하려는 일련의 접근이 후자와 관련된다. 고전문학교육 연구와 관련하여 실체 중심적 접근의 예는 이상익 외(1994, 2000)를 들 수 있으며, 속성 중심의 접근을 취한 연구의 문제점을 분명히 하고 실체 중심의 연구가 지닌 의의를 주장한 논문으로는 박경주(1999)를 들 수 있다. 또 속성 중심의 접근이 등장하게 된 배경과 그 의의 및 연구물 목록에 대해서는 졸고(2001a)를 참고하길 바란다. 이밖에도 고전문학교육에 대한 연구사 정리는 한창훈(2000, 2001)을 참고할 수 있다. 김대행 외, 『문학교육원론』, 서울대출판부, 2000, 10~25면 참고. 이상익 외, 『古典文學 어떻게 가르칠 것인가』, 집문당, 1994 ; 이상익 외, 『고전문학산문교육의 이론』, 집문당, 2000 ; 박경주, '고전문학교육의 연구 현황과 전망', 「고전문학과 교육」 창간호, 청관문학회, 태학사, 1999 ; 졸고, '고전문학의 교육적 대상화에 대한 연구', 「고전문학과 교육」 3호, 청관문학회, 태학사, 2001 ; 한창훈, 『시가와 시가교육의 탐구』, 월인, 2000 ; 한창훈, 『시가교육 가치론』, 태학사, 2001.

의 성장이라는 측면에 주목하여 '무엇'을 가르칠 것인가의 문제를 생각해 볼 수 있는 것이다. 교과라는 제도의 구분을 넘어선 접근이라는 점에서 논의의 어려움이 예상되기는 하지만, 이러한 접근은 제도와 이론의 틀이 깊숙이 관여하고 있어서, 정작 우리가 놓치고 있는 그 무엇을 보게 해 줄 가능성이 있다.[3] 교과의 구분이 편의를 위한 제도일 뿐, 학습자의 실제 경험과 인식 과정이 그렇게 분절적이지 않기 때문이다.

학습자에 주목하는 우리의 이러한 접근 방법이 언뜻 보기에는 잘 알려져 있는 인지이론 혹은 발달이론에 근거하여 작품의 내용이나 주제를 선별하는 등의 연구와 다르지 않은 것으로 보일 수 있다. 그러나 인지이론 혹은 발달이론은 발달단계상의 특징이나 경향을 아주 개략적으로 그려놓아서, 실제 학습자들의 필요나 구체적인 특성을 포착하기는 어렵다는 한계가 있다. 애초에 인식의 필요 내지 '교육적 필요'에 천착함으로써 출현한 이론이 아니기 때문에, 이로부터 구체적인 텍스트 선정의 원리나 교수 학습 방법 등을 끌어내는 것은 논리적 비약을 범하기 쉽다.[4] 더 구체적이며 연관성이 있는 이론 내지 방법론의 도움이 필요한데, 이러한 이론 내지 방법론에 대한 탐색은 학습자에게 배움이란 어떤 의미를 지니며 어떻게 진행되는지에 대한 성찰로부터 시작할 수밖에 없다. 이러한 문제의식에 따라 이 글에서는 우선적으로 교육이란 무엇이며 교육의 주체로서의 학습자는 누구인지 어떤 인지적·정의적 필요에 직면

---

3 이러한 필자의 주장이 국어교육연구에서 교육학 일반 이론 내지 학습자에 대한 이해가 우선해야 한다는 주장으로 받아들여진다면 그것은 오해이다. 내용학으로서의 교과교육에 대한 이해가 전제되지 않는다면 학습자에 대한 이해나 교육학적 배경 역시 아무런 의미가 없다고 할 수 있다. 교과교육에 대한 충분한 이해가 전제되었을 때 학습자의 국어 발달 등 보다 구체적이고 전문적인 논의가 가능하다고 할 수 있다.

4 인지적 발달이론의 한계에 대해서는 이미 김상욱이 지적한 바 있다. 나아가 김상욱은 인지적 발달 이론의 한계를 극복하거나 보완해줄 방법으로 경험 연구의 필요성을 역설한 바 있다. 김상욱, '초등학교 아동문학 제재의 위계화 연구', 「國語教育學研究」 12輯, 국어교육학회, 2001.

하게 되며, 그때 설화가 어떤 기능을 수행할 수 있는지 살펴보려 한다. 이는 설화의 범교과적 가치를 확인하는 일이 될 것이며, 설화의 교과 및 범교과적 활용 및 변용의 이론적 근거를 마련하는 일이 될 것이다.

우리가 일반적으로 대하는 설화 자료들은 대부분 개작의 결과물이다. 이러한 개작을 교재론적인 입장에서 긍정적으로 보면 '변용'이요, 부정적으로 보면 '훼손'이라고 한 연구자도 있지만,[5] 그러나 구연 상황에 따라 여러 이본들로 개작되는 것이 설화 향유의 방식임을 고려한다면, 개작의 긍정적인 면과 부정적인 면을 굳이 나눌 필요는 없을 것이다. 다만, 어떤 의도를 가지고 적극 개작하는 것을 '변용'으로 규정한다면, 국어교육과정에 포함된 설화는 교육적 의도에 따라 변용된 것이라고 할 수 있겠다. 필자의 궁극적인 관심은 이러한 국어교과적 변용을 넘어서, 국어 이외의 교과에서, 교수·학습 방법 구안의 차원에서는 물론이고 교재를 구성하려 할 때, 설화를 어떻게 활용할 것인가 또 이를 위해 어떤 설화를 어떻게 변용할 것인가 하는 문제에 놓여 있다. 이를 위해 국어교과 내적 논리나 국문학 연구의 전통 안에서 논의되던 설화의 교육적 가치를 교과를 넘어선 다른 각도에서 이론적으로 정리할 필요를 느꼈다.

이에 따라 이 글에서는 우선적으로 '학습자' 변인에 주목하여 학습자의 성장이라는 면에서 볼 때 설화가 어떤 의의가 있으며, 그 의의를 실현하기 위하여 초등교육의 단계에서는 설화의 무엇을 어떻게 가르쳐야 하는가, 또 그 이유는 무엇인가에 대해 논의할 것이다. 이때 문학이 거기 있어서 가르쳐야 하는 것이 아니라 우리의 필요 때문에 문학이 거기 있다는 관점을 견지하고자 한다. 즉, 문학이라는 것이 본시 세계 인식이

---

5 한희정, '설화의 문학교육적 수용 방안 연구', 한국교원대 석사논문, 2001.

나 배움의 문제 등과 관련되는 삶의 필요에서 생겨났다는 점에 주목하
고자 한다.

2. 교육적 필요의 자각

교육에 대한 사회적 관심과 연구자들의 열정이 간혹 단순한 것을 복
잡하게 만들고 쉽게 갈 수 있는 길을 어렵게 찾아가도록 하기도 한다.
물론 의도하지는 않은 결과겠지만, 또 누구나 의식하지 못하는 사이 범
할 수 있는 문제이기도 하다. 이러한 문제가 생기지 않게 하려면, 자주
교육이란 무엇이고, 이 교과목 내지 교과 내용을 가르쳐야 하는 까닭은
무엇인지 스스로 묻고 답하는 시간을 가져야 한다. 논의의 출발 지점을
기억함으로써, 즉 교과교육의 모든 논의가 결국에는 학습자의 성장을 위
한 논의임을 기억함으로써 연구를 위한 연구를 수행하지 않기 위함이다.
교육은 한 인간의 성장을 목적으로 수행하는 제반 활동을 일컫는 바,
교육의 가장 중요한 본질은 상구(上求)와 하화(下化)라는 말로 집약될 수
있다.[6] 상구, 즉 배움은 발견의 열정(heuristic passion)을 지닌 학습자가 자
신의 현존 지식 체계나 사고의 틀 등으로는 설명될 수 없고 이해될 수
없는 현상에 직면하여 그것을 문제로 인식한 뒤 그 문제를 해소해 주는
수준으로 자신의 사고의 틀을 변모시키거나 새로운 지식 체계를 습득하
는 과정('自證')으로 정의되고, 자아의 성장이란 이와 같은 과정을 반복하
는 가운데 인식의 지평이 넓어지는 것을 의미한다. 반면에 하화, 즉 가
르침은 설득의 열정(persuasive passion)을 지닌 자가 자신과 타인 사이에

---

6 장상호, 『학문과 교육(상)』, 서울대출판부, 1999.

존재하는 인식적·논리적 간극을 해소시킴으로써 자신이 지닌 세계 인식의 틀이나 지식 체계의 진리성을 입증하는 설득적 행위('他證')로 정의된다.[7] 결국 학습자 스스로 증(證)하는 것이 배움이요, 설득을 통해 타증하는 것이 가르침이라 하겠다. 발견의 열정을 지닌 학습자가 설득의 열정을 지닌 교사의 도움으로 스스로 깨우쳐, 다시 말하면 스스로 새로운 지식을 구성하거나 지식 체계를 변형하는 것이 바로 배움이요, 그러한 과정에서의 변화가 바로 성장이라는 것이다.

그런데 배움과 가르침을 이렇게 정의한다면 이러한 교육 현상이 도처에서 수시로 일어나는 일임을 깨닫게 된다. 인간은 끊임없는 배움의 과정 속에 놓여 있다고 해도 틀린 말이 아닐 것이다. 새로운 문제 사태에 직면하여, 보고 듣고 경험한 것을 바탕으로 자신의 기왕의 지식 체계를 조정하거나 새로운 지식 체계로 대체하는 일을 수시로 수행하며 살아가야 하기 때문에, 가르치고 배우는 일은 학교나 교과에 국한되지 않으며, 일상에서 끊임없이 발생하는 경험과 인식의 문제라 할 수 있다. 이러한 사실로부터 우리는 교과의 구분을 넘어서서 적절한 교육 내용이 제공되어야 한다는 첫 번째 원칙을 끌어낼 수 있다.[8] 아울러 주지하듯 전통 사회는 물론이고 오늘에 이르기까지 설화가 부분적으로 그러한 교육적 필요에 부응해왔다는 사실을 지적하지 않을 수 없다. 전통 사회에서 설화는 어떤 교육적 필요에 부응했는가? 오늘날에도 여전히 그와 같은 설화의 기능이 유효한가? 만약 유효하다면 그러한 필요의 상황에 적절한 설화를 가르치면 설화교육의 모든 문제가 해결되지 않을까? 이때 '적절한' 설화라는 것은 무엇이며 어떻게 추출할 것인가? 꼬리에 꼬리를 물고 여

---

7 엄태동, 『교육적 인식론 탐구』, 교육과학사, 1998. 특히, 329~394면 참고.
8 교과교육연구자들은 '교과'라는 틀에 갇혀 문학을 바라봄으로써, 문학이 줄 수 있는 다양한 의미를 스스로 제한할 수도 있다는 사실을 알아야 한다.

러 질문이 제기될 수 있다. 이러한 질문들은 그 자체로 우리들의 흥미를 끄는데, 학습자의 성장을 위해 설화를 적극 활용하려면 꼭 답해야 할 문제이기도 하다.

배움의 일상성과 더불어 지적할 또 하나의 사항은 배움을 통한 성장이 학습자의 '발견의 열정'에 의해 가능해진다는 점이다. 극단적으로 말하자면 교사가 아무리 설명을 잘 한다고 해도 학습자에게 발견의 열정이 없다면 학습자의 성장은 가능하지 않다는 것이다.[9] 여기서 교육 내용을 구안하는 데 필요한, 두 번째 원칙을 끌어낼 수 있다. 그것은 학습자의 발견의 열정을 이끌어낼 수 있는 내용을 제시해야 한다는 점이다. 그렇다면 발견에의 열정을 자극하고 격려하는 '무엇'은 과연 무엇일까? 이 물음에 직면하여 학습자의 요구나 취미, 선호(選好)에 부응하는 방법을 우선적으로 떠올릴지 모른다. 그러나 학습자의 요구나 취미, 선호에 따르는 것도 문제려니와, 설혹 따르려고 하더라도 교육 내용을 구안하고 설계하는 차원에서는 이러한 변인들을 고려하는 것이 사실상 불가능하다. 학습자의 요구나 취미, 선호 등은 지극히 개인적이고 주관적인 성격 또한 지니기 때문에, 실제 학습자와 대면하고 있는 구체적인 상황에서만 포착될 수 있기 때문이다. 따라서 학습자에 대한 구체적인 정보를 가지고 있는 교사가 수업을 위해 교육 내용을 재구조화할 때 고려할 수 있는 사항들이라 할 수 있다.[10]

---

[9] 물론 설득의 열정을 지닌 교사가 설명을 잘 하면 학생들의 발견의 열정이 활성화될 가능성이 높다. 그러나 그런 경우조차 배움이 학생 스스로 깨닫는 과정이라는 점은 달라지지 않는다.

[10] 이에 대해서는 제3부 첫 장에서 이미 논의한 바가 있다. 주지하듯 7차 교육과정은 수준별 교육과정을 표방하면서 학습자 변인을 크게 강조하고 있다. 그러나 정작 학습자의 '무엇'을, 어떻게 반영하고 고려할 것인가에 대해 진지하게 논구하지 않음으로써, 주장의 강도에 상응하는 내실을 확보하지 못했으며, 그 결과 그 모든 짐을 교사에게 떠넘긴 혐의가 있다.

그렇다면 학습자의 발견의 열정을 끌어내기 위해서 어떻게 해야 할까? 끝없는 배움의 과정 속에 놓여 있는 학습자의 교육적 필요 내지 인식적 필요에 부응하는 내용을 제시할 때 그 열정이 살아날 것으로 가정할 수 있다. 알고 싶어 하거나 알아야겠다고 스스로 결심했을 때, 즉 어떤 필요를 느꼈을 때 배움에 대한 열정이 살아난다고 볼 수 있기 때문이다. 여기서 우리는 발견의 열정을 끌어내기 위해서는 교육적 필요 내지 인식적 필요에 적절한 교육 내용을 제시해야 한다는 것으로, 두 번째 원칙을 보다 구체화할 수 있다.[11]

그렇다면 교과의 구분을 넘어선 학생들의 교육적 필요 내지 인식적 필요는 무엇인가. 학습자의 교육적 필요 내지 인식적 필요는 어느 순간 생겨나며, 어떤 이유로, 어떻게 변화하는가. 다시 말하지만 이 물음에 대한 답이 마련되었을 때 교육적 필요에 부응하는 교육 내용의 체계화가 가능해진다. 이런 점에서 볼 때 국어교육의 장에서는 그동안 교육적 필요에 대한 인식이 부족했으며 그런 까닭에 설화의 국어교육적 의의 혹은 문학교육적 의의가 대단하니 이를 가르쳐야 한다는 소극적인 논리를 펴왔던 것이 사실이다. 이미 소개되어 있는 설화 작품의 목록 중에서 필요한 작품을 국어 시간에 가르치고, 교과연구자들이 설화의 문학교육적 가치 및 국어교육적 가치를 주장함으로써 그러한 교수 행위의 근거를 마련해왔던 것이 사실이다. 그러나 배움의 주체인 학습자의 인식적 필요가 특정 교과 시간에만 국한하여 발생하는 것이 아니기 때문에, 교육적 필요에 주목하게 되면 설화교육의 장이 확장되어야 하고 설화의

---

11 사실 학습자의 교육적 필요 내지 인식적 필요에 부응한다는 것은, 끊임없는 배움 내지 성장의 과정 속에 놓인 학습자가 세상을 인식하고 자신의 지식 체계를 확장하거나 새로운 지식 체계로 대체하면서 겪게 되는, 인식상의 어려움을 해소해 준다는 의미를 지닌다. 이는 기왕의 교육과정이 표방한 '학습자의 발달단계를 고려한다.'는 슬로건을 실천적 덕목으로 구체화하는 일과 관련된다.

목록 및 제시 방법 등에 있어서도 변화가 수반되어야 한다는 결론에 도달한다.[12] 이는 범교과 혹은 통합교과의 필요성을 주장하는 최근의 논의와도 상통하는데, 역사적 관점에서 보자면 서구식 분과 논리에 의해 특정 교과에 제한되어 있던 설화의 교육적 의의를 되찾는 일이라고도 할 수 있다.

그렇다면 이제 초등학교 단계 학습자들의 교육적 필요, 즉 인지적·정의적 필요가 무엇인지, 또 그 필요와 설화 텍스트가 어떤 관련이 있는지 논의할 차례이다.

3. 교육적 필요에서 본 설화 활용 및 변용의 가능성

1) 자기 중심적 세계 이해 설화

① 천성의 호기심과 경험의 부재

유아로부터 초등학교 저학년에 이르는 시기의 아동들은 눈에 보이는 다양한 것들에 대해 관심을 보인다. 그것이 왜 그곳에 있는지, 왜 그런 모양으로 생겼는지, 왜 그런 일은 생겨났는지 등 '왜'라는 의문사를 연발할 때가 있다. 아동의 이러한 호기심 및 궁금증은 감각적으로 관찰할 수 있는 자연계뿐 아니라 자신을 둘러싼 사람들이 살아가는 다양한 방법, 의식주(衣食住)라든가 적으로부터 자기를 지키는 것은 물론이고 우리의 생활 양식 전반에 걸쳐 있다[13]고 한다. 나아가 그러한 '천성(天性)의

---

12 구체적이고 심도 있는 논의를 펴지는 못했지만, 필자(2001)는 이미 다른 자리에서 이러한 생각의 일단을 피력한 바 있다. 졸고, '아동을 위한 설화 교육의 과제', 문학교육학 제8호, 한국문학교육학회, 2001.

강한 호기심'이 충족되지 않게 되면, 즉 호기심을 해결함으로써 만족과 기쁨을 느끼지 못한다면, 그 아동은 세상에 대해 지루함만을 느끼게 된다고 한다.

이처럼 아동들이 세상 모든 일에 강한 호기심에 보이는 것을, 배움에 대한 강렬한 욕구 내지 발견의 열정으로 해석할 수 있다. 그런데 더불어 지적할 것은, 세상 배우기 혹은 발견의 열정이 강한 것과 대조적으로 세상 배우기를 가능하게 하는 경험이나 지식이 양이 절대적으로 부족하다는 점이다. 이 때문에 새로운 사태에 직면했을 때 아동들은 인식의 어려움 내지 곤란함을 겪게 된다.[14] 그런데 분명한 것은 이러한 인지적 곤란함 내지 어려움이 아동들에게 절망스러운 사태라거나 회피하고 싶은 상황이 결코 아니라는 점이다. 오히려 아동들이 정서적·심미적·인지적 호기심을 느끼는 순간이며, 발견의 열정을 느끼는 순간이라고 바꿔 말할 수 있다. 이때 어떻게 처치했느냐에 따라 '천성의 호기심'이 충족됨으로써 학습 동기가 더욱 촉발될 수도 있고 그 반대로 좌절함으로써 매사에 호기심을 느끼지 못하는 아동으로 변할 수도 있는 것이다.

이러한 호기심을 해결해 주기 위해, 다시 말해 인지적 곤란함을 해소해 주기 위해서는[15] 아동들에게 관련된 어떤 것을 직접 경험하게 할 수 있다. 직접 만져 보게 하고, 느껴보게 함으로써 호기심을 풀게 하는 것이다. 경험이란 세상과 인간이 만나는 형식이며, '감각 작용이며 감각작

---

13 릴리언 H. 스미드, 『兒童文學論』, 교학연구사, 1966, 245~246면.

14 이러한 어려움이 경험이나 지식의 부족에서 기인하였음에도 불구하고, 부족한 경험으로부터 얻은 이해를 확장하여 호기심에 대한 답을 찾아보고 그 결과에 따라 자신의 지식 체계를 다시 조정해야 할 것이다.

15 학습속도란 이러한 인지적 곤란함을 해소하는 데 걸리는 시간과 관련되며, 학습능력은 학습 속도를 포함하여 인지적 곤란함을 해결할 때 동원할 수 있는 지식이나 전략의 양과 효과성 등을 종합적으로 고려하여 판단된다. 그런데 이러한 학습능력에는 많은 개인차가 존재한다.

용의 결과 경험 주체가 갖게 되는 모든 것을 지칭'[16]하는데, 우리 인간들은 처음에는 전적으로 이러한 경험, 즉 감각에 부딪쳐 오는 것들에 의해 세상 배우기를 시작한다고 할 수 있다. 아동들을 대상으로 하는 교육에서 생활 체험 내지 경험이 중시되는 이유 역시 이 시기가 경험에 의해 세상 배우기를 시도하는 단계라는 점과 무관하지 않다.[17]

그러나 모든 것을 직접 경험을 통해 학습하는 것은 불가능할 뿐 아니라 비효율적일 때도 있다. 가령, '왜'라는 철학적 물음에 대한 답이나, 여러 추상적인 개념들이나 가치관, 사회적 규칙 등에 대한 이해는 경험을 통해 획득하는 것이 어려울 수 있다. 그러나 이러한 내용들 역시 이 시기 아동들이 꼭 학습해야 할 내용임에는 틀림이 없다.

② 경험의 확장을 통한 세상 배우기

직접 경험을 통해 학습할 수 없는 내용일 때, 사용할 수 있는 방법은 학습 내용에 대해 설명하는 것이다. 설명에는 여러 개념들이 동원되는 바, 아동이 이해할 수 있는 수준의 개념을 끌어오는 것이 소통의 성공 여부를 결정한다. 그런데 주지하듯 아동의 수준에 맞는 개념을 끌어오는 것은 쉽지 않은 일이다. 경험의 양 자체가 충분하지 않을 뿐 아니라, 추상의 과정을 거쳐 형성한 지식이나 개념을 바탕으로 한 사고체계 역시 아직은 정교하게 발달되어 있지 않기 때문이다.

따라서 설명할 내용, 즉 학습할 내용을 아동이 이해할 수 있는 수준으로 번역하는 일이 필요한데, 이때 설화가 유용하게 활용될 수 있다.[18]

---

16 서울대학교교육연구소 편, 『교육학대백과사전』, 하우동설, 1998.
17 이 시기가 아니더라도 경험은 교육 내용으로서의 중요한 위상을 차지한다. 특정 지식을 획득할 수 있을 뿐 아니라 그 지식에 결합되어 있는 묵지(默識)인 감(感 : sense)까지 아울러 획득할 수 있는 것은 경험을 통해서만 가능한 일이기 때문이다.
18 이러한 설화의 범교과적 의의는 설화를 특정 교과를 뛰어넘는 '경험 양식으로 생활화'할 수 있는 근거가 될 수 있다. 졸고(2001b) 46~47면 참고.

즉, 설명의 상황, 다시 말해 교육적 필요의 상황에 직면하여 이미 존재하는 설화로 설명을 대신할 수도 있고 창작설화를 만들어 설명을 대신하는 것도 가능하다. 아동들에게 형식 논리를 가르치기보다는 경험을 부여하라고 주장한 것이나 문학이 형상성과 연합하면서 경험으로서의 구체성을 지닌다는 지적은[19] 설화가 '경험으로서의 구체성'을 지니는 설명 내용이자 방법이 될 수 있음을 시사하는 발언으로 볼 수도 있다. 설화는 관념의 세계가 아니라 구체적인 인물이 구체적인 사건을 겪으며 존재하는 형상화된 세계이므로, 아동이 자신들의 경험에 기반하여 충분히 이해하고 공감할 수 있는 세계라는 특징을 지니기 때문이다.

가령 자연과학에서의 개념을 획득하기 위해서도 설화는 유용한 설명 내용이자 형식이 될 수 있다. 이 시기 아동들은 산과 강, 습지와 바다에 대한 감각 자료를 가지고는 있지만, 왜 자연이 그와 같은 형상으로 되었는가에 대해서는 납득할만한 이유를 알지 못하고 있으며, 설혹 설명해 준다 해도 그 설명을 받아들일 만한 자연과학적 지식이나 개념－지각 변동이나 융기 등등의 개념－또한 소유하고 있지 못하다. 흙과 물에 대한 감각적 경험만이 존재할 뿐이다. 그런 이유로 이 감각 경험을 확장하여 이해를 시도할 수밖에 없는데, 이때 '하늘나라 공주의 반지 이야기'가 유용할 수 있다. 잃어버린 공주의 반지를 찾기 위해 진흙을 파고 뒤집고 한 흔적이 바로 산이요 강이요 바다라고 설명하는 것이다.[20] 진흙을 손으로 헤집었을 때 흙이 모여 작은 산이 생기고 물이 고여 작은 강이 생기는 것으로 인식하는 것은, 아동들에게 산과 강 등의 자연을 친근한 것으로 느끼게 한다는 점에서 매우 유용할 뿐 아니라, 비록 은유적이

---

19 김대행, '思考力을 위한 文學敎育의 設計', 「국어교육연구」 제5집, 서울대학교 교육종합 연구원 국어교육연구소, 1998, 13~16면 참고.
20 이는 설화의 세계를 벗어나 있는 성인들에게 매우 설득력이 없는 이야기일 수 있다.

기는 하지만 융기나 지각 변동에 대해 개념을 갖게 한다는 점에서도 의미가 있다. 설화를 들으면서 산과 바다와 강의 생김새가 이해 가능한 것으로 바뀌게 되고, 이로써 은유적이나마 융기와 지각 변동에 대한 구체적인 감을 갖게 되는 것이다. 융기니 지각 변동이나 하는 용어는 모르더라도 그 용어에 해당하는 개념을 획득했다는 것은 교육적으로 의미 있는 일이다. 또한 이러한 은유적 인식은 나중에 과학적 인식을 획득하는 데도, 즉 사실적 인식으로 전환되는 데도 단계적 의미가 있다고 한다.[21] 이로써 국어 시간이 아니더라도 설화가 유용한 교수·학습의 자료 내지 내용이 될 수 있음을 알 수 있다.

사실 설화에 대한 주제론적 연구도 국어교과에 국한된 논의가 아니라 윤리교과에 시사하는 바 더욱 크다고 할 수 있다. 설화의 주제는 대개 '권선징악'으로 포괄될 수 있는데, 이 시기 아동들은 세계를 선악으로 나누고 그 어느 하나에 투사하거나 몰입함으로써 가치관을 형성하기 시작한다. '선 : 악', '용기있음 : 비겁함', '예쁜 것 : 미운 것', '부자 : 가난' 등의 이항 대립으로 세계를 범주화하여 이해하는데, 이러한 양분은 지식 체계가 정교하게 구조화되지 않은 아동들이 가장 강력하면서도 간단하게 가치를 판단하는 방법이라 할 수 있다.[22] 이러한 양분 구도는 다치적 사고로 나아가기 이전 시기, 즉 절대적인 가치관을 형성하는 시

---

21 최근 '개념의 생태' 혹은 '개념 생태계'를 주장하는 논자들의 글에서, 학습의 과정에서 선개념과 후개념의 관계가 어떠한지 참고할 수 있다. 학습자가 수업 상황에서 어떻게 개념을 획득해가는지 기술하는 연구는 과학교육 분야에서 활발하게 진행되고 있는데, 다음 논문을 참고할 수 있다. Park hyin-ju, A Study of the components of students conceptual ecologies, University of Wiscomsin-madison, 1995 ; 강경희 외, 위 논문 ; 송현미 외, '생물 존재 필요성에 대한 중학생의 개념생태 특징', 「한국과학교육학회지」 제21권 제4호, 한국과학교육학회, 2001.

22 세상 이치가 양분적 사고로 설명될 수 없다는 것을 알고 있는 성인조차 이러한 양분적 가치 판단의 한쪽에 서고 싶은 충동을 수시로 느낀다. 또 실제도 일상에서는 이러한 양분적 사고를 자주 수행하며 살아가고 있다.

기에 흔히 나타나는 바, 설화 감상은 특히 선으로 대표되는 가치를 학습하면서도, 동시에 악에 대한 억압까지도 해소할 수 있다는 점에서 장점을 지닌다.[23] 이런 이유로 초등학교 저학년 아동을 대상으로 하여 가치 판단의 문제를 가르치려면 여러 관련 설화나 윤리적 판단의 상황을 보여주는 이야기들을 제공하는 것이 좋다. 국어교과 안에서는 설화 향유의 재미를 줄이고 국어교과적 정체성을 의심하게 한다는 점에서 적극 장려되지 않고 있지만, 주제론적 접근은 윤리교과에서 교과서를 만들거나 수업을 설계하려 할 때 적극 참고할 만한 것이다.

이처럼 설화는 국어교과 외에서도 가르칠 내용을 제시하는 방식과 관련하여 시사하는 바 있다. 그러나 문학 체험이 본질적으로 간접 경험의 성격을 지닌다는 점에서, 설화의 제시는 학습 내용에 대한 은유적 해석 내지 설명으로 보아야 한다. 즉, 산과 강의 생성담은 지각 변동과 융기의 과정에 주목하여 만들어진 이차텍스트 혹은 은유적 해석담의 성격을 지닌다고 할 수 있다.[24] 따라서 설화를 통해 교과 내용을 학습하는 것

---

[23] '악' 또는 '악인'의 기능에 대해서는 베텔하임이 정신분석학의 입장에서 그 중요성에 대해 설파한 바 있고, 구체적인 사례를 들어 필자 역시 이미 지적한 바 있다. 악인 역시 진정한 악당이 아니라 우리의 어둔 욕망을 대변하는 것이기 때문에, 그 악인이나 악한 행동 역시 충분히 실감나게 그려져야 한다는 것이다. 가령, 백설공주의 계모는 선악의 이분법에 따라 볼 때 '악'의 영역을 대변하는 인물이지만 세상에서 제일 아름답고 싶은 우리의 욕망을 반영한다는 점에서 진정한 악당은 아닌 것이다. 그런 이유로, 아동들은 백설공주에 감정이입되어 계모를 비난하면서도, 계모의 행동에 숨죽이며 몰입하는, 이율배반적인 태도를 취하게 된다. 이를 통해 선의 가치에 안착하기는 하지만, 선에 안착하면서 억압해야 하는, 아름답고자 하는 욕망 혹은 질투심 역시 무의식적으로 해소하게 되는 것이다. 졸고(2001b) 49~50면 참고. 부르너 베텔하임(김옥순, 주옥 옮김),『옛 이야기의 매력 1-2』, 시공주니어, 1998.

[24] 다른 예도 얼마든지 가능하다. 가령, 단순신화는 건국의 과정에 대한 사실적 기록이 아니라 은유적 해석 내지 설명인 것이다. 그러나 언제, 어떻게 건국되었는지에 대한 호기심을 풀어주기에는 충분하며, 부수적으로 건국의 이념이나 우리 민족의 기질에 대해서까지 전달하는 효과를 얻을 수 있다. 따라서 고대국가의 출현과 당시 역사적 상황에 대한 개념적 설명을 시도하기에 앞서, 마늘과 쑥, 곰과 호랑이가 등장하는 이야기를 제공하여, 우리 역사에 대한 개념, 민족 정체성에 대한 감각을 가르치는 것이 유용하다.

은 경험의 확장을 통한 은유적 인식의 성격을 지닌다. 이처럼 경험의 확장을 통한 은유적 인식은 이 시기 아동의 심리적 성향을 고려해 볼 때도 적절하다. 이 시기 아동들의 세계 인식은 자기 중심적이라는 특징을 지닌다. 자기 중심적 사고에 익숙해 있는 까닭에 낯선 것, 모르는 것, 이해하기 어려운 것을 이해하기 위해서는 자신이 아는 것으로부터 미루어 모르는 것의 의미를 찾아내려 한다. 그런데 아는 것의 대부분이 경험의 세계에서 비롯된 것이기 때문에, 아동들은 그들이 잘 알고 있는 것들에 의해 그 의의가 부여되거나 주어진 전체들로, 세상을 인식할 수밖에 없게 된다.[25] 자신의 경험을 확장하여 세계를 자기 식으로 이해하는 것이다.

이러한 인식 내지 배움은 이미 체험한 경험과 새로운 경험 내용으로서의 설화 사이의 유사성이 존재한다는 사실, 따라서 경험으로부터 미루어 짐작하는 유추적 사고가 작용할 수 있다는 점 때문에 가능한 것이다.[26] 비유나 유추가 특히 이 시기에 교육적 필요에 부응하는 효과적인 교수·학습 방법임을 알 수 있다. 역사적으로 볼 때도,[27] 오랫동안 이 시기 아동들의 지적 생활은 가족들과의 직접 경험을 빼면 신화나 종교

---

[25] 교육적 발달을 주장한 에간을 주장은 교과적 필요를 넘어선 학습자의 필요 및 그 필요의 변화 단계를 인식하는 데 많은 도움을 주었다. Kieran Egan, Educational Development, Oxford Univ. Press, 1979 ; Kieran Egan, Education and Psychology, Methuen & Co. Ltd, 1984 ; Kieran Egan & Dann Nadaner ed., Imagination and Education, Open Univ. Press, 1988 ; Kieran Egan, Teaching as Story Telling, Routledge, 1988.

[26] 설화가 비교적 길이가 긴 은유 구조의 이야기라면, 간단한 은유적 표현 역시 이 시기 아동에게는 범교과적 설명의 방법으로서의 의의를 지닌다. 가령, 컴퓨터의 키보드에 대해 의문을 지닌 아동이 있다고 가정해 보자. 이 아동에게 키보드에 대해 설명하는 것은 쉽지 않은 일이다. 그런데 키보드와 우리의 감각기관 사이의 유사성을 발견하여 빗대어 설명한다면 어렵지 않게 아동의 의문을 풀어줄 수 있다. 만약 이러한 유추의 과정을 혼자 거친 아동이 그 결과를 말로 표현했다면, 가령, '키보드가 우리의 눈과 귀와 같다.'고 말했다면, 대개의 부모나 어른은 그 표현은 매우 시적이라고 느낄 지도 모른다. 그러나 이것은 아동의 문학적 자질을 증거하는 현상이 아니라, 이 시기 아동의 세상 인식 기제—자신의 구체적인 경험으로 미루어 세상을 인식하는 방식—를 반영하는 현상으로 보아야 한다.

[27] 베텔하임, 앞의 책, 13~47면.

설화, 그리고 옛이야기에 의존해 왔다. 이런 이야기들이 아동들의 상상력을 길러주고 그들의 공상을 자극했으며, 동시에 가장 중요한 문제에 대한 해답을 제시함으로써 아동들의 사회화를 중개해 왔던 것이다. 오늘날 아동들에게도 설화는 낯선 것이나 잘 모르는 것, 이해되지 않는 것을 익히는 첫 단계가 될 수 있다. 물론 이를 위해서는 설화의 목록이 확장되어야 할 뿐 아니라, 교육 내용을 학습자의 발달 단계에 맞도록 설화나 비유적 이야기로 변형하는 작업이 진행될 필요가 있다. 좀더 나아가면, 교과서가 지금처럼 가르칠 내용에 대한 개념적 진술로 구성될 필요는 없으며, 어떤 교과의 교과서는 관련 설화나 창작 이야기 등을 포함하거나 그러한 설화들로 구성하는 것도 적극 고려해 볼 수 있다.

2) 객관적 세계 인식의 출발과 설화

① 세계에 대한 객관적 인식이라는 과제

자신이 알고 있는 것, 경험한 것을 확장하여 세상을 배우고 익히는 단계가 영원히 계속되는 것은 아니다. 아동들은 세계가 선악으로 양분되어 있지 않다는 점을 알게 되고, 자신의 경험을 확장함으로써 세계의 모든 것이 이해될 수 없음을 깨닫게 된다. 또 설화가 설화일 뿐이라는 인식, 즉 설화가 사실적 설명이 아니라 은유적 설명임을 명확히 알게 된다. 그렇게 되면 객관 세계 내지 객관적 사실이란 무엇인가에 대한 의문, 나아가 은유적 인식이 아닌 사실적 인식에 대한 필요를 느끼기 시작한다. 대략 8, 9세부터 14, 15세 사이에 이와 같은 변화를 보이는데, 우리에게 이 시기는 아동이 자기 중심성을 벗어나기 시작하는 시기라고 알려져 있다. 객관 세계에 대해 비로소 배우기 시작한다는 점에 주목하여 에간은 이 시기에는 아동이라는 말보다는 학생이라는 개념이 어울린

다고 하였으며, 사고 경향에 주목하여 낭만적 사고의 시기로 규정한 바도 있다.[28]

어떻게 명명하든 간에 초등학교 고학년 학생들은 조금씩 객관적 세계에 대해 인식하기 시작한다고 할 수 있다. 자신의 경험의 연장선상에서 세계를 이해하기보다는 객관적으로 존재하는 세계 속에 다른 사람과 함께 놓여져 있는 자신을 깨닫게 되고, 따라서 세계와 새로운 관계를 맺는 동시에 그러한 세계 속에서 자신의 정체성을 개발해야 하는 부담감을 갖게 된다. 어찌 보면 비로소 세계와의 관계 맺기를 시작한다고도 볼 수 있으며, 객관 세계에 대한 이해를 시도한다고도 볼 수 있다.

그렇다면 이 시기 학생들은 어떻게 세계에 대한 객관적 이해를 시도하는가? 그리고 그 과정에서 어떤 인지적 곤란함에 직면하며 그 곤란함을 어떻게 해소하는가?

② 낭만적 인식을 통한 객관 세계에 대한 접근

이 시기 학생들은 현실 세계를 인식하되, 누군가의 눈이나 입장을 통해 인식하려는 경향을 보인다. 가령, 역사적 사건에 대해 배운다고 가정해 보자. 이 시기 아동들에게 역사적 사건은 인물을 중심으로 한 영웅담의 형태를 취할 때 가장 잘 이해된다고 한다. 그 사건을 둘러싼 여러 현실적인 상황을 감지할 수는 있지만, 그에 대한 판단을 내리거나 보다 큰 맥락에서 바라볼 능력이 부족하기 때문에, 낭만적 연상에 의해 단순화하여 역사적 사건을 이해한다는 것이다. 따라서 여러 인물들 중 한 인물, 가령 최치원이라는 인물을 택해 그 인물에 정서적으로 밀착되고 동일시됨으로써 심각하지 않는 방식으로, 최치원의 시대나 관련 사건에

---

28 에간의 앞의 책들을 참고할 수 있다. 에간은 교과적 구분의 논리가 아니라 교육적 필요의 단계에 따라 교육과정 역시 재구성되어야 한다고 보았다.

대해 인식한다는 것이다. 최치원이 살다간 그 시대 현실의 문제와 어려움을 인식하되, 낭만적 선택에 의해 제한적으로 인식하는 것이다.

그런 이유로 이 시기 학생들은 현실의 한계나 어려움을 극복한 영웅과 정서적으로 쉽게 친해지는 경향을 보인다. 그런 이유 때문에 이 시기 학생들이 좋아하는 이야기에는 언제나 영웅이 존재한다.[29] 그러나 이전 시기에 즐기던 영웅담과는 구분되는 것이 그 영웅이 살고 있는 세계, 즉 이야기의 세부 사항들은 매우 사실적이어야 한다는 점이다. 세부 사항들이 사실적이지 않을 때 이 시기 학생들은 유치하다고 생각하거나 현실적이지 않다고 느끼게 되기 때문이다. 또 이 시기 학생들은 세계, 즉 여러 현상과 사람, 사물 등이 객관적으로 존재한다는 것을 알기 때문이다. 동일시가 일어나기 위해서는 그 영웅이 현실 세계에 존재하는 것처럼 그려져야 하며, 그럴 때 '나도 그 영웅처럼 될 수 있는데….'라는 식의 낭만적 연상을 끌어옴으로써 그 영웅과 동일시될 수 있고, 결국에는 현실을 초월함으로써 이 시기 경험하는 인식상의 문제를 해결하게 되는 것이다. 객관 세계에 대해 인식하고자 하는 욕구가 있기는 하지만, 아직은 복잡한 관계망과 상황을 간파할 능력이 없기 때문에, 낭만적으로 영웅(승리자)의 입장에 동일시되어 세계를 인식하고 마는 것이다.[30]

이와 같은 사실은 우선적으로 이 시기 아동들에게 무엇을 읽힐 것인가, 어떤 설화를 제시하는 것이 교육적인가에 대한 답을 제공해준다. 나

---

29 김재수는 프라이의 이론에 근거하여, 신화의 교육적 의의에 대해 언급하면서, 단군신화, 주몽신화, 박혁거세신화, 김수로왕 신화, 바리공주, 제석본풀이 등 한국의 신화가 초중고의 교육과정 속에 포함되어야 한다고 주장한 바 있다. 김재수는 상상력의 발달과 관련하여 신화의 의의에 대해 주장하였는데, 교육적 발달의 단계에서 볼 때는 초월적 영웅이 등장하는 신화뿐 아니라, 영웅화된 실존 인물에 대한 이야기 역시 의미가 있다고 할 수 있다. 金梓洙, '신화교육의 중요성', 국어과교육연구 제6집, 전국교육대학 국어과교수연합회, 1988.

30 영웅의 모험담은 부모로부터 떨어져 세상에 나가야 한다는 실존적 상황에서 비롯되는 불안감을 해소해주는 긍정적 기능도 있다.

아가 세상 배우기와 관련하여, 이 시기 학생들에게 교육 내용을 영웅담의 형태나 역사적 인물과 관련된 이야기 등으로 제시할 때 더욱 효과적일 수 있음을 추리할 수 있다. 인물 중심으로 사태를 파악하려는 성향을 보이는 시기라는 점에서 윤리나 역사, 사회 등과 관련된 사실이나 사건 및 현상, 개념 등을 가르치려할 때도 인물 중심의 낭만적 연상의 기제를 활용하는 방법을 적극 고려해볼 수 있는 것이다. 특정 인물이나 영웅에 동일시되어 그들의 눈을 통해 객관적 현실 혹은 역사를 체험할 수 있을 뿐 아니라, 그들의 삶에 대한 태도와 신념 등 묵지(默知) 차원의 것까지 학습하는 잠재적인 효과 또한 얻을 수 있을 것으로 기대된다. 이렇게 볼 때 초등교육의 장에서 인물 중심의 설화는 그 자체로 교육적 가치를 지니는 텍스트로 활용될 수 있으며, 경우에 따라서는 교과 내용을 인물 중심의 설화 혹은 이야기로 바꿔 제시하는 방법까지 적극 고려해 볼 필요가 있다.

4. 논의를 마무리하며

필자는 초등학교에서 중학교 단계에 국한하여 논의를 진행했다. 그러나 이처럼 논의의 폭을 제한했음에도 불구하고, 미진한 점이 남아 몇 가지 설명을 덧붙이지 않을 수 없다,

우선 이 글에 전제되어 있는 필자의 발달단계에 대한 인식을 보다 명확히 할 필요가 있다. 대략적인 나이에 따라 교육적 발달단계를 구분하였지만, 그 인과 관계를 분명히 하지 않으면 많은 오해가 생겨날 수 있기 때문이다. 그 구분은 엄밀히 말하면 나이에 따른 구분이라고 보기 어

렵다. 나이가 그러해서 그와 같은 특징을 보이는 것이 아니라고 보아, 경험의 차이에서 오는 인식의 구조가 크게 달라지는 대목에 주목하여 구획한 것이다. 나이대별로 유형적 특징을 보이는 것은 나이대별로 경험의 양과 질이 비슷하기 때문에 생겨난 우연의 일치일 뿐이다. 그러한 일치가 통계적 의미가 있다는 점은 충분히 인정하지만, 몇 살인 아동은 이런 특징을 반드시 가지고 있어야 하고, 또 성인은 그와 같은 세계 인식의 틀을 완전히 극복했다고 믿는다면 그것은 오해이다. '발달'은 변화를 의미하되 '대체'가 아니라 '적층'의 의미를 아울러 담고 있으며, 또 성인도 경험의 양과 질이 현저히 부족한 상태에서 어떤 현상이나 사실에 직면했을 때는 자신의 경험의 연장선상에서 세계를 인식하거나 낭만적 연상에 의해 인식할 수 있기 때문이다. 또 적절하게 교육을 받은 성인은 여전히 아이의 눈으로 세상을 볼 수 있다는 지적 또한 기억할 필요가 있다. 그런가 하면 몇몇 단계가 겹칠 수도 있고, 몇 시간 안에 혹은 한 수업 시간 안에서 모든 단계에 대한 이해가 시도될 수도 있다. 가령, 자신의 경험으로 미루어 대상을 인식했다가 낭만적 연상에 의한 이야기로 이해하고, 나아가 현실 논리를 발견하고 더 나아가 그 현실 논리가 매우 불합리하지만 필요한 면이 있다는 것을 아는 단계로까지, 연속해서 나아갈 수도 있는 것이다.

다음으로 설화 작품 혹은 설화 형식이 국어교과에 국한되어 다뤄질 것이 아님을 다시 한번 지적할 필요가 있다. 물론 오늘날 학생들이 일상에서 많은 설화를 향유하고 있고, 국어교육의 장에서 설화의 범교과적 가치를 주장하는 것은 공소시효를 지난 논의처럼 보인다. 그런데 이러한 현실과 달리, 구분의 논리에 입각해 있는 제도교육 안에서 설화의 활용과 변용은 대단히 제한되어 있는 것도 사실이다. 국어 이외의 교과에서 설화는 학습의 흥미를 끌기 위해 도입부에서 잠깐 활용되고 마는 것이 대부분이다. 설명의 방법이나 교과 내용을 제시하는 차원에서 다뤄지지는 않고 있는 것이다. 그 원인이야 다양하겠지만, 설화의 가치에 대한 논의들이 대개 '문학' 혹은 '국어'임에 주목하여 전개되었다는 점과 무관하지 않다고 본다. 필자의 궁극적인 관심은 교과서 제작이나 교육 내용 전달의 차원에서 어떤 설화를 어떻게 활용하고 이를 위해 어떻게 변용할 것인가의 문제에 놓여 있는 바, 이 문제에 대한 진전된 답을 내기 위해서는 '국어교육'을 넘어선 '교육'에 주목하여 설화의 가치를 읽어내고, 이를 이론화할 필요성을 느꼈다.

'교육'에 주목하여 설화가 배움의 단계에서 불가피하게 요구되는 설명의 방법이라고 정의 내리게 되면, 배움의 문제가 국어교과에 국한된 것이 아니기 때문에, 경험이나 지식을 전달하는 방법으로서의 설화 역시 국어교과에만 국한되지 않는다는 결론에 도달할 수 있다. 즉, 과학 시간이나 사회 시간, 역사 시간에도 설화는 매우 중요한 기능을 할 수 있다는 것이다. 교사가 설명을 위해 설화의 형식을 취해야 할 경우도 있고, 교과서 자체가 이야기로 구성될 수도 있는 문제이다. 우리는 교과서를, 단서를 따라가며 문제를 풀어내는 추리 소설적 기법을 활용하여 만들어야 한다는 문제 제기[31]에도 귀를 기울일 필요가 있으며, 교사에게 설명의 방법으로서의 설화 창작 방법에 대해서도 가르칠 필요가 있다. 이와 관련하여 구체적인 논의가 뒤따르기를 희망한다.

---

31 엄태동, 앞의 책 참고.

제 3 부 참고문헌

고미숙, '사설시조 율격의 미적 특질(1)', 고시조 연구(국어국문학회 편), 월인, 1997.

교육부, 초등학교 교육 과정 해설(Ⅲ), 대한교과서(주), 1998.

교육인적자원부, 수준별 교육과정 편성·운영의 실제, (주)신영프린팅, 2001.

──────────, 읽기 5-2, 6-2, (주)대한교과서, 2002.

──────────, 중학교 국어1-1 교과서 및 교사용 지도서, (주)대한교과서, 1998.

국어국문학학회 편, 고시조 연구, 태학사, 1997.

김대행 외, 문학교육원론, 서울대출판부, 2000.

김대행 편, 律格, 문학과 지성사, 1990 2쇄.

─────, '국어과 교육과정의 분석과 수준별 교육과정 개발', 교육과정연구 14권 2호, 한국교육학회, 교육과정연구회, 1996.

─────, '國語科敎育의 目標와 領域', 先淸語文 25집, 서울대학교 사범대학 국어교육과, 1997.

─────, '내용론을 위하여', 국어교육연구 제10집, 서울대학교 교육종합연구원 국어교육연구소, 2003.

─────, 문학교육의 틀짜기, 역락, 2000.

─────, '사고력을 위한 文學敎育의 設計', 국어교육연구 제5집, 서울대학교 교육종합연구원 국어교육연구소, 1998.

─────, '시낭송의 고민과 그 해법', 노래와 시의 세계, 역락, 1999.

─────, '時調 形式의 意味', 時調學論叢 제11집, 한국시조학회, 1995.

─────, 시조유형론, 이대출판부, 1986.

─────, 韓國詩歌構造硏究, 삼영사, 1976.

김동준, '시조문학의 구조 연구', 동국대 박사논문, 1980.

김민수, '초등학생을 위한 시조 가창 지도에 관한 연구', 한국교원대 석사논문, 2000.

김상욱, '초등학교 아동문학 제재의 위계화 연구', 國語敎育學硏究 제12집, 국어교육학회, 2001.

김재수, '신화교육의 중요성', 국어과교육연구 제6집, 전국교육대학 국어과교수연합회,

1988.

김제현, 현대시 작법, 새문사, 1999.

김중신, 소설 감상 방법론 연구, 서울대출판부, 1995.

______, '학습자 중심의 문학교육과정 내용 체계', 문학교육과정론(우한용 외), 삼지원, 1997.

김창원, '문학 능력의 발달 구조와 문학교육의 통합성' 문학교육의 인식과 실천(문학과문학교육연구소 편), 국학자료원, 2000,

김학성, 辭說時調의 형식과 美學的 특징, sijo44.hihome.com.

박경주, '고전문학교육의 연구 현황과 전망', 고전문학과 교육 창간호, 청관문학회, 태학사, 1999.

박인기, 문학교육과정의 구조와 이론, 서울대출판부, 1996.

박현동, '의미 구조 유형을 활용한 시조 창작 지도 연구', 한국교원대 석사논문, 2001.

부르너 베텔하임(김옥순, 주옥 옮김), 옛 이야기의 매력 1-2, 시공주니어, 1998.

엄태동, 교육적 인식론 탐구, 교육과학사, 1998.

염은열, '고전문학의 교육적 대상화에 대한 연구', 고전문학과 교육 3호, 청관문학회, 태학사, 2001.

______, '글쓰기 개념 생태계 기술을 위한 시론', 한국초등국어교육 제22집, 한국초등국어교육학회, 2003.

______, '문학교육과 학습자의 발달단계', 한국문학교육학회 제30회 학술대회 발표문, 2003.

______, '아동을 위한 설화 교육의 과제', 문학교육학 제8호, 한국문학교육학회, 2001.

우한용, '문학교육론서설', 난대 이응백 박사 회갑기념 논문집, 보진재, 1983.

원용문, 시조문학원론, 백산출판사, 1999.

이상익 외, 고전문학 어떻게 가르칠 것인가, 집문당, 1994.

이상익 외, 고전문학산문교육의 이론, 집문당, 2000.

이성영, '국어교육 내용 연구의 현황과 과제', 국어교육학연구 제14집, 2002.

이인제, '제7차 국어과 교육과정의 구성 방향과 과제', 열린 교육과 수준별 교육과정 정책 세미나, 덕성여대, 1997.

임석재, 한국구전설화 I ~ V, 평민사, 1990.

임재해, 설화작품의 현장론적 연구, 지식산업사, 1991.

______, 한국민속과 전통의 세계, 지식산업사, 1991.

장상호, 학문과 교육(상), 서울대출판부, 1999,

장향순, '초등학교 시조의 효율적인 지도방안 연구', 대구교대 석사논문, 2001.

정경동, '시조교육의 수용론적 방법 연구', 인천교대 석사논문, 1998.

정대순, '시조창에 관한 여구―시조창의 중학교 음악교육 응용에 대하여', 연세대 석사논문, 1986.
조동일, 삼국시대 설화의 뜻풀이, 집문당, 1990.
______, 인물전설의 의미와 기능, 영남대출판부, 1979.
조윤제, '時調字數考', 新興 4號, 1931. 1. 15.
최운식 외, 한국구비문학개설, 민속원, 1995.
최운식, 전래동화 교육의 이론과 실제, 집문당, 1997.
______, 전설의 현장을 찾아서, 집문당, 1997.
______, 한국 설화 연구, 집문당, 1994.
최운식·김기창 공저, 전래동화 교육론, 집문당, 1988
한국 고전문학회 엮음, 국문학의 구비성과 기록성, 태학사, 1999.
한창훈, 시가교육 가치론, 태학사, 2001.
______, 시가와 시가교육의 탐구, 월인, 2000.
한희정, 설화의 문학교육적 수용 방안 연구, 한국교원대 석사논문, 2001.
허경철, '수준별 교육과정의 필요성과 개발 방향', 교육과정연구 14권 2호, 한국교육학회 교육과정연구회, 1996.
릴리언 H. 스미드, 兒童文學論, 교학연구사, 1966.
Kieran Egan & Dann Nadaner ed., Imagination and Education, Open Univ. Press, 1988.
Kieran Egan, Education and Psychology, Methuen & Co. Ltd, 1984.
__________, Educational Development, Oxford Uni. Press, 1979.
__________, Teaching as Story Telling, Routledge, 1988.

찾아보기

저자 염은열

서울대학교 국어교육과를 졸업하고 같은 학교 대학원에서 국어교육을 공부
하였다. 현재는 청주교육대학교에서 따뜻한 사람들과 함께 교사가 될 학생들
을 가르치고 있다. 1996년 첫 소논문을 발표한 이래 지금까지 다수의 논문
과 『고전문학과 표현교육론』이라는 저서, 5권의 교과서를 썼다. 고전문학을
읽고 이야기하고 가르치는 일을 좋아하며, 고전문학에 대한 이해가 우리의
언어생활을 풍요롭게 한다고 생각한다.

고전문학의 교육적 발견

초판 인쇄 2007년 8월 21일
초판 발행 2007년 8월 31일

지은이 염은열
펴낸이 이대현
편 집 이소희
펴낸곳 도서출판 역락
　　　　서울 서초구 반포4동 577-25 문창빌딩 2층
　　　　전화 3409-2058, 3409-2060 | FAX 3409-2059
　　　　이메일 youkrack@hanmail.net
　　　　등록 1999년 4월 19일 제303-2002-000014호
ISBN 978-89-5556-569-0 93370

정 가 13,000원

* 잘못된 책은 교환해 드립니다.